5E

Philippe de Grosbois

LES BATAILLES D'INTERNET

Assauts et résistances à l'ère du capitalisme numérique

écosociété

Coordination éditoriale : Barbara Caretta-Debays
Maquette de la couverture : Catherine d'Amours, Nouvelle Administration
Illustration de la couverture : Sébastien Thibault ; dir. artistique : Jolin Masson
Typographie et mise en pages : Yolande Martel

ISBN 978-2-89719-365-2

Dépôt légal : 1er trimestre 2018

Ce livre est disponible en format numérique.

Catalogage avant publication de Bibliothèque et Archives nationales du Québec et Bibliothèque et Archives Canada

Grosbois, Philippe de, auteur

Les batailles d'Internet : Assauts et résistances à l'ère du capitalisme numérique / Philippe de Grosbois.

Comprend des références bibliographiques.

ISBN 978-2-89719-365-2

1. Internet - Aspect social. I. Titre.

HM851.G76 2018 303.48'33 C2017-942366-5

Les Éditions Écosociété reconnaissent l'appui financier du gouvernement du Canada et remercient la Société de développement des entreprises culturelles (SODEC) et le Conseil des arts du Canada de leur soutien.

Gouvernement du Québec – Programme de crédit d'impôt pour l'édition de livres – Gestion SODEC.

Canada SODEC Québec Canada Council for the Arts Conseil des arts du Canada

Table des matières

À mon père, qui me faisait l'honneur, enfant,
d'être le premier lecteur de ses romans.

Préface

Se réapproprier les outils numériques

Rares sont les livres qui offrent une vue synoptique d'une époque historique. Et la nôtre peut sans contredit être qualifiée d'ère numérique. L'ordinateur, l'Internet, les médias sociaux, les téléphones intelligents, tout cela appartient maintenant à la structure intime de la vie quotidienne, et ce, à un point tel qu'un monde sans connexion semble tout bonnement inconcevable. Au premier étage de la pyramide de Maslow se trouve aujourd'hui le Wi-Fi.

Au-delà de ce constat un peu trivial, une multitude d'ouvrages, d'articles scientifiques, de blogues, de reportages et d'opinions circulent sur les enjeux, les promesses et les risques du monde numérique. Certains courants exaltent les potentialités de l'intelligence artificielle, de l'économie collaborative, de l'Internet des objets et de diverses innovations technologiques, alors que d'autres nous mettent en garde contre la centralisation des données dans les mains des grandes compagnies, la surveillance de masse, le caractère corrosif de la « société en réseaux » sur notre cerveau et les relations sociales. Face à ce clivage entre techno-optimistes et techno-sceptiques, il y a l'opinion creuse et à vrai dire franchement dangereuse selon laquelle Internet serait un simple outil, un instrument neutre, ni bon ni mauvais en soi, qu'il faut apprendre à utiliser pour son usage privé. C'est la principale bêtise incrustée dans le sens commun de notre époque que ce livre s'attache à démolir.

Pour nous sortir de ce relativisme moral, lequel est basé sur une conception individualiste et anhistorique des nouvelles technologies numériques, Philippe de Grosbois nous rappelle une idée à la fois simple et profonde : Internet n'est pas seulement ou même d'abord un outil technique, c'est aussi et avant tout un *rapport social*. Cela signifie que les machines informatiques, les logiciels et les plateformes qui structurent les interactions entre individus sont en fait des *constructions sociales, historiques et politiques*, c'est-à-dire des créations humaines et collectives, marquées par un devenir et des relations de pouvoir.

Ainsi, le téléphone que l'on prend dans notre poche pour communiquer avec nos amis *apparaît* comme un objet banal à portée de main, c'est-à-dire un appareil que l'on peut manipuler à notre guise pour satisfaire nos préférences personnelles. En réalité, cet objet physique *est aussi* un rapport social qui nous met en relation avec une infrastructure matérielle complexe (câbles, fermes de serveurs, antennes et autres dispositifs contrôlés par des fournisseurs oligopolistiques), avec une couche logicielle (faite de protocoles, de logiciels libres, d'algorithmes, de programmes complexes et de plateformes propriétaires), puis avec une couche de contenus coproduits par des milliards d'utilisateurs et utilisatrices, de façon souvent libre et gratuite, bien que les données soient accaparées par des firmes multinationales extrêmement puissantes.

La plupart d'entre nous avons une conscience relative et diffuse de cette réalité qui structure nos existences numériques. Or, bien peu savent vraiment comment tout cela fonctionne. Rares sont les personnes qui ont une vue d'ensemble sur le monde actuel et les nombreux enjeux qui traversent la question numérique : la cybernétique, la crise du journalisme, les effets du virage numérique sur la culture, les hackers, les logiciels libres, l'économie collaborative, la surveillance de masse, les communs, les débats sur la liberté d'expression, le cyber-militantisme, la dictature des GAFAM (Google, Apple, Facebook, Amazon, Microsoft), etc.

Bien que d'innombrables ouvrages traitent de ces enjeux *de façon séparée*, nous n'avions pas encore un livre en français qui articule cette myriade de phénomènes de façon cohérente, en donnant un certain aperçu de cette *totalité*. Et c'est bien le mérite de l'ouvrage de De Grosbois, qui permet de prendre une distance vis-à-vis de notre monde numérique pour le remettre en contexte et remonter à ses origines complexes. En historicisant Internet de façon critique, c'est-à-dire en mettant en évidence les rapports de force qui ont marqué sa genèse, les contradictions et le devenir historique de ce mode de communication qui structure notre monde social, nous pouvons le saisir de façon *synoptique*, c'est-à-dire en voyant d'un seul coup d'œil tous les éléments de l'ensemble.

C'est alors qu'un vertige, une joie de comprendre, mais aussi une certaine crainte s'emparent de nous, car nous pouvons de là saisir une trajectoire historique dans laquelle nous sommes inséré.e.s malgré nous. La polarisation de l'espace public, l'accélération de notre rythme de vie, la concentration des données dans les mains d'une nouvelle oligarchie, la précarisation des conditions de travail, la montée de l'intolérance et du populisme, la cyberdépendance, le gouvernement des conduites par les algorithmes, tous ces phénomènes inquiétants apparaissent dès lors étrangement liés. Malgré tout, devant les tendances qui voient Internet comme un phénomène objectif qui nous dépasse totalement, comme un progrès technique inexorable, ce livre nous rappelle aussi que cette réalité historique est transitoire, contingente et donc modifiable. Comme le rappelle l'auteur : « Que nous soyons emballés ou pessimistes à son égard, nous percevons trop souvent Internet comme une force extérieure sur laquelle nous n'avons aucune prise. Or, Internet est une création humaine et donc une construction sociale. Toutes sortes d'acteurs, aux intérêts souvent contradictoires, l'ont investi avec les années. »

Philippe de Grosbois conçoit ainsi Internet comme un véritable « champ de bataille », un processus contradictoire, investi par des forces sociales en lutte, bref le résultat dynamique d'un « rapport de force ». Et c'est bien cette lecture critique et politique, qui évoque à plusieurs égards une « lutte de classes » dans l'univers numérique, qui permet de mettre en relief les relations de domination dans cette sphère, c'est-à-dire les phénomènes d'exploitation, de centralisation, d'exclusion et d'aliénation, mais aussi les formes de résistance, les zones de liberté et d'expérimentation, la construction de modèles alternatifs face à l'Internet capitaliste. Et c'est pourquoi ce livre, dans sa trame de fond, mais aussi dans sa conclusion, permet d'envisager de nouvelles voies, des pistes de solutions et d'actions, pour imaginer un Internet libéré, plus égalitaire, décentralisé, démocratique et inclusif.

Cette approche critique, historique et moyennement optimiste s'oppose à la lecture plus pessimiste, philosophique et totalisante que nous trouvons dans le livre de Maxime Ouellet, *La révolution culturelle du capital. Le rôle du capitalisme cybernétique dans la société globale de l'information*[1]. Dans cet ouvrage, Ouellet soutient qu'à l'ère des nouvelles technologies de l'information et de la communication, « le capital instaure une révolution culturelle permanente. D'un monde encore régulé normativement par la culture et se reproduisant au moyen d'institutions politiques, la globalisation capitaliste marque le passage à une nouvelle ère où la communication cybernétique s'érige en tant qu'instance suprême de régulation de la pratique sociale où toutes les normes et valeurs sont remplacées par la seule loi de la valeur marchande ».

En prenant appui sur la critique radicale de la valeur contre le marxisme traditionnel, Ouellet décrit une société globale de l'information où le réseau est devenu un « monde numériquement administré », un système de domination où le cybercapitalisme et le Big Data convergent pour former une « société de contrôle » aux accents quasi totalitaires. Comment dès lors envisager des résistances, des voies de sortie et des zones d'autonomie devant ce processus global de réification ? Pour Ouellet, même les mouvements sociaux, la gauche postmoderne et les résistances locales faisant l'apologie du réseau pour s'auto-organiser se retrouvent englués dans l'idéologie de la Silicon Valley du capitalisme 2.0. Ainsi, « cette émancipa-

1. Maxime Ouellet, *La révolution culturelle du capital. Le rôle du capitalisme cybernétique dans la société globale de l'information*, Montréal, Écosociété, 2016.

tion ne remet pas en cause la logique culturelle du néolibéralisme qui repose sur le même imaginaire de l'ordre spontané et du réseau[2] ».

De ce fait, Internet ne serait pas seulement une création humaine comme les autres, aisément modifiable, mais un « sujet automate », « une médiation sociale fétichisée », une « cage de fer » qui transforme nos institutions en organisations cybernétiques et refaçonne les subjectivités pour les conformer aux impératifs de l'accumulation capitaliste. Comme le souligne de Grosbois, cela « amène Evgeny Morozov, Maxime Ouellet et d'autres à dénoncer ce régime émergent de régulation ou de gouvernementalité "algorithmique", dans lequel des outils technologiques et financiers se substituent au politique pour instituer un contrôle extrêmement serré des individus ».

De Grosbois n'adhère pas à cette lecture totalisante et unilatérale qui ne laisse aucune place aux acteurs et aux multiples formes de résistance. Si Ouellet considère Internet comme une « médiation sociale fétichisée », un processus englobant et imparable, l'image du rapport social comme « champ de bataille » ou « rapport de force » donne une lecture tout autre des origines du numérique, des enjeux sociotechniques actuels et des possibilités d'émancipation. Par contraste avec la posture de Ouellet, qui rappelle à certains égards le catastrophisme d'Adorno et d'Horkheimer sur le caractère aliénant des industries culturelles et du monde [numérique] administré, de Grosbois se rapproche davantage de la vision de Walter Benjamin qui voyait dans le cinéma certaines potentialités de subversion et de réappropriation. Comme le souligne l'auteur,

> les usages du réseau Internet sont difficiles à résumer par des affirmations séduisantes mais peu soucieuses des pratiques concrètes. Si le contexte économique dans lequel les transformations actuelles ont cours pose bien un problème incontournable, se contenter de faire des usager.e.s de simples idiots utiles du capitalisme cybernétique nous dispense d'observer de quelles

2. Eric Martin et Maxime Ouellet, « "Connais ton ennemi". Pour une critique de la critique du spectacle », *Nouveaux Cahiers du socialisme*, n° 11, 2014, p. 72-73.

manières les individus utilisent ces nouveaux espaces. Sous couvert d'anticapitalisme soi-disant radical, ces critiques témoignent d'un certain mépris à l'égard de ces nouvelles formes d'expression populaire.

Ainsi, le livre de De Grosbois peut être considéré comme une réponse critique à une lecture strictement pessimiste d'Internet. Contrairement à Ouellet, qui débute son analyse par la critique de l'« imaginaire social de la société globale de l'information » et n'entrevoit une sortie du capitalisme cybernétique que par l'invention de « médiations institutionnelles » et une « politique du commun » assez vague, de Grosbois met en évidence les différents moments de l'émergence du mode de production numérique. Au cours des trois vagues qui participent à la construction du réseau (militaro-universitaire, militante et capitaliste) s'affrontent une pluralité de logiques dont aucune ne semble avoir eu le dernier mot : logique cybernétique et académique, culture hacker et hippie, idéologie californienne et libertarienne, *open source* et néolibéralisme, communs et plateformes propriétaires, etc. Refusant les « critiques intégrales » qui considèrent que « les diverses forces qui ont façonné Internet incarnent toutes, à leur manière, le renouvellement du capitalisme à l'ère du numérique », de Grosbois y voit plutôt des « potentialités fragiles et menacées », des promesses de liberté, d'ouverture et de démocratie radicale, bien qu'elles soient compromises par des dynamiques de concentration du pouvoir technique et capitaliste.

Sans prétendre pouvoir trancher ici quant à la « vraie perspective » qui permettrait d'avoir le dernier mot sur la nature profonde du monde numérique et ses possibilités de dépassement, nous pouvons affirmer que l'analyse critique de Ouellet prend racine dans la critique de l'idéologie cybernétique et d'Internet comme système total, alors que de Grosbois épouse le point de vue de la lutte, du rapport de force et de la dynamique historique des résistances. En reprenant la thèse de Pierre Dardot et Christian Laval, on pourrait dire qu'il y a là deux lectures différentes et complémentaires, semblables à celles que l'on retrouve au cœur de la pensée de Marx.

> Tous les grands textes de Marx cherchent à articuler deux perspectives très différentes. La première est la *logique du capital* comme système achevé – à la fois le mouvement inéluctable par lequel le capital se développe en une totalité qui se subordonne tous les éléments de la société et le jeu des lois immanentes de la production qui le conduit à accoucher nécessairement d'un nouveau mode de production. La seconde est la *logique stratégique de l'affrontement*: la guerre des classes, sourde ou ouverte, transforme les conditions de la lutte, modèle les subjectivités des acteurs et, pour finir, dégage les dominés de l'assujettissement, leur traçant la voie de l'émancipation. [...] Mettre en évidence cette disjonction indépassable – entre le jeu de l'action révolutionnaire dans l'histoire ou l'implacable automate qui brise toute résistance et se soumet chaque individu – nous aide à poser la question qui est aujourd'hui la nôtre: comment nous libérer du capitalisme, de cette forme historique qui est devenue « monde », sans être condamnés à le subir encore longtemps, au prix de ravages de tous ordres dont nous ne faisons aujourd'hui qu'entrevoir l'ampleur[3] ?

Ainsi, il ne s'agit pas de lire Ouellet *ou bien* de Grosbois, mais de *relier* ces deux perspectives de façon dialectique afin de mieux comprendre l'ampleur des luttes dans la sphère numérique, tout en reconnaissant les pressions énormes que le capitalisme fait peser sur Internet et notre monde. Penser la « question numérique » comme rapport social implique donc de repolitiser un enjeu central de notre époque, de saisir le « réseau » *à la fois* comme médiation sociale à tendance globalisante et comme processus historique ouvert et contradictoire.

Il faut d'ailleurs noter que la question numérique est encore trop peu abordée par la théorie politique, les mouvements sociaux et la gauche au Québec, et l'un des principaux mérites de cet ouvrage est précisément de combler ce vide. Il semble y avoir une sorte de fossé ou de dualisme entre les luttes orientées vers les enjeux sociopolitiques (mouvement ouvrier, féministe, antiraciste, écologiste, etc.) et le cyber-militantisme: hackers, adeptes du logiciel libre (libristes), lanceurs d'alerte (Edward Snowden, Chelsea Manning), etc. Les premiers

3. Pierre Dardot et Christian Laval, *Marx, Prénom: Karl*, Paris, Gallimard, 2012.

adoptent les nouvelles technologies comme de simples outils (Facebook, Twitter, #*moiaussi*...), alors que les « luttes numériques » se concentrent sur les rapports de pouvoir au sein du réseau, tout en prenant parfois un caractère « apolitique ». Pourquoi ne serait-il pas possible d'articuler le « front social » et le « front numérique », afin de politiser les résistances pour la libération et la décentralisation d'Internet, et de donner un peu plus de réflexivité critique aux mouvements sociaux qui mobilisent des outils techniques qui sont tout sauf neutres ?

Somme toute, Internet est un rapport central beaucoup trop important pour l'économie, la vie politique, la culture et les interactions humaines pour qu'on l'abandonne à l'oligarchie et qu'on le réduise « à un instrument du capitalisme, qui absorbe toute forme d'opposition ». L'indifférence, le cynisme et le pessimisme radical ne sont pas des luxes que nous pouvons nous payer, car nous risquons alors de laisser le réseau dans les mains de grandes puissances qui pourront manipuler à leur guise les thèmes de l'ouverture et de la liberté tout en reproduisant par la bande un processus de contrôle, d'exploitation et d'accumulation capitalistes. Tout comme certaines personnes réduisent l'« économie du partage » à Uber et Airbnb, en laissant les firmes définir le sens des mots et, dès lors, être hégémoniques, il ne faudrait pas que la gauche fasse abstraction de la question numérique pour se concentrer sur la « lutte politique », pendant que l'appropriation privée des moyens de communication se poursuit à vitesse grand V. Comme le note de Grosbois à propos d'un angle mort des critiques intégrales du numérique :

> Si on écarte les potentialités d'Internet sous prétexte que Silicon Valley tient aussi un discours « révolutionnaire », cela sous-entend qu'on croit vraiment Bill Gates, Steve Jobs et Mark Zuckerberg lorsqu'ils parlent de communauté, de décentralisation, d'horizontalité et de participation citoyenne. On en vient pratiquement à prendre les mythes fondateurs du capitalisme numérique pour argent comptant, comme s'ils n'étaient pas eux-mêmes empreints d'idéologie.

À quoi ressemblerait un Internet post-capitaliste, c'est-à-dire une plateforme de communication et d'échange qui ne serait plus soumise à un impératif d'accumulation infinie et de valorisation marchande perpétuelle ? Ce livre n'en donne pas une idée précise, mais il permet néanmoins d'identifier les contradictions du système actuel, les espaces d'expérimentation, les usages subversifs, les communs et d'autres solutions alternatives qui préfigurent un réseau émancipé. Entre les postures candides qui voient les médias sociaux comme un simple moyen de communication et les approches techno-pessimistes qui martèlent le discours de la « barbarie » du monde virtuel, Philippe de Grosbois essaie de tracer une troisième voie pour poursuivre le combat. Gilles Deleuze ne disait pas autre chose à propos des sociétés de contrôle : « il n'y a pas lieu de craindre ou d'espérer, mais de chercher de nouvelles armes[4]. » Cela signifie que les forces du changement ne peuvent pas se contenter de prendre tel quel l'appareil technologique et de le faire fonctionner à leur propre compte. Les outils numériques de l'émancipation ne sont pas déjà là ; il faut les transformer.

Jonathan DURAND FOLCO

4. Gilles Deleuze, « Post-scriptum sur les sociétés de contrôle », *L'aut' journal*, n° 1, mai 1990.

Introduction

Internet, une construction sociale

Il n'est plus acceptable de ne pas savoir comment Internet fonctionne.

– Aaron Swartz[1]

Lorsque Internet et le *world wide web* ont commencé à faire leur apparition dans les foyers dans les années 1990, Internet était perçu comme la source de bienfaits jamais vus dans l'histoire. Avec l'« autoroute de l'information », il devenait possible de tisser des liens avec des gens de tous les pays. Nous étions enfin parvenus au fameux « village global » ! Nous avions à notre disposition une agora où chaque citoyen.ne pourrait se faire entendre. La démocratie, la culture, les médias en sortiraient profondément renouvelés.

À peine un quart de siècle plus tard, Internet apparaît plutôt comme la source de bien des maux. Nous voici enfermé.e.s dans des bulles d'information qui renforcent nos biais et nous isolent les un.e.s des autres, envahi.e.s par les fausses nouvelles, harcelé.e.s par des trolls qui sévissent dans l'impunité, encadré.e.s par des algorithmes, surveillé.e.s par les

1. Aaron Swartz, « Freedom to Connect : Aaron Swartz (1986-2013) on Victory to Save Open Internet, Fight Online Censors », *Democracy Now !*, 14 janvier 2013, <www.democracynow.org/2013/1/14/freedom_to_connect_aaron_swartz_1986>.

gouvernements et par de grandes entreprises qui recueillent toutes sortes de données sur nous. Des individus diffusent leur suicide ou des meurtres en direct. Artistes et journalistes semblent condamné.e.s à un avenir de plus en plus précaire. Même les chauffeurs de taxi ont maintenant des raisons de maudire Internet.

Que s'est-il passé ?

Pour bien répondre à cette question, il faut d'abord en poser une autre : abordons-nous Internet de la bonne manière ? Que nous soyons emballés ou pessimistes à son égard, nous percevons trop souvent Internet comme une force extérieure sur laquelle nous n'avons aucune prise. Or, Internet est une création humaine et donc une construction sociale. Toutes sortes d'acteurs, aux intérêts souvent contradictoires, l'ont investi avec les décennies. Le réseau ne se trouve pas en-dehors du monde ; il a été façonné et est *toujours* façonné par des rapports de force bien présents dans la société.

Ce n'est d'ailleurs pas un hasard si Internet nous apparaît aussi néfaste au moment même où l'autoritarisme et l'intolérance sont en résurgence un peu partout sur la planète. Comme nos sociétés, Internet est actuellement à la dérive. Au-delà des discours utopistes et triomphalistes, les potentialités de changement social ouvertes par le réseau sont pourtant réelles, tant sur le plan de la culture et de la connaissance, de l'expression populaire, du débat et de la mobilisation que sur celui du journalisme et des pratiques démocratiques des États, de la constitution de réseaux de partage et de collaboration à grande échelle. Mais rien ne garantit que ces bienfaits potentiels se réaliseront. Sur le réseau, les attaques sont sérieuses et de plus en plus puissantes : des plateformes commerciales structurent nos relations sociales et économiques et stockent nos données personnelles pour engranger des profits ; gouvernements et entreprises cultivent l'opacité pendant que nos vies privées deviennent transparentes. Si nous laissons les géants qu'on surnomme GAFAM (Google, Amazon, Facebook, Apple et Microsoft) et les États subordonner le réseau à leurs intérêts, nous risquons fort de perdre ces batailles et, avec elles, les bienfaits potentiels d'Internet.

C'est en prenant la juste mesure de ce qui a été gagné avec Internet, en réalisant, surtout, que ces gains ne vont aucunement de soi, qu'on peut vraiment mesurer l'ampleur et l'importance de la menace actuelle. Internet est le champ de plusieurs batailles avec un enjeu central : laisserons-nous le réseau devenir un appareil de domination, de contrôle et de division des citoyen.ne.s ou saurons-nous, au contraire, réaliser pleinement les potentialités d'un réseau de communication décentralisé qui serait entretenu et développé par et pour la population ? C'est autour de ce que l'on souhaite exprimer, partager, connaître, construire, organiser, mais aussi protéger, limiter et garder pour soi que les batailles sont livrées. Avec cet ouvrage, j'aimerais contribuer à approfondir l'analyse sociologique d'Internet et des luttes sociales et politiques qui s'y déroulent.

Internet n'est pas virtuel

Au fait, qu'est-ce qu'Internet ?

Tim Berners-Lee, l'informaticien britannique qui a inventé le web, en donne une définition assez sommaire : « Internet est un réseau électronique qui morcelle l'information d'applications en paquets et les envoie à des ordinateurs par l'entremise de câbles et d'ondes, à l'aide de simples protocoles (règles)[2]. » Berners-Lee et le juriste Yochai Benkler[3] nous invitent à concevoir Internet en différentes couches superposées. À la base, une couche physique, qui comprend des câbles de cuivre ou de fibre optique, des ondes circulant grâce à des satellites et des tours de communication, mais aussi des ordinateurs qui peuvent jouer le rôle de serveurs (qui hébergent du contenu) ou de « clients » (qui accèdent aux serveurs). Sur cette infrastructure matérielle, on trouve ensuite une couche logicielle : du code informatique, soutenu par des protocoles standardisés

2. Tim Berners-Lee, « Long Live the Web : A Call for Continued Open Standards and Neutrality », *Scientific American*, décembre 2010, p. 83. Ma traduction.
3. Yochai Benkler, *The Wealth Of Networks : How Social Production Transforms Markets and Freedom*, New Haven (Connecticut), Yale University Press, 2006, p. 389-456.

et ouverts, assure le traitement et la circulation de l'information. Finalement, au sommet ou en surface, on trouve les contenus de toutes sortes qui circulent grâce à ces applications : messages, courriels, pages contenant textes, sons et images.

Internet n'a donc rien de « virtuel » et ne détient pas de mystérieux pouvoirs magiques. Le meilleur moyen de se défaire de cette idée est d'observer les conditions humaines et environnementales dans lesquelles l'infrastructure matérielle du réseau est fabriquée. Le numérique, qui dématérialiserait tout, a pourtant un coût humain et environnemental énorme[4] que le succès de chefs de file de l'industrie du numérique tend à voiler. Pour fabriquer les machines grâce auxquelles on accède au réseau (ordinateurs et téléphones multifonction, notamment), il faut d'abord extraire des minerais, notamment en Afrique, où on accentue ou provoque des conflits sociaux et géopolitiques[5].

Les appareils sont ensuite usinés dans des conditions de travail généralement horrifiantes. Nicole Aschoff soutient que « les initié.e.s d'Apple désignent l'usine d'assemblage de FoxConn à Shenzhen du nom de Mordor – l'enfer de la Terre du Milieu de J.R.R. Tolkien[6] ». FoxConn, avec « plus d'un million de salariés, troisième employeur privé au monde, fabrique à elle seule près de la moitié de l'électronique mondiale[7] ». Sur les murs, des maximes inspirantes du patron milliardaire, telles que « Un dirigeant doit avoir le courage d'être un dictateur pour le bien commun ». Dans ce type d'usines, cancers, maladies respiratoires et suicides sont courants.

---

4. Voir Fabrice Flipo, Michelle Dobré et Marion Michot, *La face cachée du numérique. L'impact environnemental des nouvelles technologies*, Montreuil, L'Échappée, 2013 ; Celia Izoard, « La classe créative des campus et le zoo des manufactures », *Medium*, 6 septembre 2016.
5. « D'un écran à l'autre... comment l'informatique nous pollue », *Manifeste pour une Dotation Inconditionnelle d'Autonomie*, 22 janvier 2017, <www.projet-decroissance.net/ ?p=2247>.
6. Nicole Aschoff, « The Smartphone Society », *Jacobin*, nº 17, printemps 2015, p. 36. Ma traduction.
7. Celia Izoard, « La classe créative des campus et le zoo des manufactures », *op. cit.*

À l'autre bout de la chaîne, où s'accumulent des montagnes de déchets informatiques, conséquence d'une industrie adepte de l'obsolescence programmée (le « prêt-à-jeter »), « tout ce qui n'est pas revendable est laissé à l'abandon dans la nature, enterré ou brûlé à l'air libre. [...] Nous retrouvons de tels sites en Inde, au Pakistan, au Ghana ou au Nigéria avec à chaque fois leur lot de pollutions puisque des substances extrêmement toxiques s'échappent[8] ». En Inde, notamment, on gratte des circuits électroniques pour en retirer les métaux, dans des conditions très dangereuses[9].

La facilité apparente avec laquelle on effectue nos achats et transactions en ligne repose aussi souvent sur du travail exécuté dans des conditions très dures. Les biens de consommation commandés « en quelques clics » sur des plateformes commerciales sont manipulés par des employé.e.s s'activant sous une pression des plus intenses dans de vastes entrepôts[10]. Aux États-Unis, une journaliste d'enquête décrit ainsi l'entrepôt d'une firme du numérique qu'elle ne peut nommer, par crainte de poursuites, où travaillent des milliers de personnes :

> Chaque jour consiste à courir dès l'instant où vous franchissez la porte [...]. Vous agrippez un *scanner* qui tient dans une main. [...] Et ces entrepôts sont absolument énormes, des centaines de milliers de pieds carrés. [...] Une Barbie apparaît sur le *scanner*, et vous avez 20 secondes pour traverser la salle, vous courez jusqu'à son emplacement dans les étagères, vous cherchez le plus vite possible, vous attrapez la Barbie, vous la *scannez*, vous la placez sur le transporteur. L'article suivant apparaît, vous avez 15 secondes. Et cela se poursuit sans arrêt. Nous avions des quarts de travail d'au moins 10 heures par jour[11].

8. « D'un écran à l'autre... », *op. cit.* Voir aussi Cosima Dannoritzer, *Prêt à jeter*, Arte France, 2010, 75 min.
9. « Comment meurent les bateaux... E-waste », *Là-bas si j'y suis*, 6 novembre 2007, <https://la-bas.org/la-bas-magazine/les-archives-radiophoniques/2007-08/novembre-157/comment-meurent-les-bateaux-e-waste>.
10. Jean-Baptiste Malet, « Amazon, l'envers de l'écran », *Le Monde diplomatique*, novembre 2013, <www.monde-diplomatique.fr/2013/11/MALET/49762>.
11. « "I Was a Warehouse Wage Slave" : Reporter Mac McClelland on Life Inside the Online Shipping Machine », *Democracy Now!*, 7 août 2013, <www.democracynow.org/2013/8/7/i_was_a_warehouse_wage_slave>. Ma traduction.

L'été, la chaleur dans les entrepôts est tellement suffocante que des paramédicaux sont stationnés à l'extérieur pour traiter les cas de déshydratation.

« Derrière » nos écrans, il y a aussi des « travailleuses et travailleurs du clic » qui forment une économie de plus en plus structurée. Chez Amazon, le « Turc mécanique » (*Mechanical Turk*) est un projet pour lequel près de 500 000 personnes, surtout aux États-Unis et en Inde, exécutent des « micro-tâches » pour entraîner un algorithme et perfectionner son « intelligence ». Ces personnes doivent repérer des lettres et des chiffres sur des images, identifier des émotions sur des photos de visage, évaluer des traductions et signaler les bonnes réponses afin que l'algorithme apprenne à traiter lui-même ces informations. Pour 8 heures de travail, on gagne parfois 30 $ US ; plusieurs sont payés en bons d'achat Amazon, comme aux beaux jours des débuts de l'industrialisation où le propriétaire de l'usine possédait aussi le magasin général au cœur de la ville[12]. On trouve aussi des travailleuses et travailleurs du clic dans ce qu'on appelle des « fermes à clics » : des millions de personnes, employées par des firmes telles que Upwork et Freelancers, ajoutent des « J'aime » à une page Facebook ou des adeptes à un compte Twitter pour en accroître la popularité. Ces fermes à clics se situent généralement en Asie et en Europe de l'Est, dans des pays qui « deviennent les producteurs de micro-tâches pour les pays du Nord[13] ». Chez Facebook, il y a également des modérateurs qui filtrent les images que des usager.e.s ont signalées comme « inappropriées » et passent leur journée à regarder des photos de guerre, de violence physique ou sexuelle, de haine raciste ou homophobe, etc. Celles et ceux qui réussissent à évaluer plus

12. Xavier de la Porte, « Les "travailleurs du clic", ces humains cachés dans les machines », *France culture*, 13 février 2017, <www.franceculture.fr/emissions/la-vie-numerique/les-travailleurs-du-clic-ces-humains-caches-dans-les-machines>.

13. Antonio Casilli, « Qui a fait élire Trump ? Pas les algorithmes, mais des millions de "tâcherons du clic" sous-payés », *Casilli.fr*, 17 novembre 2016, <www.casilli.fr/2016/11/17/qui-a-fait-elire-trump-pas-les-algorithmes-mais-des-millions-de-tacherons-du-clic-sous-payes/>. Voir aussi Charles Arthur, « How Low-Paid Workers at "Click Farms" Create Appearance of Online Popularity », *The Guardian*, 2 août 2013.

de 4 000 photos à l'heure (soit plus d'une par seconde) reçoivent un salaire plus intéressant[14].

Le « cyberespace » ne s'est jamais trouvé dans un monde à part, coupé des humains et de la planète. Au contraire, il participe à l'accentuation des contradictions présentes dans le monde physique et social.

Mais il n'y a pas que l'infrastructure matérielle d'Internet pour démontrer que le réseau ne relève pas d'un univers virtuel. Les espaces interactifs qui s'y sont constitués peuvent être structurés de multiples manières, suivant toutes sortes d'objectifs commerciaux ou politiques. Le juriste Lawrence Lessig explique que tout espace façonné par les humain.e.s (une église, un parc, un supermarché, une agora, etc.) dispose d'une *architecture* qui lui est propre. L'architecture, écrit Lessig, est « une sorte de loi: elle détermine ce que les gens peuvent ou ne peuvent pas faire[15] ». Il en va de même pour le cyberespace: les « lieux » que nous trouvons sur Internet (un groupe de discussion, le blogue d'un.e journaliste, une boîte de réception de courriels, un wiki, une application de diffusion de musique en continu) induisent des types spécifiques d'interaction, des manières d'être, des valeurs. Comme l'explique Lessig, « l'architecture du cyberespace *est* pouvoir, en ce sens. Elle pourrait être différente. C'est par le politique que nous décidons » de cette architecture. Qui établit, qui structure ces espaces? « Lorsque les intérêts commerciaux déterminent l'architecture, ils créent une sorte de loi privatisée[16]. » Voilà une piste importante pour comprendre les enjeux évoqués dans ce livre. Bien que ces espaces immatériels soient distincts de ceux de notre quotidien, du moins en partie, les organisations qui les constituent et les humain.e.s qui y ont recours ont des intérêts économiques et politiques bien terrestres et habitent un territoire régi par des lois bien réelles.

---

14. Jakob Gottschau, *Facebookistan*, Express TV-Produktion, 2015, 58 min.
15. Lawrence Lessig, *Code and Other Laws of Cyberspace*, New York, Basic Books, 1999, p. 59. Ma traduction. Voir aussi Jan Gehl, *Pour des villes à échelle humaine*, traduction de Nicolas Calvé, Montréal, Écosociété, 2012.
16. Lawrence Lessig, *Code and Other Laws of Cyberspace*, *op. cit.*, p. 59. Ma traduction.

Un faux débat à dépasser

Difficile de discuter d'Internet sans soulever des débats passionnés. L'enthousiasme pour la nature présumément « disruptive » et « démocratique » du réseau se bute souvent à la critique selon laquelle Internet, dans son entièreté, est un pur produit du capitalisme néolibéral.

Appelons la première approche l'*éloge naturaliste*. Plusieurs célèbrent les vertus d'Internet en faisant des parallèles avec la biologie : le réseau aurait une forme « organique », un peu comme des neurones capables de produire une « intelligence collective ». Le Net permettrait des interactions comme celles que l'on trouve dans un écosystème. Il serait en cela beaucoup plus souple que les régulations centralisées et bureaucratiques de l'État, que les structures hiérarchiques en général. Internet laisserait naturellement place à la liberté individuelle et à la formation de groupes spontanés. Pour certain.e.s, il est l'incarnation même du libre-marché tel qu'il ne s'était jamais vraiment réalisé jusqu'à présent. Les capitaines de l'industrie du numérique raffolent de cette explication à saveur libertarienne, sorte de mythe fondateur pour un capitalisme renouvelé. La superproduction hollywoodienne *Avatar* illustre très bien cette conception d'un réseau naturellement libérateur : le héros est une sorte de messie qui fusionne avec la nature grâce à la technologie pour mener un soulèvement révolutionnaire[17].

À l'opposé, la seconde approche peut être qualifiée de *critique intégrale*. De ce point de vue, Internet serait, dans son essence même, une création néolibérale. Imaginé par des cybernéticien.ne.s rêvant d'une communication sans entraves qui régulerait les systèmes sociaux, Internet court-circuite les institutions politiques et détruit les solidarités. Le réseau est entretenu par des fantasmes communautaires et subversifs, mais en réalité il ne fait que renforcer l'emprise du capital sur nos existences. Internet nous invite fondamentalement à nous mettre en vente, à faire fructifier notre valeur marchande. Pire encore, Internet a su gagner à sa logique des mouvements

---

17. Voir Philippe de Grosbois, « Avatar. Mythe fondateur du capitalisme vert », *À bâbord !*, n° 35, été 2010.

sociaux qui se veulent critiques du néolibéralisme, mais qui se trouvent finalement pris au piège de sa dynamique. Dans la culture populaire, c'est la série télévisée d'anticipation *Black Mirror* qui illustre le mieux cette critique : les technologies de communication y sont, sans exception, oppressives et aliénantes ; elles dévorent notre humanité. La série n'offre aucune explication de leur provenance ni piste de solution pour s'en défaire[18].

Il ne s'agit pas de trouver un « juste milieu » entre ces deux approches, mais de dépasser une opposition qui n'en est pas vraiment une. Ces perspectives ne se contredisent qu'en surface : lorsqu'on les observe de plus près, on constate qu'elles sont les deux faces d'une même médaille. Premièrement, l'une et l'autre perçoivent Internet comme une force extérieure à la société qui « tombe » sur nous telle une bénédiction ou une malédiction. Suivant ces approches, c'est la technique qui détermine le social, et on ne peut, heureusement ou malheureusement, y échapper. Les individus sont perçus comme les réceptacles passifs d'une technologie dotée d'une essence presque transcendante. Deuxièmement, les deux perspectives considèrent Internet et le marché comme étant plus ou moins équivalents. Le capitalisme y apparaît comme un système universel et quasiment indépassable (pour le meilleur dans un cas, pour le pire dans l'autre). Pour Robert McChesney, « une grande partie des écrits sur Internet, qu'ils soient louangeurs ou sceptiques, acceptent qu'Internet et le capitalisme ont été et seront liés l'un à l'autre dans une relation naturelle et nécessaire[19] ». Enfin, dans l'une et l'autre approche, Internet n'est pas considéré comme un espace de conflits et de luttes mais comme un lieu homogène et stable. En d'autres termes, elles sont toutes deux profondément *fatalistes* : il ne nous reste qu'à célébrer la venue d'un temps nouveau ou à regretter le monde débranché. Toutes deux découragent l'étude critique des rapports de force qui existent au sein du réseau et la

18. Dans son livre *Digital Disconnect*, Robert McChesney sépare les deux camps d'une manière qui rejoint en grande partie la mienne, en opposant les « célébrant.e.s » aux « sceptiques » (New York, New Press, 2013, p. 5-16).
19. *Ibid.*, p. 20. Ma traduction.

réflexion sur l'organisation collective qui sera nécessaire si on veut transformer Internet.

Or, il n'y a pas de « plan » naturel, divin ou autre qui préside au développement d'Internet. Ce dernier est le produit d'acteurs sociaux ayant des intentions particulières. Il faut donc tenir compte du rôle des entreprises privées, mais aussi des mouvements sociaux, des individus influents et même des accidents historiques qui ont participé à la constitution du réseau. Bien sûr, les technologies médiatiques ne sont pas « neutres ». Elles transforment les sociétés et leurs membres. Elles sont donc *déterminantes*. Elles peuvent ouvrir des portes qui étaient demeurées fermées, accélérer ou accentuer des dynamiques déjà à l'œuvre. Mais elles sont aussi *déterminées*. Elles sont tributaires de la réception que leur réservent des individus qui disposent d'une subjectivité critique. Elles peuvent donc être structurées et mises en forme de différentes manières, dévier de l'intention qui a présidé à leur conception, et ce, tant par l'action de puissances économiques et politiques que par celle de groupes marginaux ou de mouvements organisés. Cela est vrai de tous les médias, mais Internet a fait preuve d'une souplesse exceptionnellement grande dans l'histoire des communications[20]. Cette plasticité tend cependant à diminuer rapidement – ce qui est au cœur des préoccupations qui m'ont amené à écrire ce livre.

Bref, la relation entre une société et sa technique est dynamique – dialectique, si on me permet d'employer le terme. Une fois qu'on a accepté l'idée selon laquelle le réseau Internet et les espaces qu'on y a constitués ne sont pas indépendants de nos sociétés, mais modelés par des forces sociales, économiques et politiques très concrètes et contingentes, on a franchi le pas le plus important pour saisir les questions soulevées dans ce livre.

20. Sur l'histoire de l'ouverture et de la fermeture des médias au XXe siècle, voir Tim Wu, *The Master Switch: The Rise and Fall of Information Empires*, New York, Knopf, 2011.

Hackers, libristes et adeptes du p2p

Parler des batailles d'Internet, c'est aussi parler de groupes de militant.e.s qui s'activent depuis longtemps sur ces questions sans qu'on les connaisse toujours très bien. Tout au long de ce livre, j'aurai recours à trois expressions pour les nommer : hackers, libristes et adeptes du pair-à-pair (*peer-to-peer*, ou p2p). Ces termes réfèrent davantage à des manières différentes de conceptualiser le mouvement, apparues au fil du temps, qu'à des groupes clairement distincts les uns des autres.

Contrairement à l'emploi qu'on en fait le plus souvent dans les médias traditionnels, où il désigne des individus cherchant à contourner la sécurité de systèmes informatiques pour y subtiliser des informations, le mot *hacker* réfère d'abord à la bricole, à la bidouille. L'anthropologue Gabriella Coleman les définit comme des « amateur.e.s de l'informatique poussé.e.s par une passion pour l'apprentissage et le bricolage de systèmes techniques, et souvent adeptes d'une interprétation éthique de la liberté de l'information[21] ». Dès les années 1960, des communautés assez importantes se constituent, mais le terme *hacker* réfère alors davantage à une *éthique* qu'à du militantisme proprement dit. Ce n'est qu'à partir des années 1990 et 2000, notamment en réaction à la répression qu'il subit, que le *hacking* se fera graduellement plus politique : on utilisera alors l'expression *hacktiviste*. Bien sûr, tous les hackers ne sont pas hacktivistes, mais lorsqu'il en sera question dans ce livre, c'est principalement sur ce courant plus militant que je me concentrerai.

Le terme *libriste* renvoie quant à lui à l'héritage du mouvement des logiciels libres, qui apparaît dans les années 1980. Voyant les logiciels être de plus en plus soumis à la logique « propriétaire » de grandes entreprises et le code informatique être enfermé par le droit d'auteur, des développeurs décident de concevoir des logiciels dont le code est ouvert. D'emblée, le logiciel libre implique une posture plus politique : il s'agit de créer des ressources communes dont ne pourront pas s'emparer

21. Gabriella Coleman, *Coding Freedom : The Ethics and Aesthetics of Hacking*, Princeton (New Jersey), Princeton University Press, 2013, p. 3. Ma traduction.

les entreprises, ressources qui assurent que les individus contrôlent les logiciels créés collectivement plutôt que l'inverse[22]. *Libriste* différencie aussi les tenant.e.s du logiciel libre des promoteurs de l'*open source*, moins politisés et davantage séduits par l'efficacité du mode de production ouvert que par la bataille contre le logiciel « propriétaire ». L'apparition du terme *libriste* au cours des années 2000 témoigne de l'édification d'une pensée cohérente autour de l'importance de la libre communication à l'ère d'Internet. Ce n'est donc pas seulement de la liberté du logiciel qu'il est aujourd'hui question, mais de celle de l'ensemble de l'infrastructure de communication qui se met en place au XXIe siècle.

Finalement, l'expression *pair-à-pair* (*peer-to-peer* ou p2p) apparaît dans les années 2000 dans un contexte où l'échange de fichiers musicaux et cinématographiques prend de l'expansion, d'abord avec Napster puis avec les systèmes BitTorrent. Des millions d'individus, pour la plupart non informaticien.ne.s, disposent de logiciels leur permettant d'avoir accès aux fichiers des autres et de diffuser leur collection personnelle. Au fil du temps, le p2p en est venu à désigner la pratique par laquelle des individus se réunissent sur une base égalitaire et volontaire pour partager des ressources et élaborer des projets communs[23]. Le concept de pair-à-pair témoigne de l'ambition croissante du mouvement : contrairement à un hacker ou à un libriste, il ne réfère pas seulement à une attitude à l'égard des ordinateurs, du code informatique ou même du réseau Internet, mais se présente de plus en plus en tant que proposition de rapports économiques décentralisés, un « nouveau mode de production et d'échange[24] » s'appuyant sur une infrastructure technologique en train de se superposer à la société.

Chacun de ces trois termes renvoie à un univers de sens spécifique. Néanmoins, il m'a parfois paru acceptable de les utiliser sans faire de distinction précise, puisque de nombreux

22. Voir Joshua Gay (éd.), *Free Software, Free Society: Selected Essays of Richard M. Stallman*, Boston, GNU Press, 2010.
23. Voir Michel Bauwens et Vasilis Kostakis, « Peer-to-Peer : A New Opportunity for the Left », *ROAR Magazine*, 12 janvier 2017, <https://roarmag.org/essays/peer-to-peer-bauwens-kostakis/>.
24. *Ibid.* Ma traduction.

militant.e.s sont à l'aise à la fois avec *hacker*, *libriste* et *adepte du pair-à-pair* pour décrire leur pratique.

On verra dans ce livre qu'il importe d'adopter une approche critique à l'endroit de ce militantisme : bien souvent, leurs promoteurs se perçoivent comme des héros et des sauveurs qui volent à la rescousse des populations, ce qui mène parfois à un certain élitisme, voire à du machisme, et nuit à la création de liens avec d'autres mouvements sociaux progressistes. Cependant, leurs perspectives sur la place de la connaissance et de l'information dans nos sociétés peuvent nourrir les mouvements sociaux progressistes, et il m'apparaît nécessaire de les faire connaître davantage et de travailler à construire des liens plus forts avec les forces vives de la gauche plus « classique ». Comme sociologue, militant pour la justice sociale et ami de longue date d'informaticien.ne.s et de libristes, je pense occuper une place privilégiée pour modestement contribuer à cette tâche.

Cartographie de ce livre

Dans le premier chapitre de cet ouvrage, je fais l'historique du réseau Internet et des multiples forces qui l'ont façonné. L'histoire d'Internet se divise en trois grandes vagues : militaro-universitaire, militante et capitaliste. Cybernéticiens, scientifiques, étudiant.e.s, militant.e.s, hippies et entrepreneur.e.s ont nourri le réseau de principes et de valeurs particulières, contribuant à son caractère bigarré et difficile à saisir dans son entièreté par une explication généralisante.

Les chapitres 2 à 5 abordent quelques-unes des potentialités fragiles et menacées qui émergent à partir des années 2000. Alors que la population accède à Internet et que les médias sociaux commerciaux font leur apparition, les dynamiques contradictoires et conflictuelles qui sont apparues au fil de la constitution d'Internet se diffusent à d'autres sphères de la société. Ces transformations sont axées sur une participation amateure massive. La contribution individuelle et les pratiques collaboratives sont fortement valorisées, au moment même où ce qu'on appelle parfois le « capitalisme de plateforme » tente d'enfermer ces possibilités dans un modèle marchand et de se les approprier.

En culture, un large public a profité de nouveaux moyens de diffusion et de partage d'œuvres musicales, cinématographiques et télévisuelles, en plus de participer à une création culturelle effervescente (chapitre 2). Ces possibilités ont cependant été harnachées par les médias sociaux commerciaux, pendant que la situation de plusieurs créatrices et créateurs devenait de plus en plus précaire. Artistes et public ont ainsi été instrumentalisés dans un conflit commercial opposant le modèle Hollywood (axé sur la rentabilisation du droit d'auteur) au modèle Silicon Valley (axé sur le partage et le remixage de la culture). Pendant que les artistes voyaient leurs revenus fondre, le public était la cible des premières expériences de répression judiciaire et technique de l'activité de partage sur le réseau, qui inspireront d'autres mesures de contrôle.

Internet et le numérique ont grandement étendu les possibilités d'expression des individus, brouillant les frontières entre émetteurs et récepteurs, entre intimité et discussion publique, et entre les divers genres de communication (chapitre 3). Cela a bénéficié à des mouvements de contestation, notamment pour porter et politiser des enjeux du quotidien dans l'espace public, mais de nouvelles barrières à l'expression populaire se sont érigées en parallèle. Les « médias de masse individuels », comme les appelle Manuel Castells, profitent aussi aux groupes intolérants et haineux qui souhaitent intimider les féministes ainsi que les groupes racisés et marginalisés. Par ailleurs, la mise en place de ces discussions dans des agoras privées pose le problème de l'opacité des algorithmes qui régulent les interactions sociales et filtrent nos conversations sur la base d'intérêts mercantiles.

La situation critique du journalisme est actuellement l'objet de nombreuses réflexions (chapitre 4). Si les nouvelles technologies de communication ont un rôle important à jouer dans cette période de crise, celle-ci est aussi reliée à des problématiques plus larges, telles que la concentration économique des industries médiatiques et l'érosion de la démocratie de manière générale. Lorsqu'on observe la situation dans une perspective historique, on voit que l'époque actuelle est surtout marquée par une crise d'un *certain* modèle de journalisme, institutionnalisé autour d'un partenariat avec la grande entreprise. En ce sens, le passage au numérique est aussi l'occasion de revoir les pratiques établies et de développer un journalisme subversif soutenu par des sources aux capacités bonifiées par la numérisation des communications, et remet au goût du jour l'héritage riche mais quelque peu oublié du journalisme de combat.

L'ensemble de ces possibilités se voit menacé par des pratiques de surveillance, de contrôle et de répression de grande envergure (chapitre 5). Des dispositifs de surveillance de masse ont été mis en place au cours des dernières décennies, tant par les États que par les grandes entreprises du numérique, pour qui les données personnelles sont souvent au cœur de leur modèle d'affaires. Les mécanismes de contrôle sont de plus en plus répandus ; ils sont notamment commercialisés par des firmes occidentales qui les vendent ensuite à des régimes autoritaires à travers le monde. Les algorithmes des médias sociaux peuvent aussi être mobilisés pour orienter les affects politiques des populations. Finalement, la répression particulièrement forte à l'encontre des militant.e.s pour une libre communication est révélatrice de la crainte que leurs idées suscitent chez les élites économiques et politiques.

Les chapitres 6 à 8 ont pour objectif de cerner quelques enjeux qui risquent de prendre de l'importance dans les années à venir, nous donnant ainsi des raisons d'espérer mais également de nous inquiéter. Nous verrons que les groupes militant pour Internet cultivent souvent un rapport ambigu au capitalisme, novateur, certes, mais nécessitant des éclaircissements.

La répression contre les hackers, particulièrement à partir des années 2000, a eu l'effet de politiser un groupe qui se concentrait jusqu'alors sur le code informatique. Plusieurs parmi eux cherchent désormais à « hacker la politique » : ils et elles s'investissent dans l'action en transposant leurs expériences informatiques au domaine de la politique (chapitre 6). Celle-ci apparaît comme semblable à du code informatique que l'on doit rendre public afin de mieux le modifier collectivement. Plusieurs coups d'éclat de la nébuleuse Anonymous, en faveur de la libre circulation de l'information, peuvent être compris en ce sens. La formation de partis pirates et l'implication politique de hackers dans les mairies rebelles d'Espagne témoignent aussi de ce désir de mettre un savoir militant spécifique au service d'une tentative de « démocratisation de la démocratie », en quelque sorte.

Notre époque est également marquée par le passage de modes d'organisation issus d'Internet dans le monde matériel (chapitre 7). Au niveau des entreprises, la collecte obsessive de données est appelée à s'étendre par l'entremise des « objets connectés », ce qui annonce une intensification des problèmes de surveillance et de contrôle. Le passage de l'immatériel au matériel se manifeste aussi dans l'ambition croissante du capitalisme de plateforme de restructurer plusieurs secteurs économiques autour de l'auto-entrepreneuriat, court-circuitant au passage les diverses législations et protections syndicales nationales. On le voit notamment dans l'hôtellerie (Airbnb) et le taxi (Uber). Devant cette réalité, des militant.e.s cherchent à faire en sorte que ce passage s'effectue d'abord au bénéfice du public. Les plateformes coopératives ont pour but de mettre les possibilités du numérique au service d'une organisation démocratique du travail et de l'échange. Un modèle de production en pair-à-pair est en voie de consolidation ; il permettra de collecter des données à des fins environnementales et de faciliter la production d'aliments et d'appareils sur une base locale, ouverte, en rupture avec le « prêt-à-jeter ».

Finalement, le dernier chapitre sera l'occasion de présenter et de problématiser l'idéal d'un Internet libre et commun (chapitre 8). Celui-ci s'incarne dans les luttes pour la neutralité du réseau, contre la centralisation et la fermeture des plateformes opérées par les géants commerciaux, pour le développement de « communs » de la connaissance et pour une protection de la vie privée des individus. Les batailles pour un Internet libre impliquent aussi des changements à l'extérieur du réseau, notamment en ce qui a trait à la place des femmes en informatique et à l'appropriation populaire d'Internet. Elles demandent enfin aux militant.e.s pour un Internet libre de développer leurs liens avec les autres mouvements sociaux qui se mobilisent pour une réelle démocratie et une justice sociale digne de ce nom.

Comme on le sait, l'univers d'Internet évolue très rapidement. Dans cet ouvrage, j'ai essayé d'en saisir les tendances lourdes, tout en tenant compte de ses développements récents. Mes lectures et influences sont principalement nord-américaines et européennes. Je propose ici un cadre d'analyse que je souhaite utile pour la suite des choses, mais je ne prétends aucunement fournir un point de vue exhaustif et définitif sur les transformations du réseau et sur leurs effets. J'espère que ce livre sera surtout reçu comme une invitation à aller plus loin dans l'analyse sociale et politique d'Internet.

Chapitre premier

Les multiples origines d'Internet

> *Lo, soul! seest thou not God's purpose from the first?*
> *The earth to be spann'd, connected by net-work,*
> *The people to become brothers and sisters,*
> *The races, neighbors, to marry and be given in marriage,*
> *The oceans to be cross'd, the distant brought near,*
> *The lands to be welded together.*
>
> – Walt Whitman, *Passage to India!*, 1871[1]

> [*Le cyberespace*] *a beaucoup en commun avec le Great West du XIX*e *siècle.* [*Cette région*] *est vaste, non cartographiée, culturellement et juridiquement ambiguë,* [...] *difficile à traverser d'un bout à l'autre, et ne demande qu'à être habitée.*
>
> – John Perry Barlow, 1990[2]

Dans *Passage to India!*, le poète étatsunien Walt Whitman célèbre l'arrivée du chemin de fer, qui ouvre selon lui une ère où « la terre entière sera traversée, connectée par un réseau », une ère de rencontre entre les peuples. Mais le poème de Whitman, dont le titre évoque les explorations mercantilistes européennes, fait également écho à la conquête anglo-

1. Publié à l'origine dans le recueil *Leaves of Grass*, le poème est disponible en ligne : <www.bartleby.com/142/183.html>.
2. Cité dans Fred Turner, *Aux sources de l'utopie numérique. De la contre-culture à la cyberculture, Stewart Brand, un homme d'influence*, traduction de Laurent Vannini, Caen, C & F Éditions, 2012, p. 272.

saxonne de l'Ouest nord-américain, en parlant de « terres trouvées » et d'un « hémisphère à naître ». De fait, l'Ouest du XIXe siècle a été un espace d'exploration de nouveaux modes de vie, mais aussi un lieu où se sont déployées des inégalités criantes et une violence coloniale inouïe. À ce titre, il est significatif que John Perry Barlow, qui a façonné une partie importante de l'imaginaire d'Internet, ignore complètement les Autochtones lorsqu'il affirme que le « Great West » du XIXe siècle ne « demandait qu'à être habité ».

Les nouveaux moyens de transport suscitent souvent de grandes attentes puisque, comme le dit Hartmut Rosa, avec eux « l'espace paraît littéralement se "rétrécir" ou se contracter[3] », ce qui permet d'espérer un rapprochement analogue sur le plan humain. Il en est de même des moyens de communication, qui sont aussi des moyens de transport (de messages). Filipa Subtil relate que l'apparition du télégraphe, au XIXe siècle, « a contribué à libérer la communication des contraintes de la géographie », amenant les gens à souhaiter qu'il relie « les personnes entre elles n'importe où » et qu'il réalise « l'idéal de l'universalisme entre les hommes [*sic*][4] ». Dans son livre *The Master Switch*, Tim Wu montre que les mêmes espoirs ont accompagné l'arrivée du téléphone, de la radio et même de la télévision câblée[5].

L'arrivée d'une nouvelle technologie ne suffit pas à réaliser l'utopie de fraternité et de démocratie rêvée par celles et ceux qui ont été les premiers à en faire usage. Les outils peuvent ouvrir des portes mais ce sont généralement les peuples qui les franchissent. Les espoirs ne sont pas complètement dénués de fondement, cela dit, puisque tous ces moyens de communication et de transport ont chaque fois offert de nouvelles possibilités à celles et ceux qui se battent pour l'émancipation

---

3. Hartmut Rosa, *Aliénation et accélération. Vers une théorie critique de la modernité tardive*, Paris, La Découverte, 2012, p. 58.
4. Filipa Subtil, « Du télégraphe à Internet. Enjeux politiques liés aux technologies de l'information », dans Serge Proulx, José Luís Garcia et Lorna Heaton (dir.), *La contribution en ligne. Pratiques participatives à l'ère du capitalisme informationnel*, Québec, Presses de l'Université du Québec, 2014, p. 117 et 119.
5. Tim Wu, *The Master Switch*, New York, Knopf, 2011.

individuelle et collective. Mais toutes ces technologies ont souvent été développées à des fins militaires et ont participé à la consolidation du pouvoir des États ainsi qu'au renouvellement du capitalisme. Filipa Subtil remarque qu'un « système national de communication reposant sur le chemin de fer et sur le télégraphe » a participé à la « construction d'un marché à l'échelle nationale » aux États-Unis et « a produit les bases pour l'émergence d'un empire cohérent[6] ».

Si Internet se démarque à plusieurs égards des médias qui l'ont précédé, son apparition a elle aussi suscité des projections optimistes et des fantasmes utopistes. Et comme l'Ouest nord-américain colonisé à l'aide du chemin de fer et du télégraphe, Internet est un espace où exploitation, brutalité et inégalités profondes ont pris place au fil de sa « colonisation ». Vingt ans après l'émergence de l'Internet grand public, les rêves ayant accompagné son expansion ont grandement perdu de leur lustre.

L'histoire d'Internet est néanmoins riche en revirements, détours, rencontres probables ou improbables et, surtout, en contradictions. Les multiples acteurs qui ont bâti Internet en ont fait un objet difficile à appréhender, ce qui explique peut-être que les analyses de son potentiel transformateur arrivent parfois à des conclusions diamétralement opposées, allant des plus euphoriques aux plus pessimistes. Cela explique aussi pourquoi Internet est le terrain d'âpres luttes sociales, comme nous le verrons au fil de ce livre.

Le présent chapitre rend compte de cette histoire, non de manière exhaustive, mais dans le but de présenter les forces en présence et de montrer leur influence respective sur l'Internet contemporain[7]. Je propose de les présenter en trois grandes

6. *Ibid.*, p. 120 et 122.
7. Pour des études historiques plus approfondies, voir Benjamin Loveluck, *Réseaux, libertés et contrôle. Une généalogie politique d'Internet*, Paris, Armand Colin, 2015, p. 25-203 ; Steven Levy, *Hackers : Heroes of the Computer Revolution*, Sebastopol (Californie), O'Reilly, 2010 ; Manuel Castells, *The Internet Galaxy*, New York, Oxford University Press, 2002, p. 9-63 ; Turner, *Aux sources de l'utopie numérique*, *op. cit.* ; André Mondoux, *Histoire sociale des technologies numériques de 1945 à nos jours*, Québec, Nota Bene, 2011 ; Wu, *The Master Switch*, *op. cit.*, p. 168-175, 196-203, 255-319 ; Roy Rosenzweig, « Wizards, Bureau-

vagues: militaro-universitaire, militante et capitaliste. Les frontières entre ces courants sont souvent poreuses, ce qui contribue à la complexité de l'Internet d'aujourd'hui.

Vague militaro-universitaire 1: la cybernétique

La pensée cybernétique a en quelque sorte servi de base philosophique à ce qui deviendrait plus tard Internet. Développée dans les années 1940 et 1950 par des penseurs tels que Norbert Wiener, professeur de mathématiques au Massachusetts Institute of Technology, la cybernétique peut être définie comme l'étude de la régulation des systèmes par la communication[8]. Selon les cybernéticien.ne.s, la circulation de l'information est garante de la stabilité d'un système: « l'information circule au sein d'un système donné, lui permettant d'ajuster en permanence son comportement et éventuellement de s'*autoréguler*[9] », explique le politologue français Benjamin Loveluck dans *Réseaux, libertés et contrôle*. Transdisciplinaire, « la cybernétique a formé le socle d'une théorie de l'information applicable aussi bien aux organismes vivants, aux machines et à l'organisation sociale[10] ». Pour Wiener, la libre circulation de l'information mène à une société auto-organisée par le biais de la communication, permettant ainsi d'aller au-delà des circuits politiques établis, qui apparaissent dans cette perspective comme inefficaces. Nous aurons l'occasion de revenir sur cette dernière proposition, assez troublante, qui a été très influente jusqu'à aujourd'hui – pour le meilleur et pour le pire.

Il existe cependant, dans la pensée cybernétique en général et chez Wiener en particulier, un certain nombre de contradictions. Comme l'explique Loveluck, la cybernétique s'est

---

crats, Warriors, and Hackers: Writing the History of the Internet », *The American Historical Review*, vol. 103, n° 5, décembre 1998, p. 1530-1552; Sylvain Bergère, *Une contre-histoire de l'Internet*, Premières Lignes Télévision/OWNI, France, 2013, 86 min; Adam Curtis, *All Watched Over by Machines of Loving Grace*, BBC, Royaume-Uni, 2011, 180 min.

8. Norbert Wiener, *Cybernétique et société. L'usage humain des êtres humains*, Paris, Seuil, 2014.
9. Loveluck, *Réseaux, libertés et contrôle, op. cit.*, p. 30.
10. *Ibid.*, p. 27.

« construite *au sein* d'un environnement traversé par la guerre, mais aussi en partie *contre* la science militarisée et technocratique[11] ». Ainsi Wiener a élaboré ses théories à partir de travaux visant à perfectionner l'armement anti-aérien, mais il a développé des positions antimilitaristes après la Seconde Guerre mondiale et dans les années 1950, au moment où la menace nucléaire s'accentue[12]. Wiener est aussi partagé en ce qui concerne le potentiel stabilisateur de la communication : il y voit des possibilités de plus grande harmonie sociale, mais aussi des risques de contrôle et de déshumanisation par l'automatisation[13]. Enfin, bien que plusieurs penseurs du néolibéralisme, à commencer par Friedrich von Hayek, aient eu recours à un vocabulaire très proche de celui de la cybernétique pour faire du marché capitaliste l'incarnation de cette société autoorganisée par la circulation sans entraves de l'information, Wiener ne semble pas partager cette croyance dans les vertus stabilisatrices du marché. Loveluck explique que « selon Wiener, dans un contexte marchand où l'information se voit soumise à des règles de propriété en vue d'être commercialisée, les moyens de communication seront détournés et ne serviront pas "l'homéostasie sociale". [...] selon lui, le marché ne provoque qu'instabilités et déséquilibres[14] ».

Une grande partie des tensions créées par la présence croissante d'Internet dans nos vies se trouvaient déjà au cœur de la cybernétique développée par Wiener. Pour Loveluck, « une ambivalence fondamentale grève le projet cybernétique. [...] mieux comprendre les systèmes d'information offrait des possibilités d'émancipation collective, mais également des moyens efficaces pour étendre et automatiser le contrôle social[15] ». De fait, avec Internet, l'espoir d'une plus grande

11. *Ibid.*, p. 30.
12. *Ibid.*, p. 33.
13. Wiener fera même part de ses préoccupations à des représentants syndicaux. Voir Turner, *Aux sources de l'utopie numérique, op. cit.*, p. 64-65 ; Terrell Ward Bynum, « Norbert Wiener's Vision : The Impact of the "Automatic Age" on Our Moral Lives », *The Impact of the Internet on Our Moral Lives*, Albany (New York), SUNY Press, 2005.
14. Loveluck, *Réseaux, libertés et contrôle, op. cit.*, p. 37-38.
15. *Ibid.*, p. 42.

autonomie des sociétés côtoie la crainte d'un monde surveillé et régulé à des niveaux jamais vus auparavant.

Vague militaro-universitaire 2 : ARPANET

Comme la cybernétique, le réseau ARPANET, précurseur d'Internet, voit le jour dans un environnement militaire à partir de 1969. Plusieurs ont sans doute entendu parler de la volonté de l'Advanced Research Projects Agency (ARPA), une division de la Défense étatsunienne fondée en 1958, de créer un réseau de communication dépourvu de centre afin d'assurer une plus grande résilience en cas d'attaque surprise ou même de guerre nucléaire. Bien sûr, toute armée considère les communications comme un enjeu stratégique central et finance les travaux qui les concernent en conséquence. Mais le sociologue Manuel Castells montre qu'ARPANET n'était pas au cœur des travaux de l'ARPA et que ses applications militaires n'étaient pas prioritaires : le réseau fut le fruit du travail d'une unité de recherche relativement autonome, formée au début de la décennie 1960, qui cherchait à approfondir le domaine de l'informatique interactive[16]. À l'origine, cette découverte technique n'est pas classée comme secret militaire, car elle est développée dans l'optique héritée de Weiner de la « paix par l'échange » : « le réseau distribué est présenté comme une parade, voire un antidote à l'exacerbation de la puissance souveraine que représente le développement de l'arme nucléaire[17]. »

D'autres réseaux de communication entre ordinateurs, comme Usenet, existaient déjà ; une part importante du travail, dans les années 1970, est consacrée au développement de protocoles et de standards ouverts de communication offrant une compatibilité maximale entre les réseaux existants (ce qu'on appelle l'*inter-opérabilité* ; retenez ce concept pour la suite). C'est de ce travail qu'émergeront les termes « réseau des réseaux » et « Inter-net ». La jonction de ces réseaux, donc la « naissance » d'Internet, a lieu en 1983 par le biais des protocoles TCP/IP (*transmission control protocol* et *internet*

16. Castells, *The Internet Galaxy*, *op. cit.*, p. 10 et 17-23.
17. Loveluck, *Réseaux, libertés et contrôle*, *op. cit.*, p. 57-58.

protocol), encore en usage aujourd'hui[18]. Ces protocoles font de la décentralisation et du traitement non discriminatoire de l'information les fondements d'Internet: « dans la mesure du possible le réseau doit être "stupide" (*dumb*) et toute son "intelligence" doit se situer à sa périphérie ou à ses extrémités [...]. Le cœur du réseau, en lui-même, n'a à "connaître" ni la localisation des émetteurs et des récepteurs, ni la nature du message transporté[19]. » C'est ainsi que la fameuse « neutralité du Net », sur laquelle nous reviendrons, a été établie.

En mettant en place des protocoles ouverts (ce qui a permis à divers réseaux de se « parler ») et en ne fixant aucun centre à ce réseau (ce qui a donné une grande marge de manœuvre à chacune de ses composantes), le département de la Défense des États-Unis a joué un rôle décisif dans le développement d'Internet. Les décisions qui ont été prises à l'époque, et qui s'avéreront déterminantes pour la suite des choses, n'avaient rien d'inéluctable; on aurait très bien pu rester avec des réseaux fermés, isolés les uns des autres, au niveau tant étatsunien que transnational. D'ailleurs, comme on le verra plus loin dans ce livre, le développement des médias sociaux commerciaux se fait en grande partie de manière fermée et centralisée, ce qui représente une rupture importante par rapport à l'interopérabilité des débuts d'Internet et a plusieurs conséquences majeures.

Bien sûr, l'armée étatsunienne a financé substantiellement le développement d'ARPANET et de l'informatique. Même si de grandes entreprises comme AT&T et IBM mettent aussi à contribution leurs laboratoires de recherche, le développement des technologies de communication du XXe siècle fut largement financé par les États (ce qui dément le mythe libertarien selon lequel Internet est un espace auto-organisé par la société civile, le marché ou même la nature). De fait, plusieurs réseaux

---

18. Isabelle Compiègne, *La société numérique en question(s)*, Auxerre, Éditions Sciences Humaines, 2011, p. 11. Ces protocoles établissent des normes en matière de décomposition et de recomposition des données en paquets ainsi qu'en matière de circulation de l'information et d'adressage des machines. Sur l'importance du *packet switching*, voir Wu, *The Master Switch*, *op. cit.*, p. 168-175.
19. Loveluck, *Réseaux, libertés et contrôle, op. cit.*, p. 59.

et protocoles étaient développés dans d'autres régions du monde, comme par exemple X25 en Europe, OGAS en URSS et Cybersyn dans le Chili de Salvador Allende. En ce sens, même si le développement d'Internet est chapeauté par des organisations internationales[20], le succès de ce réseau particulier est aussi le résultat de la puissance étatsunienne à l'échelle mondiale depuis la fin de la Seconde Guerre mondiale et surtout depuis la fin de la guerre froide.

Vague militaro-universitaire 3 : la communauté universitaire

ARPANET est développé en collaboration étroite avec le milieu universitaire, particulièrement les départements de génie, qui sont quatre à héberger les premiers serveurs du réseau (au Québec aussi, Internet est d'abord apparu dans les universités, avec ce qui s'appelait alors le Réseau interordinateurs scientifique québécois [RISQ], à la fin des années 1980[21]). Les universitaires donneront à leur tour une empreinte particulière à ce qui deviendra Internet. ARPANET est entre autres utilisé par les universités pour partager des données de recherche, dans un esprit de collaboration scientifique. Inscrire Internet dans la continuité historique des autres médias de masse est donc en partie erroné ; comme le souligne Dominique Cardon, Internet « n'a pas été conçu pour permettre à un émetteur de s'adresser à une masse de récepteurs, mais pour faciliter les échanges entre des individus tour à tour émetteurs et récepteurs[22] ». Internet est pensé dès ses débuts comme un espace d'interaction et de participation plutôt que de diffusion à sens unique.

Manuel Castells soutient que dans les années 1970, ARPANET est perçu par plusieurs de celles et ceux qui s'y

20. Les principales étant l'Internet Corporation for Assigned Names and Numbers (ICANN), responsable des adresses IP et des noms de domaine, l'Internet Engineering Task Force (IETF), pour les normes de communication, et l'Internet Society (ISOC), promotrice du développement ouvert d'Internet.
21. « Histoire », *Réseau d'informations scientifiques du Québec*, <www.risq.quebec/fr/histoire>.
22. Dominique Cardon, *La démocratie Internet. Promesses et limites*, Paris, Seuil, 2010, p. 8.

investissent comme un projet ancré dans l'idéal scientiste de partage du savoir, « la croyance dans le caractère intrinsèquement positif du développement scientifique et technologique comme composante clé du progrès de l'humanité », où « le mérite découle de la contribution à l'avancée d'un système technologique qui entraîne des bénéfices positifs pour la communauté de découvreurs[23] ». Pierre Dardot et Christian Laval vont dans le même sens : « Internet, aussi nouveau puisse-t-il paraître, est l'enfant d'une vieille tradition, celle de la "science ouverte"[24]. » Les universitaires insufflent au réseau leur « éthique coopérative », qui « interdit l'appropriation exclusive des résultats du travail commun[25] ».

C'est là une origine méconnue des pratiques contemporaines sur Internet : le mode de fonctionnement des concepteurs de logiciels libres, ou la structure organisationnelle de Wikipédia, pour ne prendre que ces deux exemples, s'inspirent fortement de cet idéal savant de recherche collective, de discussion horizontale, d'accès aux données primaires et d'évaluation au mérite des contributions. Le principe de l'évaluation par les pairs propre à la communauté scientifique est d'ailleurs encore présent sur Internet aujourd'hui, ne serait-ce que par le moteur de recherche le plus populaire, celui de Google, dont l'algorithme PageRank fonctionne sur la base du référencement (une page est considérée plus pertinente si plusieurs autres pages y font référence)[26].

Il est cependant essentiel d'apporter un bémol : à l'époque d'ARPANET, l'horizontalité et l'échange entre égaux se met en place dans une communauté déjà fortement homogène. En effet, celle-ci comprend, en grande majorité, des hommes blancs dotés d'une formation universitaire. L'idée très prégnante dans la culture d'Internet selon laquelle le réseau

23. Castells, *The Internet Galaxy*, *op. cit.*, p. 39. Ma traduction.
24. Pierre Dardot et Christian Laval, *Commun. Essai sur la révolution au XXIe siècle*, Paris, La Découverte, 2014, p. 166.
25. *Ibid.*
26. Ce procédé est d'ailleurs issu de recherches universitaires à Stanford : les fondateurs de Google y étaient étudiants. Encore une fois, une entreprise à succès du numérique a reçu, en quelque sorte, des subsides de l'État. Voir Loveluck, *Réseaux, libertés et contrôle*, *op. cit.*, p. 240-246.

fonctionne sur la base du mérite individuel se doit donc d'être sévèrement tempérée : universaliste et égalitaire sur papier, cet idéal est souvent peu sensible aux réalités du plus grand nombre et glisse fréquemment vers une forme d'élitisme technocratique. Comme on le verra au cours de cet ouvrage, cette sous-culture étroite et parfois carrément violente est aussi, hélas, présente dans la culture contemporaine d'Internet, que ce soit dans les entreprises de Silicon Valley ou au sein de communautés de développeurs ou de *gamers*.

Vague militante 1 : les hackers

Les origines militaro-universitaires d'Internet, comme on vient de le constater, ne sont pas simples. L'influence du militantisme sur le développement du réseau est tout aussi complexe et contradictoire, d'autant plus qu'elle a ouvert la voie à de puissantes formes d'exploitation capitaliste, comme nous le constaterons plus loin.

On a vu que pour ceux et celles qui y ont accès, l'environnement dans lequel ARPANET a été développé est plutôt ouvert, même s'il est financé par la défense étatsunienne. La liberté de pensée, l'exploration et l'innovation y sont peu entravées. Steven Levy, racontant l'émergence des premiers hackers sur les campus universitaires des années 1950 et 1960, relate que d'énormes et coûteux ordinateurs étaient accessibles à des étudiants, parfois à des enfants brillants de 12 ans, pour des expériences axées sur le simple plaisir de la découverte et de la création, comme reproduire des mélodies de Bach[27]. On sait également que des messages antiguerre et des ententes de vente de drogues circulaient sur ARPANET[28].

Pour Castells, même si ces étudiant.e.s (encore une fois presque exclusivement blancs et de sexe masculin) ne sont pas des militant.e.s à proprement parler, « ils étaient pourtant imprégnés des valeurs de liberté individuelle, de pensée critique, de partage et de coopération avec leurs pairs qui caractérisaient

27. Voir Levy, *Hackers*, *op. cit.*, p. 17-22.
28. Roy Rosenzweig, « Wizards, Bureaucrats, Warriors and Hackers », *op. cit.*, p. 1547.

la culture des campus des années 1960[29] ». C'est ainsi qu'un secteur technoscientifique de pointe, financé par l'armée, se retrouve influencé par des individus qui voient les ordinateurs non seulement comme des outils de libre communication, mais aussi comme des instruments d'émancipation.

Les hackers se sont longtemps tenu.e.s à l'écart des activités plus conventionnelles de la politique. Cela ne les a pas empêché.e.s d'être animé.e.s de fortes convictions dès les années 1960 et 1970, en commençant par la nécessité d'avoir accès à la technologie et aux ordinateurs (afin de les comprendre et de les modifier) et la promotion de la libre circulation de l'information[30]. Les hackers considèrent que les technologies doivent faire l'objet d'innovations qui en facilitent l'accès afin que les individus puissent se les approprier. Il s'agit en quelque sorte de sortir les ordinateurs des grandes organisations bureaucratiques (États et entreprises privées) pour les remettre entre les mains de la population. Lee Felsenstein, l'un des hackers étatsuniens les plus politisés dans les années 1970, inscrit d'ailleurs son travail dans la pensée d'Ivan Illich, telle que celui-ci la développe dans *Tools for Conviviality*, publié en 1973[31]. Selon Illich, les outils, contrairement aux machines, doivent être développés de manière à être utilisés et modifiés, voire détournés par celles et ceux qui les utilisent.

Les travaux qui ont mené à l'avènement de l'ordinateur personnel constituent une très bonne illustration de ce courant. Steven Levy raconte de manière détaillée comment des groupes californiens de « hobbyistes » (ou amateurs), tels que le Homebrew Computer Club et le périodique de la People's Computer Company, travaillent à l'élaboration des premiers micro-ordinateurs dans les années 1970[32]. Dans les rassemblements du Homebrew Computer Club, on bricole passionnément et compulsivement et, au fil des rencontres, diverses

29. Castells, *The Internet Galaxy*, *op. cit.*, p. 24-25. Ma traduction.
30. Levy, *Hackers, op. cit.*, p. 27-29.
31. Ivan Illich, *Tools for Conviviality*, Londres, Marion Boyars, 2001. Le titre de la traduction en français, *La convivialité*, évacue malheureusement la notion d'« outils ».
32. Levy, *Hackers, op. cit.*, p. 151-248.

équipes présentent à leurs comparses l'avancée de leurs travaux, un peu comme on le ferait dans un séminaire. Plusieurs entrepreneurs, intéressés à des degrés divers par la « cause » ou par les énormes profits à venir, sont déjà présents ; nous y reviendrons.

Mais les innovations des hackers vont plus loin et peuvent être reliées directement à la forme que prend Internet : l'architecture ouverte du réseau le rend particulièrement accueillant envers les individus cherchant à moduler la technologie afin que celle-ci réponde à des besoins précis. L'informaticien britannique Tim Berners-Lee fait un parallèle avec le réseau électrique : toute personne respectant des standards de voltage et d'ampérage peut créer un nouvel appareil qui fonctionnera par l'entremise des prises connectées au service[33]. C'est dans cet esprit de bricole que plusieurs bonifications seront apportées à Internet au cours des années 1980 : le courrier électronique, les forums, les clavardoirs ou *chat rooms*, etc.[34] Parallèlement, dans la même décennie, les BBS (*bulletin board systems*, ou babillards électroniques) se sont mis en place grâce à l'utilisation de modems sur le réseau téléphonique. Des serveurs sont installés dans les maisons d'individus disposant des connaissances techniques pour le faire. D'autres peuvent ensuite se connecter au serveur par téléphone et échanger[35]. L'accès citoyen à Internet, dans les années 1990, se situe donc à la jonction entre l'appropriation hacker du réseau Internet universitaire et cet usage détourné du système téléphonique.

Un aboutissement majeur de cette démarche de développement ouvert est la création par Tim Berners-Lee du *world wide web* en 1990. On confond souvent Internet et le web ; en fait, le web est une application développée pour faciliter l'utilisation du Net, à l'aide de pages web et d'hyperliens qu'on consulte avec un navigateur. Comme Internet, le web n'a rien de naturel. Il s'agit d'une création humaine, conçue

33. Tim Berners-Lee, « Long Live the Web : A Call for Continued Open Standards and Neutrality », *Scientific American*, décembre 2010, p. 83-84.
34. Castells, *The Internet Galaxy*, *op. cit.*, p. 27-29.
35. Antoine Beaupré, « Internet comme bien commun », *Communautique / Remix the Commons*, 10 avril 2014, <www.youtube.com/watch?v=RnY8NtBtY0Q>.

intentionnellement pour incarner des valeurs égalitaristes telle l'universalité d'accès[36]. Et comme pour Internet, des protocoles informatiques (l'encodage en HTML, les adresses URL, la diffusion en HTTP, les hyperliens) tentent de mettre en pratique ces principes. Ces protocoles sont accessibles et non brevetés pour encourager l'émergence de nouveaux usages : pour Berners-Lee, le web est une ressource publique. Il vient consolider les principes de décentralisation, d'ouverture et de neutralité de traitement de l'information qui avaient été établis dans les décennies précédentes.

Le logiciel libre est un autre résultat très important de cette approche des technologies de l'information. Fervents promoteurs de ce caractère ouvert et modifiable d'Internet, qui est dans leur perspective source de son potentiel émancipatoire, celles et ceux qu'on appelle parfois les *libristes* sont très critiques de l'enfermement croissant des logiciels dans la sphère du droit d'auteur, à partir de la fin des années 1970. Alors que le logiciel devient un secteur économique lucratif, de plus en plus de fabricants de logiciels cessent d'en divulguer le code source (les instructions données à l'ordinateur pour qu'il exécute un programme) afin d'empêcher leurs compétiteurs d'en bénéficier. Des communautés de développeurs de logiciels libres apparaissent en réaction à ce virage au cours des années 1980. La première version de la *general public license* (GPL), qui détermine les conditions légales sous lesquelles un logiciel libre est utilisé, date de 1989. Tout logiciel couvert par la GPL peut être utilisé à n'importe quelle fin, copié et modifié par les personnes qui en disposent, à condition que la licence garantissant la liberté du logiciel soit maintenue[37].

Qu'ont en commun le logiciel libre et Internet ? Un postulat politique, d'abord : dans les deux cas, l'ouverture du code est garante d'un contrôle démocratique. Elle permet d'assurer que ces créations techniques puissent être modifiées de manière à servir les intérêts de celles et ceux qui y ont recours, plutôt

36. En 2010, lors du vingtième anniversaire du web, Tim Berners-Lee est revenu sur ces principes fondateurs dans un article, insistant également sur les menaces qui pèsent sur ce modèle. Voir « Long Live the Web », *op. cit.*
37. « Guide rapide de la GPLv3 », Projet GNU, Free Software Foundation, <https://gnu.org/licenses/quick-guide-gplv3.html>.

que les intérêts des organisations qui viendraient à les posséder et les contrôler. Loveluck note d'ailleurs que le web « pourrait être revendiqué comme la plus grande réussite des logiciels libres[38] » : la plupart des serveurs du web fonctionnent aujourd'hui grâce à Apache, un logiciel libre, et des sites web non professionnels peuvent être lancés simplement grâce à Wordpress. Loveluck remarque une dynamique de renforcement mutuel entre Internet et logiciel libre : « Si Internet est en grande partie réalisé grâce à des logiciels libres, inversement le réseau est également ce qui a rendu possible leur fort développement, en permettant aux formes de collaboration distribuée de se structurer[39]. » L'expansion d'Internet dans les années 1990 a permis à des centaines d'informaticien.ne.s de travailler à distance sur des logiciels d'une grande complexité, tel le système d'exploitation Linux.

Vague militante 2 : les hippies

Revenons un peu en arrière pour présenter un groupe ayant particulièrement influencé nos représentations d'Internet, soit la communauté hippie californienne, active du milieu des années 1960 à la fin des années 1970. Dans son livre *Aux sources de l'utopie numérique*, l'Étatsunien Fred Turner montre que « les communalistes du mouvement de "ceux-qui-retournent-à-la-terre" épousèrent souvent les pratiques sociales collaboratives, l'euphorie technologique et la rhétorique cybernétique propres aux laboratoires de recherche officiels du complexe militaro-industrialo-universitaire[40] ». La parenté peut étonner : comment des individus adeptes de communes à la campagne, d'altération de la conscience et de mysticisme ont-ils pu aussi être épris d'utopie numérique et influents dans le développement d'Internet ?

En fait, lorsqu'on y prête attention, les parallèles conceptuels entre la philosophie des communalistes et la cybernétique sont nombreux et significatifs. Turner le démontre par une étude historique serrée : ce courant communaliste s'est inspiré

38. Loveluck, *Réseaux, libertés et contrôle*, *op. cit.*, p. 284.
39. *Ibid.*
40. Turner, *Aux sources de l'utopie numérique*, *op. cit.*, p. 79.

de la transdisciplinarité et de l'esprit d'innovation des unités de recherche militaro-universitaires ainsi que de l'imaginaire de la cybernétique, dans lequel les systèmes sociaux fonctionnent comme des organismes vivants. L'informatique et Internet constituent ainsi des réseaux dont les structures réticulaires « naturelles », proches des systèmes biologiques, sont appelées à remplacer les grandes organisations bureaucratiques, destructrices pour la créativité individuelle et pour l'épanouissement collectif[41]. L'« éloge naturaliste » prend de l'élan.

Plusieurs hippies partagent avec les hackers l'idée qu'il faut s'approprier les technologies – d'ailleurs, les deux groupes entretenaient parfois des liens dans les années 1970, particulièrement sur la côte Ouest étatsunienne, comme au Homebrew Computer Club. Le *Whole Earth Catalog*, publié à l'initiative de Stewart Brand et très populaire au tournant des années 1970, est capital pour comprendre cette approche des technologies. Le catalogue regroupe pêle-mêle toutes sortes de rubriques visant à faciliter l'autarcie et l'autonomie, tant sur les plans de l'alimentation, de la construction et des sciences que sur ceux de l'électronique et de la cybernétique. « Créateurs et lecteurs du *Whole Earth Catalog* contribuèrent [...] à l'élaboration d'une certaine image de la technologie comme moteur de la contre-culture », souligne Turner : « le Catalogue incarnait un esprit du “fais-le toi-même” [*do it yourself*], une vision de la technologie comme source de transformation individuelle et collective[42]. » En raison notamment de son caractère disparate, « beaucoup ont vu dans ce catalogue une préfiguration papier du web hypertexte », remarque Dominique Cardon[43].

---

41. Pensons aussi aux termes « virus informatique », « phénomène viral » ou « mème », tous puisés dans le vocabulaire de la biologie. Le documentaire *All Watched Over by Machines of Loving Grace*, du Britannique Adam Curtis, emprunte le titre de son film à un poème de 1967 de Richard Brautigan qui célèbre la communion entre nature et machines, une « écologie cybernétique » dans laquelle une technologie omnisciente veille sur le monde. Sur le poème, voir Levy, *Hackers, op. cit.*, p. 174-175.
42. Turner, *Aux sources de l'utopie numérique, op. cit.*, p. 41 et 188.
43. Cardon, *La démocratie Internet, op. cit.*, p. 23.

Dans les années 1980, avec l'échec du mouvement du retour à la terre, les « communautés virtuelles » promettent de réussir là où les communes ont échoué, à savoir dans leur volonté de réunir les individus en exil, déterminés à faire société autrement. Pour ces rescapé.e.s du mouvement hippy, « l'informatique, tout comme le LSD, [...] augmente l'esprit[44] », et l'univers virtuel permet de dépasser les potentialités cognitives des personnes qui y ont recours par la construction d'une « intelligence collective ». Le *Whole Earth Catalog* réapparaît dans l'espace numérique en 1985, sous la forme d'un babillard électronique (BBS), et s'appelle alors le *Whole Earth 'Lectronic Link* (WELL). On y trouve ce que sont peut-être les tout premiers forums d'échange et de discussion destinés aux non-informaticien.ne.s. Le WELL donna « un sentiment d'appartenance à une même communauté géographiquement distribuée, un sentiment très semblable à celui qui unissait les tribus dispersées du mouvement de ceux-qui-retournent-à-la-terre[45] ». Comme les hackers travaillant sur les premiers micro-ordinateurs, les communalistes ont joué un rôle important dans l'avènement de l'informatique « personnelle ».

On retrouve dans ces expériences hippies le côté « apolitique » qu'on avait déjà entrevu avec Wiener et la cybernétique, de même que chez les hackers. Il y a bien une volonté de changer la vie, mais celle-ci s'articule autour de la construction de communautés alternatives plutôt que dans la confrontation ouverte avec les pouvoirs en place au moyen d'une mobilisation massive. Turner distingue l'utopie des communalistes (que certain.e.s transposeront au numérique) des grands mouvements de contestation sociale qui traversent les États-Unis à partir des années 1960, qu'on nomme parfois « Nouvelle Gauche » (mouvement étudiant, mouvement pour les droits civiques, etc.). Contrairement à l'idée reçue, selon laquelle les mouvements sociaux de cette période, bien que variés, allaient tous dans la même direction, communalistes et Nouvelle Gauche avaient des divergences importantes. Pour

44. Dominique Cardon, cité dans Bergère, *Une contre-histoire de l'Internet*, *op. cit.*

45. Turner, *Aux sources de l'utopie numérique*, *op. cit.*, p. 228.

une bonne part de la Nouvelle Gauche, bien que le contrôle de l'information médiatique soit un enjeu important, les ordinateurs étaient un instrument au service du complexe militaro-industriel et d'aucune manière un outil d'émancipation[46]. De leur côté, les communalistes n'étaient pas forcément tous anticapitalistes ou de gauche; au contraire, Fred Turner démontre que leurs idées ont préparé le terrain à un renouvellement du capitalisme dans la foulée de la crise du modèle d'accumulation fordiste, comme nous le verrons maintenant en abordant la troisième vague qui a contribué à façonner Internet, à savoir le capitalisme néolibéral.

Vague capitaliste 1: l'idéologie californienne

La pensée hippie californienne a des liens surprenants non seulement avec le systémisme cybernétique, mais aussi avec le virage néolibéral du capitalisme au tournant des années 1980 et 1990. Fred Turner montre que l'utopie communaliste numérique a servi de fondement idéologique à ce qu'on a appelé dans les années 1990 la « Nouvelle Économie », centrée sur la mondialisation et la dérégulation des marchés (financiers notamment), la création de richesse basée sur la connaissance et, bien sûr, un usage intensif de l'informatique. En effet, les adeptes des communes (physiques et virtuelles) et les entrepreneurs émergents de Silicon Valley conçoivent la technologie essentiellement comme une source de bienfaits pour la société. Ils perçoivent ces technologies comme plus respectueuses de

46. Fred Turner relate qu'en 1964 des « étudiants de Berkeley manifestant pour la liberté de parole [...] considéraient que les gouvernants de leur pays les réduisaient à des bits de données abstraites. L'un après l'autre, ils s'emparèrent de cartes de mémoire vierges, les perforèrent d'une série inédite de trous – FSM [*Free Speech Movement*] et STRIKE – et les suspendirent à leur cou » (*ibid.*, p. 36; voir aussi p. 47-49). De son côté, Steven Levy rapporte qu'à la fin des années 1960 une manifestation contre la guerre au Viêt-Nam s'est arrêtée au Tech Square, là où s'affairaient les hackers de Cambridge, puisque le bâtiment abritait des activités financées par la Défense. Même si plusieurs de ces hackers étaient opposés à la guerre et participaient à des activités en ce sens, et que leur utilisation des fonds de la Défense n'avait pas d'applications militaires, ils se trouvaient néanmoins dans une position pour le moins ambiguë (*Hackers, op. cit.*, p. 124-127).

l'individualité et susceptibles d'affaiblir les rigidités bureaucratiques de la société fordiste d'après la Seconde Guerre mondiale, car elles permettent aux individus de « connecter » entre eux sur la base d'affinités et d'intérêts communs. À leurs yeux, comme on l'a vu chez d'autres acteurs, Internet est un outil de « libération », mais cette libération passe ici par l'adhésion à un capitalisme dé-rigidifié.

Cet hybride entre contre-culture et capitalisme néolibéral et numérique a été qualifié d'*idéologie californienne* par les auteurs Richard Barbrook et Andy Cameron[47]. Très riche sur le plan symbolique, l'idéologie californienne fait appel au rêve d'une nouvelle société porté tant par l'imaginaire de l'Ouest américain, évoqué en début de chapitre, que par l'utopie hippie d'une communauté refondée sur la base du partage et du travail collaboratif. La production en réseau et le travail contractuel précaire deviennent synonymes d'autonomie, de créativité et de flexibilité, et promettent de briser les anciennes structures trop rigides (étatiques, syndicales, etc.). L'idéologie californienne possède une force et une charge séductrice sans pareilles : le capitalisme numérique parvient à l'ensemble de la planète par l'intermédiaire d'une technologie présentée comme toute-puissante, inévitable, bienveillante et révolutionnaire[48].

Concernant ce passage de la contre-culture à un capitalisme déréglementé, il est tentant de parler de « récupération » : les idéaux bohèmes des communes des années 1960 et 1970 auraient été dévoyés par les néolibéraux. Or, cette explication est insatisfaisante dans le cas de plusieurs figures bien en vue du mouvement, qui étaient *tout à fait réceptives* à l'économie de marché et prêtes à voir leurs idéaux se réaliser dans ce cadre. Fred Turner montre par exemple que Stewart Brand constitue un pivot majeur dans cette transition. Initiateur du *Whole Earth Catalog*, Brand est aussi, avec d'autres, à l'origine du réseau d'affaires Global Business Network (GBN), fondé à la fin des années 1980 : « fidèle à l'esprit

47. Richard Barbrook et Andy Cameron, « The Californian Ideology », *Science as Culture*, vol. 6, nº 1, 1996, p. 44-72.
48. Maxime Ouellet, *La révolution culturelle du capital. Le capitalisme cybernétique dans la société globale de l'information*, Montréal, Écosociété, 2016.

néocommunaliste de rejet du gouvernement, le GBN faisait la promotion de l'entreprise comme espace de changement social révolutionnaire et présentait les réseaux interpersonnels et informationnels [...] comme des outils et emblèmes de ce changement[49]. »

Pour sa part, John Perry Barlow, ancien membre du groupe de musique culte des Grateful Dead, est l'un de ceux qui nourrissent la force contestataire d'Internet, notamment avec une « Déclaration d'indépendance du cyberespace » qu'il rédige en février 1996. Écrite en réponse à une nouvelle loi étatsunienne sur les télécommunications qui permet la censure de contenus jugés indécents, la Déclaration affirme l'autonomie de l'univers numérique face aux « gouvernements du monde industriel, géants fatigués de chair et d'acier [...]. Nous allons créer une civilisation de l'Esprit dans le Cyberespace. Que celle-ci soit plus humaine et juste que le monde que vos gouvernements ont fait par le passé[50] ». Mais Perry Barlow ne rédige pas sa déclaration au fond d'un sombre bar clandestin, à la manière d'un personnage de roman cyberpunk, mais depuis le clinquant Forum économique mondial de Davos qui réunit chaque année les élites économiques et politiques de la planète.

Le cas de Kevin Kelly et du magazine *Wired* qu'il a cofondé en 1993 est particulièrement intéressant. Turner montre que la revue se trouve au cœur de la traduction capitaliste de l'utopie numérique : résolument optimiste, puisant généreusement dans l'esthétique et l'esprit de la contre-culture, *Wired*

49. Turner, *Aux sources de l'utopie numérique, op. cit.*, p. 303.
50. John Perry Barlow, « A Declaration of the Independence of Cyberspace », 8 février 1996 (ma traduction). Disponible à l'adresse suivante : <www.eff.org/cyberspace-independence>. Il est significatif que le texte emprunte son titre à la *Déclaration d'indépendance des États-Unis* : on voit ici, encore une fois, que l'idéologie californienne puise dans des référents symboliques étatsuniens puissants. D'ailleurs, l'organisme de défense de droits numériques Electronic Frontier Foundation (EFF), cofondé par Perry Barlow en 1990, est nommé en référence à l'imaginaire de la frontière, tel qu'il a été mobilisé pour l'expansion des États-Unis à l'ouest du continent (voir Turner, *Aux sources de l'utopie numérique, op. cit.*, p. 350-351). Au fil des décennies, l'EFF est devenue une référence en matière de droits et libertés sur Internet, y compris pour les groupes progressistes des États-Unis.

diffuse l'idée selon laquelle Internet constitue « à la fois l'infrastructure et le symbole de la nouvelle ère économique[51] ». Pour Kevin Kelly, qui a travaillé avec Stewart Brand sur des projets du *Whole Earth Catalog*, la Nouvelle Économie est régie par une main invisible, au même titre que les ruches d'abeilles ou les réseaux informatiques : « caché dans le Net se trouve le mystère de la Main Invisible – du contrôle sans autorité », écrit-il en 1994[52]. Turner soutient que Kelly et la revue *Wired* métamorphosent « le rêve néocommunaliste d'un Éden rural et d'une réintégration antitechnocratique à la nature, en la célébration des technologies de l'information et des pratiques de production post-fordiennes[53] ». Il montre comment *Wired* a servi de plateforme à la Nouvelle Droite républicaine en ascension au cours de la présidence démocrate de Bill Clinton. Le républicain Newt Gingrich, dont le conservatisme social peut difficilement être associé à la contre-culture des années 1970, fut néanmoins accueilli à quelques reprises dans les pages de *Wired*; l'équipe du magazine et Gingrich s'entendaient notamment sur la nécessité de déréglementer le secteur des télécommunications.

Au-delà des discours triomphalistes glorifiant le partage et l'ouverture, l'utopie technologiste de Silicon Valley se révèle fortement inégalitaire, voire porteuse d'un ségrégationnisme économique. Turner montre que les communalistes formaient déjà un groupe plutôt homogène (blanc, jeune, scolarisé et aisé) qui installait souvent ses communes dans des milieux habités par des Afro-Américain.e.s ou Latino-Américain.e.s plus pauvres, ce qui suscitait des conflits[54]. Les firmes californiennes montantes à partir des années 1980 iront encore plus loin dans ce sens, comme en témoigne la gentrification de la ville de San Francisco[55]. Tout en s'inscrivant dans la mouvance communaliste, le capitalisme numérique la radicalise par une lecture darwinienne des inégalités sociales. Rappelons que la

51. Turner, *Aux sources de l'utopie numérique, op. cit.*, p. 43.
52. Cité dans Loveluck, *Réseaux, libertés et contrôle, op. cit.*, p. 157.
53. Turner, *Aux sources de l'utopie numérique, op. cit.*, p. 315.
54. *Ibid.*, p. 137-141.
55. Voir Rory Carroll, « How Wealth of Silicon Valley's Tech Elite Created a World Apart », *The Guardian*, 26 mai 2013.

biologie en tant que système cybernétique est une importante source d'inspiration dans ce milieu : pour Kevin Kelly, « la main invisible du marché et les forces aveugles de l'évolution darwinienne sont en fait une seule et même chose », soulignent Barbrook et Cameron[56]. Le tout doit mener, pour le capitalisme cybernétique, à un processus de destruction créatrice (comme l'appelle l'économiste Joseph Schumpeter) au cours duquel les mieux adaptés prospèrent et les autres disparaissent[57]. À Silicon Valley, où l'on est fidèle à la phraséologie à saveur révolutionnaire, on préfère parler de « disruption[58] ».

Vague capitaliste 2 : le piège de l'« ouverture »

Qu'en est-il des hackers ? Quelle est leur relation avec ce capitalisme en ascension ? Stewart Brand, principal animateur du *Whole Earth Catalog* et figure centrale de la médiation entre le milieu hippy et les capitalistes libertariens de Silicon Valley, déclarait dans les années 1980 qu'en « remettant l'individu au cœur de l'Âge de l'information, grâce à l'ordinateur personnel, les hackers ont sans doute sauvé l'économie américaine[59] ». Comme chez les hippies, plusieurs se sont montrés très ouverts aux entrepreneurs qui manifestaient de l'intérêt pour leur travail, notamment sur l'ordinateur personnel et sur le logiciel libre. Dans son *Histoire sociale des technologies numériques*, André Mondoux signale que le Homebrew Computer Club du milieu des années 1970 était aussi une « pépinière de firmes informatiques[60] ». Steve Wozniak et Steve Jobs, de la compagnie naissante Apple, s'y rendent régulièrement. Le premier y va principalement par passion pour l'informatique, alors que le second est déjà un homme d'affaires plus qu'un programmeur.

---

56. Barbrook et Cameron, « The Californian Ideology », *op. cit.*
57. Le conflit opposant la firme Uber aux chauffeurs de taxi, dans plusieurs pays du monde, en constitue un bel exemple.
58. Mike Radford, « Secrets of Silicon Valley – The Disruptors », BBC Two, août 2017.
59. Cité dans Turner, *Aux sources de l'utopie numérique, op. cit.*, p. 223.
60. André Mondoux, *Histoire sociale des technologies numériques, op. cit.*, p. 105.

Les relations entre les hackers et les entrepreneurs en émergence ne sont cependant pas toujours au beau fixe. En 1976, Steve Allen et Bill Gates, deux programmeurs à l'origine d'une petite entreprise appelée Microsoft, sont furieux de voir des copies de leur logiciel BASIC circuler à tout vent. Bill Gates écrit donc une « lettre ouverte aux hobbyistes », devenue célèbre dans le milieu, dans laquelle il accuse directement les hackers de voler son logiciel : « Qui peut se permettre de faire du travail professionnel bénévolement ? Quel hobbyiste peut consacrer trois ans de travail à la programmation, à la recherche de bogues et à la documentation, pour ensuite distribuer tout ça gratuitement[61] ? » Bill Gates recevra des centaines de réponses, la plupart très négatives : « Personne ne semblait s'objecter à ce qu'un créateur de logiciel reçoive quelque chose pour son travail, mais les hackers ne souhaitaient pas non plus abandonner l'idée que les programmes informatiques appartiennent à tout le monde[62] », explique Steven Levy.

Ce conflit laisse entrevoir que la dynamique entre capitalisme et hackers est plus équivoque et complexe qu'elle ne l'a été avec les communalistes. D'une part, l'attitude des entreprises à l'égard des valeurs de partage et de collaboration varie grandement ; comme on le voit avec l'exemple de Microsoft, même les chefs de file du capitalisme numérique sont loin d'être des hérauts de la libre circulation de l'information lorsque celle-ci nuit à leurs profits. Au contraire, ces firmes s'appuient souvent agressivement sur la notion de propriété intellectuelle et sur des pratiques monopolistiques pour assurer leur domination sur le marché[63].

61. Cité dans Levy, *Hackers, op. cit.*, p. 233. Ma traduction. Pour lire la lettre intégralement, voir « Open Letter to Hobbyists » sur *Wikipedia*. Nous verrons au prochain chapitre qu'au cours des années 2000 et 2010 une critique semblable sera formulée par des artistes et des journalistes en réaction à la croissance exponentielle du partage de leurs œuvres.

62. Levy, *Hackers, op. cit.*, p. 233-234. Ma traduction.

63. Le cas de Microsoft, poursuivi pour pratiques antitrust en 1998, est bien connu ; par comparaison, on parle bien peu de Facebook et de ses 1,6 milliard d'usager.e.s, probablement un des plus grands monopoles de l'histoire...

D'autre part, hackers et libristes forment dès le départ un groupe plutôt bigarré en ce qui a trait à leur relation au capitalisme. Leur travail peut se présenter tout aussi bien comme une défense du code informatique en tant que bien commun, créé dans une perspective non marchande et démocratique, que comme une méthode non traditionnelle de production de ce même code, plus efficace, permettant d'entrer dans la course au profit en rivalisant avec les géants établis.

Ce clivage est très présent dans le domaine du logiciel libre[64]. Pour Richard Stallman, initiateur du mouvement dans les années 1980 et fondateur de la Free Software Foundation, le logiciel libre représente un projet éthique d'accès à la connaissance visant à donner le contrôle des logiciels aux utilisateurs plutôt qu'aux grandes entreprises, bien que Stallman et les libristes ne s'objectent pas à toute commercialisation des logiciels (le « Free » dans « Free Software » réfère à la liberté et non à la gratuité)[65]. À l'opposé, Eric S. Raymond, dans son texte *La cathédrale et le bazar*[66], dont la première version est publiée en 1997, définit les contours de l'approche baptisée *open source*, selon laquelle l'ouverture du code se défend sur la base d'arguments strictement pragmatiques plutôt qu'éthiques. Pour résumer, si Raymond s'oppose à la critique de Bill Gates contre les hobbyistes, c'est surtout parce que programmer par passion ou par besoin peut mener à un mode de production plus efficace que programmer par obéissance à ses employeurs (les architectes de la « cathédrale » du titre de son livre). Il s'agit donc de faire appel à la collaboration de la communauté de développeurs (le bazar) en diffusant les différentes versions d'un logiciel pour obtenir des avis et de l'aide. Pour Raymond, les développeurs sont des « clients » qu'il faut « écouter [...], stimuler et récompenser[67] » (l'infor-

64. Voir Stéphane Couture et Serge Proulx, « Les militants du code », *L'action communautaire québécoise à l'ère du numérique*, Québec, Presses de l'Université du Québec, 2008, p. 13-35.
65. Voir Richard M. Stallman, *Free Software, Free Society*, s.l., SoHo Books, 2010.
66. Eric S. Raymond, *The Cathedral & the Bazaar*, s.l., Snowball Publishing, 2010.
67. *Ibid.*, p. 20-21. Ma traduction.

maticien semble parfois concevoir cette communauté comme un troupeau dont il faut prendre soin). C'est de cette manière, soutient-il, qu'on peut parvenir à des logiciels de grande qualité (pensons au navigateur Firefox, par exemple).

L'approche *open source* défend essentiellement une méthode, détachée de tout principe autre que l'efficacité: « peut-être que la culture de l'*open source* triomphera non parce que la coopération est moralement supérieure [...] mais simplement parce que l'univers propriétaire [*closed source world*] ne peut pas gagner une course à l'armement contre les communautés de l'*open source* », écrit Raymond[68]. Sans surprise, ce dernier est un fervent promoteur du libre-marché, dans un style très semblable à celui des barons voleurs de l'industrie californienne du numérique présentée plus tôt. Pour l'informaticien, l'univers du système d'opération Linux est « un libre-marché ou une écologie, un rassemblement d'agents égoïstes » ; l'altruisme n'existe pas vraiment puisqu'il est « en soi une forme de satisfaction de l'ego de l'altruiste[69] ».

De nombreuses entreprises sont venues s'engouffrer dans cette brèche ouverte par les hackers: l'ouverture a simplement été interprétée comme un modèle d'affaires plus performant que les autres, par des entreprises qui n'ont que faire de l'ouverture comme principe éthique. Le cas de Google est emblématique. Le système d'exploitation pour téléphones Android a été conçu en *open source*, de même que plusieurs de leurs applications, mais l'entreprise elle-même a bâti sa fortune sur la surveillance, la collecte et la vente de données des internautes[70]. Le même phénomène s'est produit avec Internet de manière générale: une fois assurées d'avoir une emprise sur le marché, de grandes firmes n'ont pas hésité à laisser tomber la

---

68. *Ibid.*, p. 65. Ma traduction.
69. *Ibid.*, p. 62-63. Ma traduction. Libertarien assumé, Raymond est un promoteur convaincu du droit de porter des armes à feu. Les positions politiques libertariennes ne sont pas exceptionnelles dans ce mouvement: des fondateurs d'entreprises telles qu'Amazon, Skype, PayPal et Craigslist s'en sont déjà réclamés, et Jimmy Wales, cofondateur de Wikipédia, a déclaré avoir des sympathies pour la philosophie d'Ayn Rand. Voir Loveluck, *Réseaux, libertés et contrôle, op. cit.*, p. 159-160.
70. Dans son livre, Benjamin Loveluck consacre un chapitre à Google comme emblème de ce qu'il appelle le modèle de la *captation*. *Ibid.*, p. 231-258.

valeur d'ouverture grâce à laquelle elles avaient pu accéder à cette nouvelle sphère. Les plus récents produits d'Apple (iPhone, iPad et iCloud), par exemple, remettent les usager.e.s dans la position de passivité et de réceptivité typique des anciens médias de masse : toutes les applications passent par les serveurs d'Apple, et aucune autonomie n'est laissée aux utilisateurs pour modifier l'outil acheté. Ces « jardins fermés », comme les appelle Tim Berners-Lee, remettent en question les fondements d'Internet[71].

L'ouverture est donc l'une des grandes forces mais aussi le principal point faible de la proposition politique des hackers. Comme le dit Astra Taylor, « l'ouverture seule ne peut mener à l'établissement d'un ordre social plus équitable[72] ». Elle a contribué à une large diffusion des idéaux des libristes, au point où leurs pratiques sont aujourd'hui reproduites plus ou moins consciemment par une grande partie de la population. Mais cette stratégie les a aussi amenés à accueillir des hordes d'entrepreneur.e.s et investisseur.e.s prêt.e.s à faire dévier leurs créations vers des fins mercantiles sans égard à quelque considération politique que ce soit. Nous verrons au fil de ce livre qu'au cours des années 2000 et 2010 cette tendance s'est profondément accentuée, même si le modèle de coopération et de partage des hackers s'est aussi manifesté sous de nouvelles formes.

Internet, un terrain contesté

La fin des années 1990 et le tournant des années 2000 sont marqués par deux tendances lourdes en ce qui a trait à Internet : pendant que l'accès citoyen à la toile prend son envol, l'infrastructure du réseau se voit privatisée. Un marché de fournisseurs d'accès à Internet se met en place. Toutes sortes d'entreprises et de fonds d'investissement se ruent sur ce qu'on appelle alors l'« autoroute de l'information », sans se douter que la bulle spéculative des *dot-com* de la Nouvelle

---

71. Berners-Lee, « Long Live the Web », *op. cit.*, p. 83.
72. Astra Taylor, *Démocratie.com. Pouvoir, culture et résistance à l'ère des géants de la Silicon Valley*, traduction de Nicolas Calvé, Montréal, Lux, 2014, p. 33.

Économie se prépare à éclater. Pendant ce temps, le marché des télécommunications est déréglementé, ce qui entraîne une concentration tant horizontale (vague de fusions et d'acquisitions) que verticale (convergence entre les infrastructures de communication et les contenus).

Le phénomène est bien présent au Québec et au Canada. Les infrastructures telles que les câbles de fibre optique, qui avaient été financées à l'aide de fonds publics, sont cédées à des compagnies comme Bell et Vidéotron (celle-ci elle-même financée par l'État québécois, via la Caisse de dépôt et placement) sans grande opposition citoyenne, alors qu'il était possible de créer un réseau public d'une envergure comparable au réseau hydro-électrique[73]. Quant à la concentration, comme le montre André Mondoux, « le même scénario se produit [partout] au Canada : Telus et Clearnet (2000), Bell Globemedia et Réseau CTV (2000), Québecor et Vidéotron (2000), Bell Globemedia et Cogeco et Réseau TQS (2002) » fusionnent[74].

Fin de l'histoire, donc ? C'est ce qu'affirment plusieurs tenants de la « critique intégrale » d'Internet. Voyant l'ampleur de l'emprise capitaliste sur le réseau, ils et elles déduisent que les diverses forces qui ont façonné Internet incarnent toutes, à leur manière, le renouvellement du capitalisme à l'ère du numérique. Autrement dit, Internet ne serait qu'une construction néolibérale dont les militaires, les mathématicien.ne.s, les ingénieur.e.s, les universitaires, les hackers, les libristes et les hippies auraient été complices, volontairement ou non. Voilà ce que semble soutenir le sociologue québécois André Mondoux lorsqu'il écrit que « la "main invisible" néolibérale s'accommode très bien de l'idée d'une libre circulation communicationnelle » et que « le discours des promoteurs du cyberespace est *tout entier* axé sur la régulation "naturelle" du marché[75] ».

---

73. Voir Antoine Beaupré, « Comment l'oligopole a pris le contrôle de l'Internet et une solution : Réseau-Québec », *Anarcat*, 20 juin 2012, en ligne.
74. Mondoux, *Histoire sociale des technologies numériques, op. cit.*, p. 158.
75. *Ibid.*, p. 118 et 166. Je souligne. Plusieurs auteur.e.s se réclamant souvent de l'héritage intellectuel de Michel Freitag tiennent un discours similaire. Voir notamment Céline Lafontaine, *L'empire cybernétique. Des machines à penser à la pensée machine*, Paris, Seuil, 2004 ; Ouellet, *La révolution*

Or, Internet est loin d'être un terrain aussi lisse que ces analyses le laissent entendre. Si le capitalisme contemporain est aussi imprégné des idéaux de décentralisation et de libre circulation de l'information que le soutient Mondoux, comment expliquer que les firmes les plus puissantes ayant émergé d'Internet (Google et Facebook, notamment) soient celles dont la richesse a été construite sur la centralisation des données personnelles de leurs usager.e.s et que cette même richesse soit déposée dans des paradis fiscaux reposant sur le secret bancaire[76] ? Comment expliquer les efforts soutenus de la part de géants des télécommunications pour neutraliser le partage de fichiers en pair-à-pair, qui s'inscrit pourtant dans la logique d'une libre circulation des contenus ? Comment expliquer que le service de paiement en ligne PayPal, un enfant chéri de Silicon Valley, ait mis l'organisation WikiLeaks sous embargo économique en empêchant qu'on y achemine des dons via son service ? Comment expliquer que les États néolibéraux à travers le monde, qui devraient être si enthousiastes devant le flot de communications numériques, cherchent en fait à les contrôler par tous les moyens ? Comment expliquer que Barack Obama, qui aimait se présenter comme un héraut de la transparence, ait poursuivi pour espionnage plus de lanceurs d'alerte que tous les autres présidents étatsuniens réunis ?

Internet est bel et bien un instrument au service du capitalisme néolibéral, mais il ne se résume pas à cela. Si l'on s'arrête à ce constat, on manque de prise pour étudier les batailles en cours sur le réseau. Parce qu'Internet est d'abord et avant tout un terrain contesté. Comme l'écrit Manuel Castells, « l'élasticité de l'Internet le rend particulièrement susceptible d'intensifier les tendances contradictoires présentes dans notre monde[77] ». Les reculs subis par le réseau s'inscrivent clairement dans le contexte plus général de la dérive autoritaire de nos sociétés.

---

culturelle du capital, *op. cit.* Voir aussi Curtis, *All Watched Over by Machines of Loving Grace*, *op. cit.*

76. Voir Harold Crooks, *Le prix à payer*, InformAction Films, 2014, 93 min.

77. Castells, *The Internet Galaxy*, *op. cit.*, p. 6. Ma traduction.

Dans ce chapitre, nous avons pris connaissance des soubresauts militants qui ont largement contribué à définir Internet. Nous verrons que cette influence est encore bien présente sous de nouvelles formes. On constatera aussi qu'au cours des années 2000 et 2010, si l'emprise du capitalisme sur Internet s'est approfondie, le champ intellectuel s'est nuancé dans sa compréhension des enjeux sociaux et politiques qu'il soulève. Par-delà les apologies simplistes, plusieurs penseur.e.s ont développé des analyses critiques du réseau, mais sans faire l'impasse sur ses potentialités.

CHAPITRE 2

Culture et commerce : alliances incongrues

Malgré les formidables opportunités qu'offre Internet, on n'assiste pas à la démocratisation de l'accès à la culture, mais plutôt à sa réorganisation, avec de nouveaux gagnants et de nouveaux perdants.

– Astra Taylor[1]

Le futur de l'Internet ne devrait pas être une bataille pour savoir si c'est Google (ou Apple ou Microsoft) qui aura le contrôle plutôt qu'Hollywood.

– Cory Doctorow[2]

L'IRRUPTION DE NAPSTER EN 1999 représente le premier « choc sismique » causé par l'utilisation massive d'Internet par la population et par les nouvelles possibilités découlant de cet usage étendu. Lancé par Shawn Fanning, un informaticien de 18 ans, Napster est le premier outil de partage de fichiers en pair-à-pair à être adopté par un large public : 18 mois après son inauguration, il est utilisé par 80 millions de personnes pour échanger des fichiers musicaux, numérisés et compressés

1. Astra Taylor, *Démocratie.com. Pouvoir, culture et résistance à l'ère des géants de la Silicon Valley*, traduction de Nicolas Calvé, Montréal, Lux, 2014, p. 13.
2. Cory Doctorow, *Information Doesn't Want to Be Free: Laws for the Internet Age*, San Francisco, McSweeney's, 2014, p. 105. Ma traduction.

sous format mp3[3]. La plateforme Napster, dans cette forme originelle, ferme à l'été 2001 en raison des poursuites du groupe Metallica, du rappeur Dr. Dre et de l'étiquette A&M Records. Cependant, d'autres services de partage de fichiers prennent rapidement le relais, plus difficiles à contrer légalement en raison de leur structure plus décentralisée, car s'appuyant sur la technologie des *torrents*. Parmi les plus connus, mentionnons *The Pirate Bay*, encore actif aujourd'hui.

Les internautes ont vécu, dans une sorte de jubilation, une double transition : la numérisation simplifiée de la musique et la possibilité de la partager de manière massive. En quelques clics, on pouvait accéder à une mine de fichiers musicaux (et, peu après, cinématographiques), dont plusieurs anciennes pièces difficiles à trouver chez un disquaire. Pour de nombreux artistes et d'autres acteurs des industries culturelles (investisseurs et distributeurs en particulier), le tremblement de terre a plutôt été source d'une peur panique. Mais dans tous les cas, tous ont senti que l'ancien modèle d'affaires était en train de s'écrouler et qu'il était appelé à se renouveler.

L'émergence de nouveaux moyens de diffusion culturelle a surtout occasionné, comme c'est arrivé à plusieurs reprises par le passé, une redéfinition du rôle des acteurs économiques autorisés à distribuer les œuvres. On verra ici que ce que l'on appelle le droit d'auteur (*copyright*, ou littéralement, droit de copier[4]) est habituellement le résultat de longues batailles, à la fois juridiques et économiques, entre ayants droit et « pirates ». Une chose est certaine, la possibilité de partager massivement et de diffuser largement des œuvres sur Internet a profondément bouleversé le droit d'auteur.

Les relations entre culture et commerce à l'ère d'Internet se reconfigurent de manière complexe et parfois étonnante. D'une

3. Lawrence Lessig, *Free Culture : The Nature and Future of Creativity*, New York, Penguin Books, 2004, p. 67. Fait à noter, comme plusieurs autres innovations évoquées au chapitre premier, le format de fichier musical mp3 est lui-même le fruit du travail de hackers. Voir André Mondoux, *Histoire sociale des technologies numériques de 1945 à nos jours*, Québec, Nota Bene, 2011, p. 177.
4. Il y aurait des distinctions à faire entre le *copyright* d'inspiration britannique et le droit d'auteur d'inspiration française, mais nous n'entrerons pas dans ce degré de détail ici.

part, alors que le public s'approprie les nouvelles technologies de création et de diffusion, les entreprises montantes de Silicon Valley s'appuient sur cette culture du partage débridé pour construire un nouveau modèle d'affaires extrêmement lucratif. D'autre part, pendant que les artistes s'inquiètent pour la reconnaissance de leur travail dans cet environnement, les anciennes industries culturelles ont déployé, à l'aide de plusieurs législations, un arsenal judiciaire et technique de contrôle de la circulation des œuvres culturelles. Au final, la culture continue d'être source d'énormes profits; pourtant, beaucoup d'artistes vivent dans l'insécurité économique, pendant que le public est tranquillement replacé, par cette contre-attaque de l'industrie, dans une posture passive de réception. À la fin de ce chapitre, nous présenterons quelques avenues progressistes qui permettraient de reconnaître à la fois les bienfaits pour le public de la co-création et du partage de la culture via Internet et la nécessité d'assurer une rétribution juste pour le travail des artistes.

Qui est pirate ?

L'histoire du droit d'auteur est beaucoup plus tortueuse qu'il n'y paraît au premier abord. L'arrivée d'une nouvelle technologie médiatique tend à bousculer les modèles d'affaires déjà établis, alors que la législation reflète généralement l'état d'un rapport de force entre acteurs économiques. Comme l'explique l'écrivain et journaliste Cory Doctorow, « les activités que le droit d'auteur régule (la copie, la transmission, l'exposition et la performance) sont des activités technologiques, alors si la technologie change, le droit d'auteur doit généralement changer également[5] ». Ce que l'on définira comme du « piratage », un terme qui a aussi une longue histoire, découle en grande partie de l'évolution de ce rapport de force dans un contexte technologique donné. Le juriste Lawrence Lessig le soutient de manière provocatrice en écrivant : « Chaque secteur important des "grands médias" d'aujourd'hui (le film, les

5. Doctorow, *Information Doesn't Want to Be Free, op. cit.*, p. 145. Ma traduction.

albums, la radio et la télévision câblée) est né d'une sorte de piratage[6] », entendu au sens de l'utilisation sans permission de la création des autres (leur « propriété »).

Quelques exemples en rafale. L'industrie hollywoodienne du cinéma est née au début du XXe siècle de la nécessité de quitter la côte est des États-Unis où des brevets de Thomas Edison sur ses inventions, nécessaires à la production de films, étaient en vigueur. Parmi les compagnies alors « indépendantes », on retrouve Fox, Paramount et Universal[7]. À la même époque, « les compositeurs de musique devaient défendre leur propre territoire – ils […] martelaient que la musique enregistrée était une forme de vol[8] » ou, autrement dit, une violation du droit d'auteur. L'explosion de la radio dans les années 1930 soulève le même débat, mais cette fois, c'est l'industrie du disque, ancienne rebelle, qui s'estime flouée par des pirates, qui diffusent publiquement des œuvres sans permission. Quelques décennies plus tard, les câblodistributeurs doivent se battre contre les diffuseurs en ondes, qui les accusent à leur tour de piratage. Et lorsque le magnétoscope se répand dans les années 1970 et 1980, les câblodistributeurs définissent l'enregistrement de leur signal sur des cassettes comme du piratage. L'industrie du film se joint aux plaignants : Jack Valenti, président de la Motion Picture Association of America, en 1982, va jusqu'à affirmer que « le magnétoscope est l'équivalent de l'étrangleur de Boston pour l'industrie du film des États-Unis[9] ». Au même moment, les cassettes audio sonnent le glas de l'industrie de la musique, selon les porte-parole de celle-ci. Sony, l'une des compagnies qui a émergé de cette vague technologique, sera « l'une des premières à poursuivre les compagnies du numérique parce qu'elles facilitaient la copie de musique et de vidéos en ligne[10] ».

6. Lessig, *Free Culture, op. cit.*, p. 53. Ma traduction.
7. *Ibid.*, p. 53-55 ; Tim Wu, *The Master Switch : The Rise and Fall of Information Empires*, New York, Knopf, 2011, p. 61-73.
8. Doctorow, *Information Doesn't Want to Be Free, op. cit.*, p. xviii. Ma traduction.
9. Cité dans Lessig, *Free Culture, op. cit.*, p. 76. Ma traduction.
10. *Ibid.*, p. 146. Ma traduction.

Soyons clairs: cette énumération n'a pas pour objectif de banaliser la situation actuelle ni de nier la nécessité d'interventions législatives ou judiciaires lorsque surgissent de nouvelles technologies. Elle vise plutôt à rappeler que le concept de « piratage » est un construit historique, social et politique, souvent mis de l'avant par des acteurs économiques puissants et bien établis (on tend d'ailleurs à oublier qu'un pirate est d'abord et avant tout un marin indépendant de toute nation[11]...). Le terme doit donc être utilisé avec précaution.

Au fond, ce qui est en cause, c'est la mise en circulation d'œuvres par de nouveaux moyens de diffusion. Rappelons que, dans les cas historiques mentionnés ci-dessus, le modèle d'affaires émergent ne rivalise pas forcément avec la technologie qui permettait de faire circuler l'œuvre jusque-là : celle-ci est simplement disponible sur un nouveau support (un disque, les ondes, une cassette, un disque dur). Il en va de même des sites de partage de fichiers tels que *The Pirate Bay* aujourd'hui, mais surtout des géants capitalistes que sont Facebook, YouTube (propriété de Google), Tumblr, Spotify, Netflix et tous ceux qui profitent largement de la numérisation de la culture, comme on le verra plus loin.

Surtout, il me semble important de distinguer le piratage exercé par une industrie (émergente ou non) de la copie faite par le public, autrement dit de distinguer la volonté d'accumulation de capitaux du désir d'accès et de partage. Comme l'explique Cory Doctorow, les ordinateurs ont tellement facilité la copie d'œuvres qu'une législation conçue pour réguler les rapports entre industries est désormais complètement inadaptée : « il est tout à fait logique que les avocats de Universal Studios aient à parler aux avocats de Warner Bros si Universal veut construire un manège Harry Potter. Mais si une fillette de 12 ans veut publier sur Internet [...] les dessins d'Harry Potter de ses cours d'art plastique, cela n'a *aucun* sens qu'elle doive négocier avec les avocats de la Warner[12]. »

11. Voir Eric J. Hobsbawm, *Les Bandits*, traduction de J.P. Rospars et N. Guilhot, Montréal, Lux, 2008 ; Hakim Bey, *Zone d'autonomie temporaire, TAZ*, Paris, L'Éclat, 1997.

12. Doctorow, *Information Doesn't Want to Be Free, op. cit.*, p. 100-101. Ma traduction.

Cette dernière distinction m'apparaît cruciale, parce que ce qui est inusité lorsque l'on compare notre époque aux exemples historiques énumérés précédemment, c'est justement la place occupée par le public dans la diffusion massive et même la production culturelle. En d'autres termes, c'est le rôle des internautes dans la mise en circulation de la culture qui bouleverse maintenant le droit d'auteur. La diffusion non autorisée d'œuvres culturelles est à la fois le fait d'industries naissantes et des fans eux-mêmes, et ce, à une échelle jamais vue auparavant[13].

Les effets troubles du partage

Hélas, lorsque la question est soulevée au Québec, le concept de « piratage » est encore trop souvent abordé de manière simpliste. Par exemple, le documentaire *La musique à tout prix*, diffusé sur les ondes de Télé-Québec à l'automne 2016, explore de manière juste et nuancée les difficultés qu'éprouvent les artistes dans ce nouveau contexte de culture numérisée, mais il aborde la question du rôle inédit du grand public sur un mode essentiellement répressif[14]. La profondeur historique du piratage, que j'ai présentée plus tôt, y est quasiment absente, tout comme la distinction entre l'usage industriel des œuvres par les nouveaux joueurs et leur diffusion par le public à des fins non mercantiles (par simple amour de l'œuvre, pourrait-on dire !). L'avocat Claude Brunet pontifie à propos d'une « génération qu'on a manquée » et qui n'en aurait que pour le gratuit. Dans ce documentaire, le juriste respecté et

13. En ce sens, lorsque le juge canadien Konrad von Finckenstein a soutenu en 2004 que le partage de fichiers musicaux et cinématographiques pouvait se comparer à la photocopie dans une bibliothèque, il avait à la fois raison et complètement tort. Dans les deux cas, la copie est effectivement effectuée pour des motifs privés, non lucratifs. Mais les capacités techniques de stockage et de transmission des œuvres ne sont en rien comparables. Voir Lise I. Beaudoin, « Téléchargement illégal de musique : l'étau se resserre au Canada », *Journal du Barreau*, vol. 37 nº 14, octobre 2005.

14. Dominique Laurence, *La musique à tout prix*, Espéramos, Québec, 2016, 52 min, en ligne : <www.telequebec.tv/documentaire/la-musique-a-tout-prix/>. Le webdocumentaire « Musique 2.0 – La portée de vos clics » (Radio-Canada, 2011, <http://musique20.radio-canada.ca/>) était plus succinct mais évitait cet écueil.

fondateur des licences Creative Commons[15] Lawrence Lessig est assimilé à un « gourou anti-droit d'auteur ». On célèbre la condamnation des fondateurs suédois du site *The Pirate Bay* en 2009 comme un « électrochoc » pour la société suédoise, « cancre en matière de piratage ». Pourtant, ses fondateurs ont un discours politique articulé, et l'un d'entre eux, Peter Sunde, a travaillé sur un modèle alternatif de financement de la culture, comme on le verra en fin de chapitre[16].

Plus fondamentalement, on tient souvent pour acquis, dans ce débat, que le partage de fichiers musicaux ou cinématographiques nuit aux industries culturelles. Pour arriver à ce diagnostic, il faut postuler que chaque fichier téléchargé gratuitement est une vente perdue (l'industrie parle parfois de *vol*, ce qui est une analogie discutable puisque la copie numérique ne supprime pas le fichier original). Or, plusieurs études montrent que cette équivalence n'est pas toujours avérée et que la situation réelle est beaucoup plus complexe. Au début des années 2000, Lawrence Lessig soulignait que le nombre de fichiers téléchargés en pair-à-pair dépassait largement la baisse des ventes de disques, ce qui signifie que le téléchargement ne faisait pas que se substituer aux ventes[17]. Une étude britannique de 2009 montre que les personnes qui téléchargeaient le plus de musique illégalement étaient aussi celles qui dépensaient le plus d'argent pour de la musique[18]. Des recherches parlent aussi d'augmentation des revenus globaux liés à la musique entre 1998 et 2012, la baisse des ventes de musique enregistrée côtoyant une augmentation des revenus tirés des

---

15. Ces licences permettent aux créatrices et créateurs d'autoriser un usage élargi de leurs œuvres, sous certaines conditions. Il en sera davantage question au chapitre 8.
16. Pour en savoir davantage sur la pensée politique derrière *The Pirate Bay*, voir League Of Noble Peers, *Steal this Film (Part 1)*, indépendant, 2006, 32 min ; League of Noble Peers, *Steal this Film II*, indépendant, 2007, 44 min ; Simon Klose, *TPB AFK : The Pirate Bay away from Keyboard*, Nonami, 2013, 82 min.
17. Lessig, *Free Culture, op. cit.*, p. 69-73.
18. Rachel Shields, « Illegal Downloaders "Spend the Most on Music", Says Poll », *The Independent*, 1er novembre 2009.

spectacles[19] (sans parler des ordinateurs, tablettes et téléphones grâce auxquels on accède maintenant à cette musique). Du côté des séries télévisées, les données incitent aussi à se garder de porter des conclusions hâtives. Au milieu des années 2010, la série *Game of Thrones* se hissait au sommet des palmarès de ventes *et* de téléchargements illégaux[20]. Alors qu'on approche la barre des 500 séries télévisées produites chaque année aux États-Unis[21], la compagnie de diffusion en ligne Netflix reconnaissait en 2013 qu'elle surveillait les émissions populaires sur les sites de recherche de *torrents* pour décider de ses prochains achats[22].

Bien qu'il soit fort possible que la baisse des ventes soit liée au partage illégal, une large part de ce partage semble effectuée pour des motifs exploratoires et par désir d'avoir accès aux œuvres ; lorsqu'une possibilité de contribuer financièrement lui est offerte, le public semble disposé à le faire. Il apparaît aussi que les industries culturelles tendent à trouver des moyens de rentabiliser la culture sous sa forme numérique. La popularité des sites légaux de téléchargement tels que le iTunes Store d'Apple (lancé en 2003) et de diffusion en ligne (ou *streaming*) tels que Spotify (lancé en 2008) et Netflix (lancé en 2007) est là pour en témoigner.

Les critiques du « piratage » présument que le public (particulièrement le jeune public) n'a pas vraiment envie de contribuer financièrement à la vitalité culturelle de sa société. Ces

19. Maud Serrière et Emmanuelle Ouine, « Comment l'Internet a redistribué les cartes de l'industrie musicale… », *Économie du document*, 16 octobre 2013, en ligne : <http://archinfo24.hypotheses.org/1773>. Évidemment, un.e musicien.ne devrait pouvoir tirer des revenus d'une œuvre sans faire de tournée, mais ces chiffres viennent à tout le moins montrer que les fans ne se ruent pas bêtement vers le gratuit, au contraire : ils et elles dépensent davantage qu'il y a 20 ans, et d'autant plus si on compte tous les appareils qui permettent d'écouter cette musique (téléphones, ordinateurs, etc.).

20. Hannah Furness, « Game of Thrones Becomes Fastest-Selling Box Set in a Secade », *The Telegraph*, 22 février 2015 ; Ernesto, « "Game of Thrones" Most Torrented TV-Show of 2016 », *TorrentFreak*, 26 décembre 2016, en ligne.

21. Stéphane Baillargeon, « Le paradoxe de la surabondance », *Le Devoir*, 20 août 2016.

22. Tim Worstall, « How Clever, Netflix Monitors BitTorrent To Purchase Shows », *Forbes*, 16 septembre 2013.

données montrent qu'une telle tendance existe, mais qu'elle est loin d'être généralisée, y compris chez les adeptes du téléchargement illégal.

Le règne de la plateforme

À l'évidence, les industries culturelles semblent s'adapter à la nouvelle réalité, comme elles l'ont fait à plusieurs reprises au cours du XXe siècle. Mais qu'en est-il des artistes eux-mêmes ? Leur situation apparaît beaucoup moins reluisante. Une contradiction que relève le chroniqueur Alain Brunet dans *La musique à tout prix*, qui en 30 ans n'a « jamais vu autant de bons musiciens, de bons compositeurs, de bons créateurs qu'aujourd'hui [...]. Et tout le monde est pauvre[23] ». C'est que le passage au numérique a transformé la relation entre culture et commerce, comme le démontre éloquemment l'auteure et documentariste Astra Taylor dans son ouvrage *Démocratie.com*[24]. Les industries culturelles *de type Hollywood*, axées sur la production et la diffusion d'œuvres spécifiques, soutenues par un droit d'auteur vigoureux, cèdent tranquillement la place à celles *de type Silicon Valley*, qui produisent des « plateformes » d'interaction et de publication accessibles à tous.

Ces « médias sociaux » commerciaux se présentent comme des espaces dont les contenus sont fournis par les utilisateurs et utilisatrices et où la production et la publication de ces contenus sont grandement facilitées. Leur arrivée au cours des années 2000 (Facebook en 2004, YouTube en 2005, Twitter en 2006 et Tumblr en 2007, notamment) s'inscrit dans la tendance décrite à la fin du chapitre premier, soit l'appropriation capitaliste des possibilités de partage et de collaboration qu'avait ouvertes le réseau Internet. Ces entreprises s'imposent au moment où le courant participatif du web gagne en profondeur, mais elles enferment cette participation dans des espaces publics-privés en rupture avec l'esprit d'ouverture et d'interopérabilité des débuts d'Internet[25].

---

23. Cité dans Laurence, *La musique à tout prix*, *op. cit.*
24. Taylor, *Démocratie.com*, *op. cit.*
25. On a souvent utilisé l'expression « web 2.0 » pour caractériser cette phase. L'expression est problématique puisqu'elle englobe des pratiques partici-

Chantres de l'ouverture, de la gratuité et du libre accès, ces firmes s'enrichissent donc de manière bien différente de celles de type Hollywood. Elles encouragent la profusion de « contenus » de toutes sortes, produits, remixés et partagés à tous vents. Ces entreprises n'ont aucun intérêt à soutenir fortement le droit d'auteur, puisque les publications, partages, clics, commentaires et interactions sont à la source de leurs revenus : le temps passé sur le site est du temps de disponibilité pour les publicitaires, et les données accumulées peuvent être traitées et vendues. Astra Taylor et d'autres parlent de « métayage numérique » ou de « féodalité numérique » pour décrire cette forme d'exploitation des usager.e.s ; le sociologue Antonio Casilli, pour sa part, inscrit ces pratiques dans le cadre plus large du *digital labor*, soit la « récupération marchande des flux de générosité par les entreprises du web, qui ont prospéré durant ces mêmes années en comptant sur la libéralité des utilisateurs et sur leur envie de participation[26] ».

Dans ces conditions, il devient encore plus difficile pour les artistes (et pour les journalistes, comme on le verra au chapitre 4) de vivre de leur métier. Ils et elles doivent rivaliser avec les créations bénévoles des internautes et peinent à récolter des revenus de leurs œuvres, particulièrement s'ils et elles ne bénéficient pas du soutien d'une grande maison de production. Cela leur fait vivre une plus grande précarité et une plus grande dépendance envers le financement privé par le biais de la publicité ou de la commandite. De plus, souligne Taylor, les succès commerciaux sont généralement l'œuvre des plus gros joueurs, alors que les œuvres dissidentes, indépendantes, marginales ou propres aux cultures locales et nationales peinent à se tailler une place[27].

---

patives très différentes les unes des autres, comme Napster, Facebook et Wikipédia. Elle sous-entend aussi que le web 2.0 est une version à tous points de vue améliorée du « web 1.0 ». Or, si le web 2.0 a bel et bien ouvert la voie à des pratiques de publication massive, il représente un *recul* majeur sur le plan de la décentralisation et de l'ouverture d'Internet.

26. Cité dans Antonio Casilli et Dominique Cardon, *Qu'est-ce que le digital labor ?*, Bry-Sur-Marne, INA, 2015, p. 15.

27. Au Québec, la poursuite de l'organisme de gestion collective des droits de reproduction Copibec contre l'Université Laval montre bien les difficultés que peuvent rencontrer les auteur.e.s dans ce contexte de culture numérisée.

Dans ce nouvel environnement culturel, les grands gagnants sont les médias sociaux (le marché publicitaire se trouve contrôlé environ à 70 % par Google [incluant YouTube] et Facebook, explique Alain Brunet[28]), les fabricants des supports physiques sur lesquels la culture circule (ordinateurs, téléphones et tablettes) ainsi que les fournisseurs d'accès à Internet, dont la propriété s'est concentrée au cours des années 2000. Au Québec, Bell et Vidéotron sont de grands bénéficiaires de ce nouveau modèle d'affaires, puisque c'est à travers cet oligopole qu'on accède à cette vaste production culturelle. Comme l'écrit Guillaume Déziel, ancien gérant du groupe Misteur Valaire qui a travaillé sur des stratégies de rémunération des artistes dans ce nouveau contexte, « notre culture est désormais le sang qui circule dans les veines des fournisseurs d'accès Internet[29] ». Ce sont les internautes qui font circuler ce sang par leurs publications, partages et créations, qui créent de la valeur pour ces entreprises.

Les transformations que nous venons de décrire s'inscrivent tout à fait dans le virage marchand qu'a pris Internet à partir des années 1990. Le politologue Benjamin Loveluck appelle ce régime celui de la *captation* : « les aspects collaboratifs des interactions en réseau ainsi que les aspirations à l'expression individuelle ont été réarticulés de manière à servir des finalités marchandes », résume-t-il[30]. D'ailleurs, dans leurs ententes de service, plusieurs médias sociaux n'ont pas oublié de s'attribuer le fameux copyright sur tout ce que les internautes publient sur leur plateforme...

L'Université Laval prétend depuis 2014 que la notion d'« utilisation équitable à des fins éducatives », inscrite dans la Loi sur le droit d'auteur depuis 2012, lui permet de ne pas verser de redevances pour la reproduction d'extraits ne dépassant pas 10 % d'une œuvre. Si une telle pratique était généralisée, cela entraînerait des pertes de revenus significatives pour les auteur.e.s et les maisons d'édition. Voir « Action collective contre l'Université Laval », Copibec, en ligne : <www.copibec.ca/fr/action-collective-contre-universite-laval>.

28. Alain Brunet, « Misère des niches, misère de l'équilibre industriel », *La Presse*, Le blogue d'Alain Brunet, 26 septembre 2016, en ligne.

29. Guillaume Déziel, « Réalité 2.0 : la chanson du Québec en péril », *Huffington Post*, 12 février 2013.

30. Benjamin Loveluck, *Réseaux, libertés et contrôle. Une généalogie politique d'Internet*, Paris, Armand Colin, 2015, p. 232-233.

Étranges « compagnons de lit »

Les anglophones ont une expression qui paraît tout à fait appropriée pour rendre compte du paysage politique actuel en ce qui a trait à la culture et au capitalisme numérique : *politics makes strange bedfellows.* La reconfiguration des industries culturelles au XXIe siècle mène à des alliances incongrues. Comme nous venons de le voir, une bonne partie des adeptes du pair-à-pair a célébré trop rapidement la chute des industries culturelles, voire la sortie de la culture de la sphère de la marchandise, sans avoir prévu que les entreprises émergentes de Silicon Valley construiraient un modèle d'affaires se nourrissant du partage, de la participation et du « remix ». Dans ce débat, une large part du public de gauche s'est retrouvée à son insu alliée objective d'un renouveau du capitalisme[31].

Astra Taylor voit dans cette réorientation des industries culturelles le résultat de la faiblesse de l'analyse du mouvement libriste, axé sur le libre partage de la culture et de l'information. Son livre est donc assorti d'une solide critique de ce mouvement. Nous avons abordé, au chapitre premier, le rapport ambigu des hackers au capitalisme. C'est là un problème fondamental pour Taylor : en axant leur discours sur la liberté, l'accès et l'ouverture, en surestimant la rupture entre anciens et nouveaux médias, plusieurs laudateurs des vertus révolutionnaires d'Internet ont négligé le contexte socioéconomique dans lequel ces tranformations prenaient place et ont fait preuve de complaisance envers la philosophie libertarienne de Silicon Valley, qui a réorienté le capitalisme des industries culturelles beaucoup plus qu'elle ne l'a aboli.

Dans le camp adverse, les « compagnons de lit » n'en sont pas moins étranges. Devant les transformations technologiques portant atteinte au droit d'auteur, manière instituée d'obtenir des revenus et source de reconnaissance de leur

---

31. Comme nous le verrons au chapitre 7, on peut constater une situation analogue dans d'autres sphères, notamment en ce qui concerne Airbnb : l'économie soi-disant du « partage » apparaît comme une manière vaguement subversive d'arrondir ses fins de mois ou de voyager, alors qu'elle participe en fait, dans plusieurs villes, à la dépossession des habitant.e.s de leurs quartiers et à la transformation plus ou moins temporaire de nos lieux de vie en chambres d'hôtel.

contribution à la culture commune, de nombreux artistes se sont rangé.e.s du côté des industries qu'ils et elles avaient appris à détester. À l'inverse, en raison de leur précarisation croissante, plusieurs ont perçu cette brèche ouverte par Internet non comme une occasion de repenser la marchandisation de la culture par le capitalisme, mais comme une menace. Certains d'entre eux et elles, en particulier ceux et celles qui avaient réussi à bénéficier de l'ancien système en remportant un succès de masse, se sont mis à considérer ces nouvelles possibilités du public comme un problème[32]. En adhérant à l'analyse propre aux industries culturelles de type Hollywood, selon laquelle tout *fan* est un pirate en puissance, la communauté artistique a été instrumentalisée par une industrie qui a déployé une vigoureuse offensive contre les possibilités ouvertes par l'arrivée d'Internet[33].

Une contre-attaque tous azimuts

Cette contre-attaque de l'industrie a été menée sur les fronts judiciaire, législatif, économique et technique : des procès en tous genres, des législations, des initiatives de privatisation du stockage des œuvres culturelles et des procédés techniques (entre autres de verrouillage) ont imposé des limites considérables aux pratiques des internautes. Ces mesures visent à ramener le public dans la position qu'il avait avant Internet, soit une position de réceptivité, de passivité – autrement dit, de consommateur[34].

Alors que les guerres du droit d'auteur au XXe siècle opposaient des organisations établies à des entreprises montantes, c'est désormais le public qui est l'objet de poursuites

32. Cette position n'est évidemment pas unanime dans la communauté artistique. Voir par exemple AFP, « Téléchargement : Gilberto Gil dit "non" aux sanctions », *Le Monde*, 12 juillet 2009.
33. Un phénomène similaire s'est produit dans la communauté journalistique : les angoisses des journalistes relativement à la survie de leur média à l'ère du numérique ont été exploitées par des patrons ravis de pouvoir mettre les compressions budgétaires et la précarité croissante sur le dos des « nouvelles technologies de l'information ». On y reviendra au chapitre 4.
34. Voir Benjamin Bayart, « Internet libre ou minitel 2.0 », *Internet Archive*, 64 min, 2007, en ligne : <https://archive.org/details/InternetLibreOuMinitel2.0>.

puisque, comme nous venons de le voir, c'est le public qui a acquis ces nouveaux moyens de diffusion massive. Aux États-Unis, on estime que la Recording Industry Association of America (RIAA) a poursuivi plus de 30 000 internautes entre 2003 et 2008, incluant des mineur.e.s et des personnes décédées[35]. Un étudiant a été condamné à payer 675 000 $ en dommages pour le partage de 30 chansons sur des réseaux en pair-à-pair[36]. Cette approche brutale n'a plus la cote aujourd'hui, peut-être parce que, comme l'écrit sarcastiquement le juriste Eben Moglen, « traîner ses clients devant les tribunaux n'est pas un modèle de développement viable pour une entreprise[37] ». Au Canada, les poursuites n'ont jamais prédominé. La plus récente législation canadienne sur la question, entrée en vigueur en 2015, mise sur des avis non coercitifs envoyés par courriel aux internautes fautifs. Selon le professeur de droit Michael Geist, cette approche a été plutôt efficace pour réduire le téléchargement illégal au Canada[38].

Une autre stratégie a consisté à couper l'accès à Internet aux internautes fautifs. La RIAA l'a déployée à partir de 2008 en faisant pression sur les fournisseurs d'accès Internet[39]. En France, cette pratique était inscrite dans la loi Hadopi adoptée en 2009. La Haute Autorité pour la diffusion des œuvres et la protection des droits sur Internet a recours au principe de « réponse graduée » pour sanctionner les internautes. Jusqu'en 2013, cela pouvait aller jusqu'à la coupure du service Internet d'un ménage. À l'échelle mondiale, l'approche actuelle semble plutôt se concentrer sur la poursuite de sites par lesquels il est possible de trouver des *torrents*. Ces démarches parviennent à confiner le téléchargement illégal à une marginalité croissante,

35. David Kravets, « File Sharing Lawsuits at a Crossroads, after 5 Years of RIAA Litigation », *Wired*, 4 septembre 2008.
36. David Kravets, « Supreme Court Lets Stand $675,000 File-Sharing Verdict », *Wired*, 21 mai 2012.
37. Eben Moglen, « À bas les intermédiaires ! », *Courrier International*, 21 janvier 2004.
38. Voir Michael Geist, « Canadian Piracy Rates Plummet as Industry Points to Effectiveness of Copyright Notice-and-Notice System », *Michael Geist*, 21 mai 2015, en ligne.
39. David Kravets, « ISPs to Disrupt Internet Access of Copyright Scofflaws », *Wired*, 7 juillet 2011.

alors que les solutions légales de téléchargement et de *streaming* sont de plus en plus intégrées aux habitudes des internautes.

Les enjeux de la judiciarisation sont cependant plus profonds. Les lois étatsuniennes et européennes de protection du droit d'auteur créent un précédent dangereux tant pour l'accès à la culture que pour la liberté d'expression, en limitant toutes sortes d'usages légitimes d'œuvres culturelles. Le puissant Digital Millenium Copyright Act (DMCA) des États-Unis, adopté en 1998 dans la foulée des traités de l'Organisation mondiale de la propriété intellectuelle signés en 1996, est un cas d'école. L'organisme Electronic Frontier Foundation a documenté de nombreux cas où le DMCA a été utilisé pour s'attaquer à l'activité légitime de consommateurs, de journalistes, de chercheurs universitaires, de programmeurs informatiques et de compétiteurs[40]. Plus préoccupant encore, le copyright tend à devenir une manière de censurer la dissidence : des pratiques comme la publication de fichiers confidentiels incriminants pour une entreprise ou un État, les parodies critiques d'une marque et de la compagnie qui la possède, sont de plus en plus menacées par la voie des tribunaux. Et comme on le verra au chapitre 5, des régimes autoritaires ont pris ces lois en exemple pour justifier auprès de la communauté internationale leurs propres pratiques de censure.

En 2011 et 2012, le projet de loi SOPA (Stop Online Piracy Act, États-Unis) et l'ACTA (Anti-Counterfeiting Trade Agreement, Union européenne) promettaient d'aller plus loin que jamais dans la répression du partage, en criminalisant la publication d'hyperliens pointant vers le partage illégal et en facilitant grandement la fermeture de sites web entiers. Cette porte grande ouverte à la censure remettait en question la structure même de l'Internet décentralisé. Une large mobilisation contre le SOPA s'est mise en place, regroupant des organisations citoyennes telles que l'Electronic Frontier Foundation, des sites non commerciaux (Wikipédia) et commerciaux

40. On trouvera de nombreux exemples ici : « Unintended Consequences : Twelve Years under the DMCA », *Electronic Frontier Foundation*, 3 mars 2010, en ligne : <www.eff.org/wp/unintended-consequences-under-dmca>.

(Google et d'autres) ; *strange bedfellows*... Des hackers militants tel Aaron Swartz ont créé des outils permettant de contacter ses représentant.e.s politiques très simplement : 350 000 citoyen.ne.s leur ont écrit en une semaine environ. En Europe, la mobilisation contre l'ACTA a été semblable : des groupes comme la Quadrature du Net ont élaboré un système d'appel aux député.e.s européen.ne.s par téléphonie IP. Faisant écho à cette mobilisation, des député.e.s polonais.es de gauche ont porté le masque d'Anonymous en pleine commission parlementaire sur le projet de traité. En conséquence, le projet de loi SOPA a été abandonné en janvier 2012 et le Parlement européen a rejeté l'ACTA en juillet 2012[41].

La prolongation de la durée du droit d'auteur avant qu'une œuvre entre dans le domaine public est aussi très inquiétante. Dans son livre *Free Culture*, le juriste Lawrence Lessig démontre bien que de puissants lobbys interviennent pour faire prolonger le droit d'auteur chaque fois que des créations telles que Mickey Mouse s'apprêtent à entrer dans le domaine public. De fait, les États-Unis semblent se diriger vers l'idéal de Jack Valenti (celui-là même qui comparait le magnétoscope à l'étrangleur de Boston), qui appelait de ses vœux un droit d'auteur qui durerait « l'éternité moins un jour[42] »...

Il est important de voir en quoi de telles législations peuvent être néfastes pour la vitalité culturelle de nos sociétés. La création artistique repose très souvent sur la reprise, le détournement et la prolongation d'œuvres déjà existantes. Tout l'intérêt de la notion de « domaine public » repose sur ce constat : tant au Canada qu'aux États-Unis, le droit d'auteur a été pensé comme une protection d'une durée limitée, accordée aux créateurs en guise d'incitatif à la création, et dont le

41. Voir Gabriella Coleman, *Hacker, Hoaxer, Whistleblower, Spy : The Many Faces of Anonymous*, Londres, Verso Books, 2014, p. 346-348 ; Sylvain Bergère, *Une contre-histoire de l'Internet*, Premières Lignes Télévision/OWNI, France, 2013, 86 min ; Brian Knappenberger, *The Internet's Own Boy*, 2014, 105 min.

42. Lessig, *Free Culture, op. cit.*, p. 325-326. Au Canada, de manière générale, les œuvres entrent dans le domaine public 50 ans après le décès de la personne qui les a créées. Voir « Le guide du droit d'auteur », Ottawa, Office de la propriété intellectuelle du Canada, 15 novembre 2016, en ligne.

bénéficiaire ultime était le public[43]. Selon Lessig, les prolongements perpétuels du droit d'auteur portent atteinte à ce principe. Avec la législation étatsunienne actuelle, certaines œuvres cinématographiques de Walt Disney n'auraient probablement pas pu voir le jour sans ententes légales puisqu'elles reprennent des contes du XIXe siècle des frères Grimm, qui font partie du domaine public[44]. Une grande partie du hip-hop des années 1980 serait beaucoup plus complexe à produire aujourd'hui (surtout pour des artistes émergents qui n'ont pas une batterie d'avocats à leur disposition) en raison des nombreux échantillonnages qui en constituent le cœur[45]. Plus près de nous, la bande dessinée non commerciale *Schtroumpfons la hausse*, inspirée de la grève étudiante québécoise de 2012, a été retirée du web parce qu'elle contrevenait au droit d'auteur. Peyo, créateur des Schtroumpfs, est décédé 20 ans plus tôt, en 1992, mais la Société Peyo qui gère les droits d'auteur veille au grain[46].

Comme l'affirme Guillaume Déziel, « une des grandes problématiques liées à la pérennité de notre culture est le fait que l'archivage de nos produits culturels (chanson, vidéo, livres, etc.) soit présentement entre les mains du privé[47] ». Le magnifique film de Luc Bourdon *La mémoire des anges*, collage de films des années 1940, 1950 et 1960 tournés à Montréal, n'aurait probablement jamais pu être réalisé si les films en question n'avaient pas fait partie de la vaste collection de

43. Lessig, *Free Culture, op. cit.*, p. 133-134 ; Union des consommateurs, « Consultation sur le droit d'auteur. Mémoire », septembre 2009, en ligne : <http://uniondesconsommateurs.ca/docu/telecom/090913memoire_droitAuteur_UC.pdf>.

44. *Ibid*, p. 21-25.

45. Doctorow, *Information Doesn't Want to Be Free, op. cit.*, p. 136-137.

46. Dans une copie papier de la bande dessinée circulant sous le manteau, le créateur de cette histoire alternative des Schtroumpfs écrit : « La création, la reproduction et la diffusion de cet album ne sont pas autorisés par la Société Peyo, détentrice des droits sur les Schtroumpfs et leurs dérivés. Le créateur de cet album pirate tient toutefois à rendre hommage à Pierre Culliford (Peyo) ainsi qu'à sa famille pour leur travail admirable ainsi qu'à les remercier d'avoir créé les images originales et les personnages qui servent de canevas à cette adaptation à la fois ludique, critique et engagée. »

47. Déziel, « Réalité 2.0 », *op. cit.* Voir aussi Claude Vaillancourt, « YouTube, l'archivage en folie », *À bâbord !*, n° 65, été 2016.

l'Office national du film (ONF)[48]. Aujourd'hui, c'est Québecor qui entretient, par le biais de son projet Éléphant, la « mémoire du cinéma québécois », comme le dit son propre slogan. Sur le site du projet, on soutient que « l'ensemble des longs métrages québécois sera petit à petit restauré et reporté sur support numérique », pour ensuite être déposé sur le nuage Illico. Même si Québecor affirme ne retirer « aucun avantage pécuniaire » de ce projet philanthropique, on est bien dans une entreprise de privatisation de l'accès à l'héritage cinématographique québécois[49]. Il est regrettable qu'un tel projet n'ait pas été pris en charge par l'ONF ou la Cinémathèque québécoise.

Le même processus est à l'œuvre au sein d'entreprises telles que YouTube, Netflix et Spotify, bien que, dans ce cas-ci, la quête de profit soit au cœur de leurs initiatives (ce qui pose des problèmes supplémentaires : que nous sert-on, et pourquoi ? Qu'en est-il des œuvres « non rentables » ?). D'ailleurs, le débat tenu à l'automne 2017 autour de l'application des taxes de vente canadienne et québécoise à la plateforme Netflix avait ceci de frappant qu'aucun acteur du milieu culturel ne semblait remettre en question le fait que d'énormes entreprises privées (étrangères ou locales) puissent exercer une telle emprise sur l'accès à notre propre culture. La revendication du milieu culturel a été appuyée par le baron culturel local, Pierre-Karl Péladeau de Québecor, pourtant grand promoteur d'une convergence médiatique et commerciale qui s'est exercée sur le dos des libraires, des disquaires et des éditeurs indépendants du Québec[50]. Le soutien de Péladeau était probablement motivé par le fait que sa propre industrie culturelle est menacée par les géants étatsuniens, mais aussi par les demandes somme toute très modestes des artistes.

Finalement, les restrictions légales et les poursuites judiciaires viennent avec des restrictions à caractère *technique*. Le droit d'auteur est appliqué non seulement par des lois, mais

---

48. Luc Bourdon, *La mémoire des anges*, Office national du film, 2008, Canada, 80 min.
49. « À propos », *Éléphant – la mémoire du cinéma québécois*, en ligne : <http://elephantcinema.quebec/a_propos/>.
50. Agence QMI, « Pierre-Karl Péladeau réclame que Netflix paie des taxes », *Le Journal de Montréal*, 26 septembre 2017.

aussi par des « verrous numériques » (qu'on appelle aussi des dispositifs de gestion des droits numériques – en anglais *digital rights management*, ou DRM) qui limitent la capacité des usager.e.s de conserver et de manipuler les œuvres auxquelles ils et elles ont accès. Législations et innovations techniques se renforcent mutuellement, puisque les lois interdisent de « crocheter » les verrous numériques qui tentent d'assurer la bonne application des lois. Cette dynamique est inscrite dans le DMCA lui-même: la loi a criminalisé l'emploi et la distribution de logiciels permettant de contrecarrer les verrous numériques installés sur les DVD, par exemple. Cette stratégie à la fois légale et technique est très utilisée pour les livres numériques destinés aux liseuses et aux tablettes. Elle permet de limiter le prêt ou le don de livres numériques en fixant un maximum de lectures possibles, même pour un fichier acheté en bonne et due forme. De telles limitations, qui nous sembleraient inconcevables pour le livre papier, sont pourtant monnaie courante dans le domaine du numérique.

On pourrait penser que ce genre de mesures juridico-techniques constituent une bonne nouvelle pour les artistes; d'ailleurs, plusieurs s'en réjouissent[51]. Mais Cory Doctorow démontre très bien qu'en plus d'être inefficaces sur le plan technique (il suffit d'un seul contournement de serrure pour que le génie sorte de la lanterne), ces mesures ont contribué à donner un pouvoir considérable aux grands distributeurs de notre époque (YouTube, Amazon, etc.), beaucoup plus qu'aux artistes et même qu'aux investisseurs en culture. À cet égard, le litige entre l'éditeur Hachette et Amazon est très éclairant. En 2014, pour exercer une pression sur Hachette lors de négociations commerciales, Amazon a bloqué la vente de livres publiés par la maison d'édition sur son site, mais aussi la vente des livres électroniques Hachette pouvant être lus sur la liseuse Kindle d'Amazon. Comme les livres numériques étaient sous verrous en vertu du DMCA, il était interdit pour Hachette de convertir ses fichiers en d'autres formats pour qu'ils puissent être distribués sur d'autres plateformes pendant

51. Dans le documentaire *La musique à tout prix*, lorsqu'il est fait mention du DMCA, c'est pour déplorer le fait qu'il manque de mordant.

les négociations. Hachette, qui avait fortement soutenu les verrous numériques par le passé, se retrouvait ici prise au piège[52].

Sortir de l'impasse

La situation actuelle n'est intéressante ni pour le public ni pour les artistes. Un fossé s'est creusé entre ces deux groupes – qui sont actuellement instrumentalisés par d'énormes joueurs dans la bataille entre deux modèles d'exploitation capitaliste de la culture – alors qu'il faudrait réfléchir aux manières de le combler dans une perspective progressiste. Comment sortir de cette situation ? Peut-on imaginer des manières de faire qui bénéficieraient à la fois aux artistes et aux communautés qui les inspirent ? Cela m'apparaît tout à fait possible. Pour y arriver, il faut d'abord accepter deux postulats de base.

Le premier est que les possibilités ouvertes par Internet en ce qui a trait à la culture (partage, diffusion, remixage et création collaborative) représentent en elles-mêmes des avancées qui doivent être respectées, valorisées et défendues. En 2007, des adeptes d'Harry Potter ont transcrit le septième roman en format numérique 24 heures après sa parution papier ; quelques jours plus tard, une traduction collaborative en allemand était déjà disponible[53]. À l'évidence, la culture n'est plus une chasse gardée ; le public ne veut plus être passif, et cela doit être reconnu[54].

Le second postulat est que, dans ce nouveau contexte, il est nécessaire de réfléchir à des moyens de reconnaître la contribution artistique des créatrices et des créateurs, notamment sur le plan financier. Même si plusieurs amateur.e.s créent de manière bénévole et volontaire, on ne peut pas rejeter du

52. Doctorow, *Information Doesn't Want to Be Free, op. cit.*, p. 7-10. Voir aussi « From YouTube to Amazon, tech innovators need to be held to account », éditorial, *The Guardian*, 22 juin 2014.

53. Doctorow, *Information Doesn't Want to Be Free, op. cit.*, p. 15.

54. Malheureusement, cette perspective est quelque peu négligée dans l'excellente analyse d'Astra Taylor, dont les préoccupations égalitaires s'arrêtent à une séparation assez ferme entre artistes de carrière et un public de quidams pratiquant des « passe-temps numériques » (*Démocratie.com, op. cit.*, p. 78).

revers de la main les aspirations légitimes de celles et de ceux qui espèrent être rémunéré.e.s correctement pour leurs créations. Les vœux pieux et la pensée magique ne feront pas vivre les artistes.

Ces deux affirmations ont trop longtemps été comprises comme étant mutuellement exclusives. Il est pourtant nécessaire de les accepter toutes les deux si l'on souhaite sortir de l'impasse actuelle.

Quelles avenues s'offrent à nous, dans cette perspective ? Il n'y a pas de solution unique. Comme on le verra au chapitre 4 dans le cas du journalisme, les initiatives de sortie de crise sont multiples et stimulantes lorsqu'on prend le temps de s'y attarder. Il faut expérimenter, faire connaître les succès, apprendre des erreurs.

Commençons par les possibilités de financement de la culture. Le financement individuel direct par le public est toujours en place par l'entremise des spectacles, des représentations au cinéma, de l'achat de produits dérivés et même de l'achat de chansons ou de films à la pièce[55]. L'une des initiatives les plus intéressantes est Bandcamp, un site de musique en ligne qui permet aux musicien.ne.s indépendants de créer leur propre page, de faire écouter leur musique en *streaming* et de vendre eux-mêmes leurs chansons et albums en éliminant une partie des intermédiaires et donc en recevant davantage d'argent de leurs fans directement. D'autres initiatives de participation financière du public se mettent en place sur des sites de sociofinancement tels que Kickstarter et Indiegogo (et au Québec et au Canada, Haricot, Yoyomolo, La Ruche et Ulule). Cette formule place les internautes dans une position d'investisseur ou de producteur plutôt que de simple consommateur de culture. En revanche, elle reproduit une dynamique de mécénat ou de charité envers laquelle on peut être critique, dans une perspective de justice sociale et de sécurité économique. Apparu plus récemment, un modèle axé sur des paiements réguliers (Patreon, Tipeee en France) pourrait assurer

55. Guillaume Déziel a mené plusieurs expériences, souvent avec succès, lorsqu'il était gérant de Misteur Valaire. Voir « Petite histoire de la mise en marché de Misteur Valaire », *Guillaumedeziel.com*.

un financement plus stable aux artistes. Dans tous les cas, il faut éviter de les placer dans une situation où ils se retrouvent entrepreneurs d'eux-mêmes et, donc, plus susceptibles d'être victimes de précarité.

Évidemment, on peut et on doit revendiquer de plus grandes enveloppes budgétaires de la part du gouvernement pour les fonds et programmes culturels déjà existants. Mais on peut aussi innover de nombreuses manières. Plutôt que d'instaurer une taxe sur les abonnements à Internet ou d'exiger une contribution fiscale des fournisseurs d'accès à Internet eux-mêmes, pourquoi ne pas simplement nationaliser ou municipaliser l'accès à Internet et réinvestir les recettes dans la culture ? Il est aberrant qu'une infrastructure d'une telle importance pour nos sociétés soit laissée entre les mains du privé. Notre réseau de fibres optiques est une richesse collective au même titre que notre réseau hydroélectrique ou d'eau potable, et on l'a abandonné au privé[56].

Dans le cas des plateformes de partage telles que Facebook et YouTube (Google), d'achat (Amazon, eBay) et de diffusion culturelle (Spotify, Netflix), leur richesse est souvent enregistrée dans des paradis fiscaux[57]. Lier les revendications du milieu culturel aux batailles en cours contre l'évasion fiscale devrait être une priorité pour financer la culture. Cependant, on verra dans les chapitres suivants que le fait que nos espaces de conversation et de partage soient régis par des impératifs de profit pose plusieurs problèmes de fond et qu'il faut imaginer des solutions plus radicales sur le long terme. Se limiter à « taxer Netflix et Spotify » risque de renforcer notre dépendance à l'endroit d'acteurs étrangers qui exerceraient une emprise considérable sur l'accès à notre propre patrimoine culturel. Il faut surtout réfléchir aux manières de s'assurer que la culture appartienne véritablement à ses créateurs *et* à la population.

Si les solutions de financement qui viennent d'être évoquées sont mises en place et encouragées de manière sérieuse

56. Voir Antoine Beaupré, « Comment l'oligopole a pris le contrôle de l'Internet et une solution : Réseau-Québec », *Anarcat*, 20 juin 2012, en ligne.
57. Voir Harold Crooks, *Le prix à payer*, InformAction Films, 2014, 93 min.

et soutenue, il ne devrait plus y avoir quelque raison que ce soit de placer des verrous numériques sur les œuvres et de déplorer leur téléchargement gratuit. L'enjeu ne serait plus le paiement à chaque téléchargement, mais la distribution équitable de l'argent amassé par divers moyens. L'accès aux œuvres et la contribution financière seraient deux opérations distinctes qui ne seraient pas toujours exécutées ensemble. Cela ne signifie pas que le droit d'auteur n'existerait plus : les artistes obtiendraient toujours une pleine reconnaissance de leur travail et demeureraient les seul.e.s à décider des adaptations et dérivés commerciaux de leurs œuvres (du moins jusqu'à ce que l'œuvre entre dans le domaine public).

Comment répartir les fonds ? Cory Doctorow et d'autres suggèrent une distribution des revenus par le biais d'une licence collective, semblable à celles utilisées pour les prêts en bibliothèque et les stations de radio. Pour ce faire, il faudrait étendre largement l'analyse statistique anonyme du succès populaire des œuvres ; la fin de la criminalisation du téléchargement et du partage des œuvres faciliterait ce travail, car elle sortirait les réseaux de partage de fichiers pair-à-pair de leur situation de semi-clandestinité et permettrait de colliger des données plus précises sur le nombre de téléchargements[58]. Ainsi, même le partage non marchand de fichiers pourrait être source de revenus pour les artistes, et les créations produites hors des circuits établis auraient aussi la chance d'être reconnues.

On peut aussi réfléchir à des moyens d'encourager la participation du public dans la détermination de la distribution des fonds gouvernementaux. Déjà, en 2003, Dean Baker proposait un système de « bons artistiques » : chaque adulte disposerait de 100 $ de crédit d'impôt remboursable à allouer aux artistes de son choix[59]. Pour sa part, Peter Sunde, l'un des

58. Doctorow, *Information Doesn't Want to Be Free*, *op. cit.*, p. 139-142. Voir aussi « A Better Way Forward : Voluntary Collective Licensing of Music File Sharing », *Electronic Frontier Foundation*, avril 2008, en ligne.

59. Dean Baker, « The Artistic Freedom Voucher : An Internet Age Alternative to Copyrights », *Center for Economic and Policy Research*, novembre 2003, en ligne : <http://cepr.net/publications/reports/the-artistic-freedom-voucher-internet-age-alternative-to-copyrights>.

fondateurs du site *The Pirate Bay*, a cofondé Flattr, une entreprise de financement de la culture dont le modèle me semble intéressant à considérer dans le contexte d'une société de petite taille comme celle du Québec. Flattr fonctionne de la manière suivante : l'internaute choisit un montant mensuel à accorder à la création artistique. Ensuite, lorsqu'il voit une œuvre qu'il apprécie, sur n'importe quel site participant, il peut cliquer sur un bouton Flattr pour indiquer qu'il souhaite qu'une partie de son argent soit allouée à cet.te artiste. À la fin de chaque mois, les fonds du participant sont répartis selon le nombre de clics.

Pourquoi n'aurions-nous pas une extension similaire développée par le ministère de la Culture, permettant de colliger ce que les internautes apprécient et contribuant à la détermination de la répartition du budget ? On pourrait aussi encourager la contribution financière des fans en garantissant un investissement public équivalent à celui que feraient les individus via cette extension, jusqu'à épuisement de l'enveloppe budgétaire (bien sûr, des plafonds permettraient d'éviter que les best-sellers raflent toute la mise).

La situation est complexe, et il est évident que ces pistes de solution auraient besoin d'être étoffées et que d'autres doivent être envisagées. Les protagonistes du milieu s'y connaissent certainement mieux que moi en ce qui concerne les formes concrètes que pourrait prendre le financement des arts. Mais une fois qu'on a accepté que la culture ne se limite plus à des biens matériels dont on peut contrôler la circulation, de nombreuses avenues sont envisageables.

Une « nouvelle culture populaire réseautée »

Dans son livre *The Wealth of Networks*, Yochai Benkler reprend une distinction courante entre culture populaire (*folk culture*), issue directement des milieux de vie, et culture de masse, produite industriellement. « Ce qui s'est passé au XXe siècle dans les économies avancées », soutient Benkler, c'est « le remplacement de la culture populaire par une culture de masse produite commercialement. L'interaction des individus et des communautés avec les artefacts culturels a changé, de coproducteurs et réplicateurs à consommateurs passifs[60] ». La critique de la culture de masse, élaborée par l'École de Francfort dans les années 1930-1940, dénonce cette montée des industries culturelles et ce qu'elles avaient fait de la culture dans un régime capitaliste. Selon cette critique, la culture ne devrait pas être marchandisée et vendue comme du savon à lessive, mais considérée comme l'expression multiforme d'une collectivité.

Or, selon Benkler, l'arrivée du numérique et d'un réseau décentralisé de communication « augmente la capacité des individus à produire une nouvelle culture populaire qui se construit sur la culture du XXe siècle, qui était très peu disponible pour être racontée et re-créée[61] ». Alors que la production culturelle marchande « essaie de mouler la signification d'un objet ou d'une pratique pour susciter la demande », la production culturelle non marchande « n'a pas de raison similaire d'accepter le sens comme il vient[62] ». La culture peut donc (re)devenir un espace de dialogue critique, devenant « plus transparente et disponible pour la réflexion et donc la révision[63] ». La séparation traditionnelle entre professionnel.le.s des médias et public peut graduellement s'estomper, comme on le constatera au prochain chapitre.

Et pourtant, on assiste au même moment à ce que Benkler appelle un mouvement d'enfermement (*enclosure movement*) qui « menace la nouvelle culture populaire réseautée[64] ». Celui-ci provient des industries culturelles de type Hollywood et des grandes entreprises qui cherchent à protéger leur image de marque, non seulement contre des compétiteurs ou des fraudeurs, mais aussi contre la critique du public, notamment des militant.e.s. Les industries culturelles de type Silicon Valley procèdent elles aussi à l'enfermement de cette nouvelle culture populaire ; les nouvelles possibilités expressives des individus

60. Yochai Benkler, *The Wealth Of Networks: How Social Production Transforms Markets and Freedom*, New Haven (Connecticut), Yale University Press, 2006, p. 295-296. Ma traduction.
61. *Ibid.*, p. 299. Ma traduction.
62. *Ibid.*, p. 290. Ma traduction.
63. *Ibid.*, p. 293. Ma traduction.
64. *Ibid.*, p. 278. Ma traduction.

se trouvent ainsi détenues et contrôlées par les grandes entreprises qui les mettent à leur disposition via les médias sociaux.

La bataille pour la réappropriation populaire de la culture se déploie donc sur plusieurs fronts. Elle implique de contester ces deux types d'enfermement en tenant compte des intérêts du public, qui tient à ses nouveaux moyens de création et de diffusion, mais aussi des intérêts des artistes, qui cherchent dignité et reconnaissance de leurs œuvres. Vaste programme !

CHAPITRE 3

Les nouvelles frontières de l'expression

Dans l'ancien système de diffusion, vous étiez limité par la quantité d'espace sur les ondes. Vous pouviez seulement avoir 10 chaînes sur les ondes pour la télévision, n'est-ce pas ? Ou avec le câble, vous aviez 500 chaînes. Sur Internet, n'importe qui peut avoir une chaîne. N'importe qui peut avoir un blogue ou une page Myspace. Tout le monde a une manière de s'exprimer. Alors la question n'est plus qui a accès aux ondes, mais qui a le contrôle sur les manières de rejoindre les gens. On commence à voir le pouvoir se centraliser sur des sites tels que Google. Ce sont des sortes de gardiens qui vous disent où vous voulez aller sur Internet, des gens qui vous fournissent vos sources d'information et de nouvelles. Alors ce n'est plus seulement un groupe de personnes qui peut parler. Maintenant tout le monde peut parler ; la question est de savoir qui peut être entendu.

– Aaron Swartz[1]

DANS SON CÉLÈBRE ROMAN *Le nom de la rose*[2], Umberto Eco raconte l'histoire d'une série de meurtres survenus dans une abbaye bénédictine du XIVe siècle, où des moines copistes s'affairent sans relâche à reproduire des centaines de

1. Cité dans Brian Knappenberger, *The Internet's Own Boy*, 2014, 105 min. Ma traduction.
2. Umberto Eco, *Le nom de la rose*, traduction de Jean-Noël Schifano, Paris, Grasset, coll. « Le livre de poche », 1982.

livres. On finit par comprendre que les assassinats sont reliés à l'existence d'une salle secrète de la bibliothèque où l'on trouve des livres interdits de circulation. Parmi ceux-ci, un rare ouvrage d'Aristote consacré à la comédie, que l'assassin a enduit de poison. Les lecteurs impénitents s'empoisonnent littéralement à la lecture de ce livre lorsqu'ils se mouillent les doigts de leur salive pour tourner les pages.

Qu'est-il possible de lire ? Qu'est-il possible d'écrire, de diffuser, de montrer ? Quelles sont les réalités qui sont confinées à la sphère privée et qu'est-il légitime d'exprimer publiquement ? Quelles sont les personnes ou les institutions qui ont la charge d'autoriser ou d'interdire, de faciliter ou de limiter la publication d'une œuvre et sa diffusion ? Ces questions sont essentielles pour comprendre l'univers des médias, et ce, tout au long de leur histoire. Chaque fois qu'un nouveau média de masse apparaît, il vient bouleverser les relations entre le public et les dépositaires légitimes de la culture et de l'information à cette époque précise : clercs, professeur.e.s, journalistes, apparatchiks, critiques, éditeurs.

Dans le cas d'Internet, ces questions se posent avec encore plus d'acuité. Au fur et à mesure que le réseau se déploie et rejoint de nouveaux pans de la population, celles et ceux qui avaient jusqu'alors la charge de surveiller la frontière de la diffusion publique, qu'on appelle en anglais les *gatekeepers* (littéralement, gardien.ne.s de la barrière ou portier.e.s), se trouvent de plus en plus souvent débordé.e.s par les internautes. Les médias sociaux, en particulier, ont favorisé une explosion de la parole populaire et ont brouillé plusieurs frontières, notamment entre émetteurs et récepteurs, entre intime et public, et entre les formes d'expression.

Il faut se garder de conclure qu'il n'y a plus de *gatekeepers*. Dans le contexte actuel de la montée de courants d'extrême droite, les nouvelles possibilités expressives sont utilisées pour propager des discours intolérants et haineux, qui ont pour effet de refermer l'espace ouvert pour les populations marginalisées. D'autre part, les médias sociaux commerciaux définissent nos espaces de discussion et filtrent nos interactions à l'aide d'algorithmes, le tout à des fins lucratives. Cela a des impacts importants sur les échanges qui prennent place sur ces plateformes, et pose la question du type d'infrastructure médiatique que nous souhaitons et des défis qui nous attendent pour qu'elles soient véritablement démocratiques.

Petite histoire des *gatekeepers*

C'est l'interaction d'une pluralité de facteurs qui détermine, dans un contexte sociohistorique donné, qui aura accès aux médias pour s'y exprimer, qui disposera du pouvoir de diffuser ou non ce que d'autres souhaitent communiquer, et quel sera le public qui recevra cette communication. Évidemment, les innovations techniques ont un impact profond sur la société qui les voit se déployer. Dans le cas des médias, ces transformations peuvent augmenter ou réduire les possibilités d'expression de certaines catégories de personnes. Mais la technologie ne se développe pas en vase clos, indépendamment du social. Les hiérarchies politiques, économiques et culturelles en place de même que l'action de divers mouvements sociaux font partie de l'environnement dans lequel un nouveau moyen de communication émerge et, par conséquent, ont un effet sur les appropriations possibles de ce média. Citons brièvement quelques exemples historiques.

Comme Internet, quoique sur un temps bien plus long, l'imprimerie a bousculé les *gatekeepers* de l'époque, notamment les religieux qui exerçaient une influence énorme sur la culture livresque, picturale et architecturale européenne. Les pouvoirs monarchiques tentent tant bien que mal de contrôler l'expansion de l'imprimerie : en France, en 1535, François 1er la fait brièvement interdire après le placardage d'affiches s'opposant à la messe catholique (affaire des Placards) et lance des persécutions contre des imprimeurs, des libraires et des auteurs. Peu après, il ordonne le dépôt de tous les imprimés à la Bibliothèque royale, par souci de contrôle beaucoup plus que de conservation. D'ailleurs, aux XVIe et XVIIe siècles, le copyright servait souvent de sceau d'autorisation de la part du pouvoir politique : en Grande-Bretagne, le Licensing Act de 1662 « donnait aux éditeurs un monopole sur la publication, facilitant ainsi le contrôle par la Couronne de ce qui était publié », explique Lawrence Lessig[3]. Malgré ces tentatives de restriction, l'imprimerie, en multipliant les possibilités de prise de parole, de dialogue et de débat (tant religieux, que littéraire, scientifique et politique), parviendra à déborder l'Église ; selon l'expression de Victor Hugo : « Ceci tuera cela. Le livre tuera l'édifice[4]. » Pour Hugo, « sous la forme imprimerie, la pensée est plus impérissable que jamais ; elle est volatile, insaisissable, indestructible [...], elle se fait troupe d'oiseaux, s'éparpille aux quatre vents[5] ».

Dans le cas du développement de la presse au XIXe siècle et des médias de masse (cinéma, radio, télévision) au XXe siècle, le mouvement est plus restrictif. S'il y a bien eu, tout au long de cette période, des journaux ouvriers et des stations de radio et de télévision communautaires[6], la part du lion ira à de grandes entreprises ou à l'État, seules institutions capables de mobiliser les ressources financières qu'exigent ces médias industriels. Les contraintes de ces technologies médiatiques viennent ici renforcer considérablement l'importance de la propriété économique dans l'ascension de nouveaux *gatekeepers*. Les médias de masse se font plus hiérarchisés : n'y diffuse pas qui veut. Le milieu de la presse et de la culture se professionnalise, « un travail de domestication des "preneurs de parole" a été mené pour qu'ils empruntent des formes convenables. [...] Regardé de tous, surveillé par le droit, enregistré pour l'histoire, celui qui s'y risque doit s'arracher à l'ordinaire de la conversation[7] ».

Pour sa part, le réseau Internet, en raison de sa configuration d'origine, a des effets décentralisants comparables à ceux de l'imprimerie. Dans *The Wealth of Networks*, Yochai Benkler expose très clairement les différences entre les médias de masse

3. Lawrence Lessig, *Free Culture : The Nature and Future of Creativity*, New York, Penguin Books, 2004, p. 86. Ma traduction. Voir aussi « History of copyright law », *Wikipedia*, en ligne.
4. Victor Hugo, *Notre-Dame de Paris*, Paris, Gallimard, coll. « Folio », 1997 [1831], p. 237.
5. *Ibid.*, p. 246-247.
6. Dominique Cardon et Fabien Granjon font un historique très intéressant du développement des médias militants tout au long du XXe siècle dans *Médiactivistes*, Paris, Presses de Sciences po, coll. « Contester », 2010.
7. Dominique Cardon, *La démocratie Internet*, Paris, Seuil, 2010, p. 37.

« classiques » et Internet : « Tout comme les lourdes nécessités de la machinerie industrielle augmentaient les coûts de la production culturelle et de l'information, encourageant ainsi la commercialisation et la concentration économique dans une large part de ce secteur, les microprocesseurs très accessibles ont énormément réduit les coûts nécessaires pour fixer l'expression culturelle et d'information et la communiquer globalement[8]. » Benkler soutient qu'en plus d'encourager une production culturelle non marchande et plus collaborative, cette transition a permis à un nombre bien plus grand de personnes d'entrer dans la sphère des communications de masse.

L'arrivée du blogue à la fin des années 1990 vient grandement faciliter le lancement de sites web et la publication pour des personnes ne disposant pas de connaissances informatiques approfondies. Le réseau de sites Indymedia (au Québec, le Centre des médias alternatifs du Québec, ou CMAQ), apparu en 1999 dans la foulée des actions de perturbation du mouvement altermondialiste, a été parmi les premiers à développer le modèle de la « publication ouverte » : plutôt que d'avoir un site avec des rédacteurs ou des curateurs qui sélectionnent le contenu publié, il est possible pour les reporters amateurs de publier leurs propres articles[9]. Notons que les militant.e.s libristes se sont beaucoup investi.e.s pour faciliter la production de blogues et de sites web (les systèmes Spip, Drupal et Wordpress, utilisés couramment, sont en *open source*), pour mettre en place le réseau Indymedia et pour développer les *wikis*, ces sites collaboratifs basés sur les contributions individuelles.

Au cours des années 2000, le développement des formats numériques permet de photographier, filmer, modifier et partager des photos et des vidéos avec une grande facilité. Lorsque les téléphones multifonctions font leur apparition, le partage

8. Yochai Benkler, *The Wealth Of Networks : How Social Production Transforms Markets and Freedom*, New Haven (Connecticut), Yale University Press, 2006, p. 52. Ma traduction.
9. Andrea Langlois, « La "publication ouverte". Vers de nouvelles conceptions de "l'ouverture" », dans Andrea Langlois et Frédéric Dubois (dir.), *Médias autonomes. Nourrir la résistance et la dissidence,* Montréal, Lux, coll. « Futur proche », p. 61-76.

peut se faire en un temps minimal, à partir de l'endroit où on se trouve. Le principe « publier d'abord, filtrer ensuite » se met en place : « les informations sont d'abord publiées, puis filtrées et hiérarchisées par les internautes[10] » (et éventuellement par des algorithmes). La visibilité ou l'invisibilité d'une publication n'est pas décidée *a priori*, mais après coup.

L'arrivée des médias sociaux commerciaux (Facebook en 2004, YouTube en 2005, Twitter en 2006, Tumblr en 2007, Instagram en 2010, Snapchat en 2011) s'inscrit dans une relation de continuité mais aussi de rupture avec ces développements technologiques. Ces plateformes simplifient encore davantage la production de contenu afin de la rendre accessible au plus grand nombre, ce qui facilitera grandement sa diffusion à grande échelle pour des internautes ayant peu de compétences informatiques. Le modèle de la « publication ouverte » atteint donc son apogée avec ces médias sociaux, mais se trouve en même temps capturé par les grandes entreprises qui les commercialisent. Une partie du filtrage est désormais effectué par des algorithmes privés ou par des employé.e.s lointain.e.s guidé.e.s par des principes souvent opaques. Les publications sont enclavées dans un « jardin fermé » et peuvent difficilement être partagées sur d'autres sites[11].

Assouplissement des frontières

Néanmoins, on se retrouve dans une situation où une quantité inédite de gens dispose des moyens techniques de produire, publier et rejoindre un nombre quasi illimité de personnes. Il

10. Cardon et Granjon, *Médiactivistes, op. cit.*, p. 126.
11. En d'autres termes, le principe de l'adoption commune de standards ouverts (l'interopérabilité) est envoyé par-dessus bord : il faut désormais un compte Facebook pour profiter pleinement de Facebook, alors qu'il n'est pas nécessaire d'avoir un compte Yahoo pour recevoir un courriel d'une adresse Yahoo, tout comme il n'est pas nécessaire d'avoir un compte Wordpress pour lire un billet de blogue publié avec Wordpress. Cela donne à ces médias privés une puissance d'attraction que n'atteindront jamais des sites tels qu'Indymedia ou d'autres réseaux plus près du militantisme tels que Reddit et Diaspora, en raison de cet effet exponentiel de réseau : si tout le monde y est, aussi bien y aller aussi… Cela nuit substantiellement à la décentralisation d'Internet, mais répond à leurs impératifs de concurrence et de profit.

faut bien sûr faire des nuances à propos de ces possibilités: l'utilisation du web social à des fins de diffusion massive se fait souvent de manière différenciée, suivant une distribution inégale de ressources entre les individus, sur les plans du temps disponible, du capital culturel et social et de l'accès à Internet, notamment dans les régions éloignées des grands centres, les réserves autochtones nord-américaines et les pays où la connectivité est peu développée. Malgré tout, une première frontière, celle distinguant l'émetteur et les récepteurs, ou le producteur et son public, se voit ici brouillée. Il y a un saut qualitatif entre les médias de masse « traditionnels » et le réseau Internet: alors qu'avec la presse, le cinéma, la radio et la télévision, quelques diffuseurs pouvaient rejoindre une infinité potentielle de personnes (*one-to-many*), avec Internet, une infinité potentielle de diffuseurs peut rejoindre une autre infinité potentielle de personnes (*many-to-many*). C'est pour cette raison que le sociologue espagnol Manuel Castells parle de « médias de masse individuels » (*mass self-communication*[12]); Ignacio Ramonet, quant à lui, soutient que nous sommes passés « des médias de masse à la masse des médias[13] ».

En plus de bousculer les *gatekeepers* qui avaient l'habitude – et le pouvoir – de sélectionner ce qui parviendrait au public, ces nouvelles possibilités de diffusion entraînent aussi un assouplissement de la frontière séparant la sphère privée et l'espace public, la conversation intime et la prise de parole en groupe. « Double révolution, donc: d'une part, le droit de prendre la parole en public s'élargit à la société entière; d'autre part, une partie des conversations privées s'incorpore dans l'espace public », constate le sociologue français Dominique Cardon, un de ceux qui a analysé le plus finement ces reconfigurations[14]. Loin des formules convenues voulant

12. Manuel Castells, *Communication Power*, Oxford, Oxford University Press, 2009.
13. Ignacio Ramonet, *L'explosion du journalisme. Des médias de masse à la masse des médias*, Paris, Galilée, 2011.
14. Cardon, *La démocratie Internet*, *op. cit.*, p. 11. Voir aussi « Le parler privé-public des réseaux sociaux d'Internet », dans Serge Proulx, Mélanie Millette et Lorna Heaton (dir.), *Médias sociaux. Enjeux pour la communication*, Québec, Presses de l'Université du Québec, 2012, p. 33-45.

que les internautes (les jeunes en particulier) balancent sans réfléchir leur intimité sur les médias sociaux, Cardon soutient qu'ils et elles « ne cessent d'arbitrer et donc de "calculer" entre ce qu'ils vont montrer et ce qu'ils préfèrent cacher, entre différentes manières de se montrer, entre les publics auxquels ils réservent telle ou telle facette de leur personnalité[15] ». Toute personne qui publie sur Internet se pose la question que seul.e.s les journalistes et éditeurs se posaient jusqu'à tout récemment : « devrais-je rendre compte publiquement de cet événement ? »

Par ailleurs, les frontières entre les genres et les formes d'expression sont de plus en plus difficiles à établir. Le ton des interventions peut varier grandement, allant de l'ironie à l'analyse plus sérieuse d'un phénomène d'actualité, en passant par la confidence, la sélection de pièces musicales correspondant à son humeur et le bref commentaire incisif sur une remarque entendue dans la rue. D'un site à l'autre, entre le compte Facebook « officiel », un blogue intimiste anonyme, un compte parodique, le personnage créé sur un site de jeu de rôles multijoueurs, c'est aussi une exploration identitaire qui se trouve facilitée et exposée à nos proches ou à un autre plus anonyme. Les non-professionnel.le.s des médias disposent de beaucoup plus d'espace pour improviser, découvrir des formes d'engagement artistique, social, politique et même académique ou scientifique, de manière ponctuelle ou plus régulière[16].

Les limites du « convenable » qu'évoque Dominique Cardon ne sont plus les mêmes qu'à l'époque où être en représentation médiatique était beaucoup plus rare et réservé à une minorité privilégiée. Pour en prendre conscience, pensons simplement aux photographies. Avant le numérique, à l'époque des films « 24 poses » que l'on devait faire développer au coin

---

15. Cardon, *La démocratie Internet*, *op. cit.*, p. 61.
16. L'ouvrage *La contribution en ligne. Pratiques participatives à l'ère du capitalisme informationnel*, dirigé par Serge Proulx, José Luis Garcia et Lorna Heaton (Québec, Presses de l'Université du Québec, 2014), fournit plusieurs exemples de cela. Voir en particulier le cas de la base de données Tela Botanica, le remix politique sur YouTube, le collectif francophone TaGueule ! au Canada anglais et le partage de photos naturalistes sur Flickr.

de la rue, la photographie grand public était réservée aux occasions spéciales telles que les voyages et les anniversaires. Maintenant, avec un appareil numérique et suffisamment de mémoire disque, le quotidien du plus grand nombre s'ouvre à la représentation visuelle et peut être partagé publiquement de manière distanciée, artistique, ludique ou ironique.

Les *selfies* sont un bel exemple de ces nouvelles potentialités, mais aussi de la dénonciation récurrente de la superficialité et de l'exhibitionnisme qu'entraîneraient ces nouvelles formes d'expression, venant de celles et ceux qui étaient jusqu'alors gardien.ne.s du bon goût et principaux bénéficiaires des possibilités limitées de représentation médiatique. Au Québec, le chroniqueur du *Devoir* Fabien Deglise s'est fait une spécialité de ce genre de critique. C'est d'ailleurs à lui que l'on doit le mot *égoportrait* pour traduire *selfie*. Deglise admet d'emblée avoir voulu ajouter une « dimension narcissique » au terme traduit[17]. Sa définition de l'égoportrait ne cache pas son mépris de la pratique : il s'agirait d'une « *photo de soi, un fragment du quotidien dont on est le nombril, immortalisé à bout de bras par l'entremise d'un téléphone dit intelligent pour être partagé frénétiquement sur les réseaux sociaux afin de se montrer et surtout d'affirmer qu'on existe*[18] ». Évidemment, Deglise n'est pas le seul à faire du *selfie* le symptôme d'une forme de névrose qui serait propre à Internet et aux médias sociaux, névrose qui conjuguerait exhibitionnisme, impulsivité, superficialité, dépendance et grégarisme.

Loin de ces commentaires parfois simplistes, l'historien de l'art André Gunthert voit plutôt dans le *selfie* « une démonstration de sociabilité » et un « embrayeur de conversation », puisque la photo est très souvent prise pour être partagée comme un clin d'œil à autrui et lancer une interaction. Gunthert va plus loin en qualifiant le *selfie* de « conquête politique » puisqu'on apprend avec lui « à gérer nous-mêmes

17. Catherine Lalonde, « Un égoportrait bien de chez nous », *Le Devoir*, 16 juin 2015.
18. Fabien Deglise, « #chroniquefd – Les gros mots », *Le Devoir*, 25 novembre 2013.

nos images et nos représentations[19] ». On a pu le constater en Iran au printemps 2014, lorsque des femmes se sont photographiées sans voile dans un geste de désobéissance envers les autorités religieuses du pays[20]. Parions que ces autorités ont elles aussi reproché aux Iraniennes leur narcissisme et leur superficialité…

Gunthert situe le *selfie* dans la continuité de l'arrivée de la photographie, critiquée à ses débuts par Baudelaire qui dénonçait « la société immonde » se ruant « comme un seul Narcisse pour contempler sa triviale image[21] ». De fait, la critique des élites culturelles à l'endroit de l'usage des médias par les classes populaires a une longue histoire. La photographie, la presse, le cinéma, la télévision, les vidéoclips (même le walkman[22] !) ont tous été accusés, à leur arrivée, d'être sources de déchéance morale pour une population qui serait mal outillée pour s'en servir à bon escient. Cet élitisme a aussi des racines à gauche, notamment dans le sillage de l'École de Francfort. Selon Theodor Adorno et Max Horkheimer, les industries culturelles telles que le cinéma et la radio enferment l'ouvrier.e dans des formes de divertissement propres au capitalisme et donc approfondissent la domination de ce système sur l'individu. À notre époque, les tenant.e.s de la « critique intégrale » d'Internet tendent similairement à considérer d'emblée les nouvelles possibilités d'expression et d'interaction offertes par le réseau comme parties prenantes de la phase néolibérale du capitalisme. Pour Eric Martin et Maxime Ouellet, par exemple, « cette émancipation ne remet pas en cause la logique culturelle du néolibéralisme qui repose sur le même imaginaire de l'ordre spontané et du réseau ». Les militant.e.s qui se respectent feraient mieux de n'y accorder aucun intérêt, sous

19. André Gunthert, « Embrayeur de conversation, le *selfie* doit être moche », propos recueillis par Léa Iribarnegaray, *Libération*, 5 août 2015.
20. Carole Boinet, « Sur Facebook, des Iraniennes enlèvent le voile », *Les Inrocks*, 12 mai 2014. Aujourd'hui, on ne compte plus le nombre de campagnes politiques qui ont recours à des *selfies* pour personnaliser un message.
21. Cité dans Gunthert, « Embrayeur de conversation », *op. cit.*
22. Voir « Culte 80's : Le walkman présenté par Léon Zitrone | Archive INA », *Ina Styles*, 16 juillet 2012, <www.youtube.com/watch ?v=bJMvV8VjeDs>.

peine d'être accusés de « [participer], à leur corps défendant, à la reproduction de l'imaginaire néolibéral[23] ».

Le cinéma et la radio ne se sont pas laissé complètement enfermer par le catastrophisme d'Adorno et Horkheimer. D'ailleurs, leur acolyte Walter Benjamin était beaucoup moins catégorique. Dès 1935, celui-ci soulignait que bien que le cinéma pût se faire instrument de propagande capitaliste, il avait aussi le potentiel de s'attaquer au culte de la tradition et du sacré, et d'aborder les réalités du plus grand nombre. C'est pourquoi Benjamin affirmait, dans une formule encore très actuelle, que « chacun aujourd'hui peut légitimement revendiquer d'être filmé[24] ». De la même manière, les usages du réseau Internet sont difficiles à résumer par des affirmations séduisantes mais peu soucieuses des pratiques concrètes. Si le contexte économique dans lequel les transformations actuelles ont cours pose bien un problème incontournable, se contenter de faire des usager.e.s de simples idiots utiles du capitalisme cybernétique nous dispense d'observer de quelles manières les individus utilisent ces nouveaux espaces. Sous couvert d'anticapitalisme soi-disant radical, ces critiques témoignent d'un certain mépris à l'égard de ces nouvelles formes d'expression populaire.

Ces analystes, de droite comme de gauche, ont aussi en commun de rarement prêter attention à leur propre statut dans ce débat. Presque systématiquement, il s'agit de personnes jouissant déjà d'une importante visibilité (médiatique, académique, littéraire). Devrait-on qualifier leurs interventions publiques de narcissiques ou d'intégrées à la logique culturelle du capitalisme ? Les professeurs, journalistes, critiques, communicateurs professionnels qui jettent un regard condescendant sur l'usage populaire des médias sociaux sont pourtant bien placés pour comprendre le plaisir de partager leurs idées et d'échanger avec leurs semblables. Hélas, l'arrivée d'un nouveau média de masse suscite toujours des réflexions amères

23. Eric Martin et Maxime Ouellet, « "Connais ton ennemi". Pour une critique de la critique du spectacle », *Nouveaux cahiers du socialisme*, n° 11, 2014, p. 72-73.

24. Walter Benjamin, « L'œuvre d'art à l'ère de sa reproductibilité technique », *Œuvres III*, Paris, Gallimard, 2000, p. 94-95.

sur la présumée déchéance civilisationnelle qu'il annoncerait, de la part de ceux et celles qui voient leur autorité et leur prestige menacés.

Lorsqu'on prend le temps d'observer un minimum les usages d'Internet et des médias sociaux, on se trouve devant un portrait beaucoup plus complexe que ce que ces critiques suggèrent. Sur le plan de la contestation politique, en particulier, l'assouplissement des frontières évoqué plus haut permet aux discours militants d'être diffusés, reçus et personnalisés, même si c'est parfois de manière temporaire, par des non-habitué.e.s de l'action politique[25]. Ceux-ci peuvent désormais commenter l'actualité devant un plus grand nombre de gens, afficher leur soutien pour une cause, créer ou partager un mot d'humeur, un mème ou une caricature, exprimer leur indignation devant un phénomène social au moyen d'un exemple personnel, rejoindre et échanger avec des individus vivant une situation semblable à la leur... Ce brouillage des frontières favorise la politisation d'un événement biographique ou de la condition personnelle d'un individu en les faisant surgir dans l'espace public. En ce sens, il contribue au développement de ce que le sociologue étatsunien C.W. Mills appelait l'imagination sociologique, soit l'articulation du vécu personnel à une trame sociale et historique plus large.

Le mouvement #AgressionNonDénoncée apparu à l'automne 2014 et la vague #MoiAussi en 2017 me semblent particulièrement éclairants à cet égard. On se souviendra qu'en 2014, lorsque l'animateur-vedette de la CBC, Jian Ghomeshi, fut mis à pied à la suite de témoignages d'agression livrés par plusieurs femmes, certain.e.s se demandèrent pourquoi ces plaintes n'avaient jamais été formalisées devant des instances judiciaires. S'ensuivit un flot de révélations sur les médias sociaux de victimes d'agression faisant état de leurs propres difficultés à dénoncer leur agresseur. Cet exemple m'apparaît

25. C'est ce qu'Ethan Zuckerman appelle la *cute cat theory*: les mêmes médias qui servent à diffuser des « vidéos de chat » sont utilisés pour faire circuler des idées politiques parfois marginales; celles-ci peuvent donc rejoindre un plus large public. Voir « Arab Democracy and Social Media », *Chicago Humanities Festival*, 12 novembre 2011, <www.youtube.com/watch?v=TGF6qpv9PwM>.

révélateur des nouvelles possibilités décrites ci-dessus, pour au moins deux raisons. D'abord, pour chacun de ces témoignages, la décision individuelle fut la même : celle de faire passer un événement personnel dans la sphère publique et, du même coup, de le poser comme un problème politique. La formule féministe « Le privé est politique » prend ici tout son sens et peut être mise de l'avant avec particulièrement de force dans des espaces médiatiques où la démarcation entre privé et public est floue. Ensuite, les mouvements #AgressionNonDénoncée et #MoiAussi sont d'autant plus intéressants qu'ils soulèvent justement un problème communicationnel, à savoir l'insuffisance des canaux traditionnels (judiciaires, notamment) par lesquels il devrait être possible pour une victime de se faire entendre. D'ailleurs, l'une des premières sorties menant au déboulonnage de Jian Ghomeshi fut un compte Twitter anonyme entretenu par l'une des victimes qui relatait des crimes allégués de l'animateur[26].

On peut aussi déceler la politisation de la sphère privée que facilitent le numérique et les médias sociaux au sein du mouvement étatsunien Black Lives Matter. Les vidéos de brutalité policière n'ont évidemment pas « appris » aux Afro-Américain.e.s qu'elles et ils étaient victimes de violence, pas plus qu'elles ne viennent remplacer les nécessaires manifestations et actions directes. Elles ont plutôt aidé à problématiser ces formes d'oppression qu'ils et elles subissent de façon insidieuse dans leur quotidien, tout comme la culture du viol et le sexisme ordinaire peuvent être mis en lumière et posés comme un problème par des exemples particulièrement révélateurs qui circulent de manière virale[27]. Les cas individuels deviennent emblématiques de problèmes structurels et permettent de rallier la communauté autour d'une quête de justice, justice qui, là encore, n'a pas pu être obtenue par l'entremise des circuits établis.

---

26. Voir l'excellent reportage « The Unmaking of Jian Ghomeshi », *The Fifth Estate*, CBC, 28 novembre 2014, <www.cbc.ca/fifth/episodes/2014-2015/the-unmaking-of-jian-ghomeshi>.
27. Pensons par exemple à *Décider entre hommes*, sur Facebook et sur Twitter <http://twitter.com/nosdecideurs>.

La haine comme barrière à l'expression

Anita Sarkeesian est une féministe étatsunienne et canadienne qui contribue à cette déconstruction du sexisme ordinaire par une analyse rigoureuse des représentations des femmes dans les jeux vidéos sur son site *Feminist Frequency*, fondé en 2009. À partir de 2012, après avoir lancé une campagne de socio-financement pour produire une série de vidéos sur la question, elle fut l'objet d'une charge concertée de la part de *gamers* masculins : menaces de viol et de mort, dévoilement d'informations personnelles, vandalisme sur la page Wikipédia qui lui est consacrée. Un programmeur a créé un jeu vidéo, *Beat Up Anita Sarkeesian*, dans lequel les joueurs pouvaient ensanglanter son visage par des clics de souris. Les menaces l'ont parfois poussée à annuler des conférences ; en Utah, un homme avait fait planer dans une lettre la menace d'une « Montreal Massacre-style attack », en référence à la tuerie de l'École Polytechnique de 1989[28]. À l'automne 2014, des programmeuses de jeux vidéo et des journalistes ont aussi fait l'objet de harcèlement et de menaces de la part de *gamers*, dans le cadre d'une campagne masculiniste d'envergure connue sous le nom de « Gamergate ».

Les nouvelles possibilités de diffusion n'entraînent pas seulement un approfondissement de l'expression individuelle et du débat démocratique. Elles ont un versant beaucoup moins reluisant, comme en témoignent ces frondes misogynes qui, soulignons-le, proviennent souvent d'un milieu relié au monde de l'informatique et découlent en quelque sorte de la culture de type *boy's club*, héroïque et machiste, qui s'est développée avec les débuts d'Internet. Plus généralement, on

28. Voir Alex Hern, « Feminist Games Critic Cancels Talk after Terror Threat », *The Guardian*, 15 octobre 2014. En France, la *gameuse* féministe Mar_Lard a produit une longue analyse du sexisme et de l'antiféminime dans le milieu des jeux vidéos, notamment le harcèlement entre *gamers* qui pousse certaines femmes à taire leur genre. « Sexisme chez les geeks : Pourquoi notre communauté est malade, et comment y remédier », *Genre !*, blogue, 16 mars 2013, <https://cafaitgenre.org/2013/03/16/sexisme-chez-les-geeks-pourquoi-notre-communaute-est-malade-et-comment-y-remedier>. Enfin, sans être explicitement antiféministe, le harcèlement de Justine Sacco est aussi passablement troublant. Voir Jon Ronson, « How One Stupid Tweet Blew Up Justine Sacco's Life », *The New York Times*, 12 février 2015.

a été témoin, ces dernières années, de l'utilisation croissante du web social pour des attaques haineuses et du harcèlement raciste, sexiste, homophobe et transphobe. Femmes et populations marginalisées, celles-là même qui avaient gagné un accès à de nouvelles tribunes, se trouvent particulièrement visées[29]. Tout porte à croire que ces personnes qui harcèlent se perçoivent elles-mêmes comme des *gatekeepers*, en vertu de leurs tentatives – souvent réussies – d'intimider les voix discordantes et de les exclure de l'espace public. L'une de leurs stratégies d'intimidation, l'exposition publique non désirée, repose précisément sur l'amincissement de la ligne séparant privé et public. Le *doxxing*, ou divulgation publique d'informations personnelles sur un individu, et le *revenge porn*, ou mise en ligne de photos ou de vidéos intimes après une rupture amoureuse, sont des exemples patents de cette tentative d'humiliation par le dévoilement du privé sans consentement.

Triste paradoxe, l'assouplissement des frontières décrit plus haut peut aussi permettre aux individus intolérants et haineux de se coaliser, de développer leur confiance et de raffermir leurs convictions afin d'exercer, ultimement, une sorte de *vigilantisme* (ou auto-justice). Peut-on remédier à cette situation sans sacrifier les bienfaits des possibilités accrues d'expression ? Ce problème est difficile à résoudre et les pistes de solution que je propose ici sont bien modestes.

Premièrement, sur le plan politique, il faut développer notre solidarité avec les personnes marginalisées et attaquées[30]. Les militant.e.s informatiques me semblent avoir une responsabilité particulière à cet égard : il faut savoir distinguer l'esprit libertaire, qui cherche à soutenir les plus vulnérables au sein d'une communauté de résistance, de la culture libertarienne, pour qui la liberté et la sécurité sont d'abord des questions de

29. Pauline Gravel, « La cyberintimidation, nouveau fléau chez les jeunes Québécois », *Le Devoir*, 9 mai 2017.

30. Des services en ligne de soutien contre le harcèlement ont d'ailleurs été mis sur pied par des femmes l'ayant subi, notamment le Crash Override Network, lancé par Zoe Quinn, conceptrice de jeux vidéo, et *TrollBusters*, qui s'adresse spécifiquement aux femmes. Voir Leigh Alexander, « Online Abuse : How Women are Fighting Back », *The Guardian*, 13 avril 2016.

responsabilité individuelle[31]. Les informaticien.ne.s doivent prendre conscience que certaines personnes sont plus à risque et moins outillées que d'autres devant de telles attaques, et combattre plus particulièrement l'antiféminisme prévalant dans le milieu des technologies numériques et des jeux vidéo.

Il faut aussi militer en faveur d'une plus grande acceptation des multiples facettes de l'identité de chacun.e, puisque la démarcation entre chacune de ces facettes est et sera de moins en moins étanche, d'autant moins qu'avec l'archivage numérique, notre passé peut nous rattraper des décennies plus tard. Jacqueline Laurent-Auger, animatrice d'ateliers de théâtre au collège Jean-De-Brébeuf de Montréal, l'a appris à l'automne 2014 lorsqu'elle a été mise à pied après que des étudiant.e.s eurent trouvé sur Internet des extraits de films érotiques dans lesquels elle avait joué plus de 50 ans auparavant[32]. C'est en plaidant pour une évolution des mentalités, pour un élargissement du spectre de ce qui peut être dit et exposé publiquement, sur la base du consentement individuel, que l'on peut réduire la portée de ces attaques, menées autant par des esprits vengeurs que par des employeurs aux vues étroites. Des actions collectives seront nécessaires pour que la démocratisation de l'accès à la parole publique l'emporte sur les contre-offensives réactionnaires, qui s'en trouveront ainsi au moins partiellement neutralisées.

Deuxièmement, la riposte peut aussi se mener sur le plan judiciaire, contre les harceleurs et agresseurs. Contrairement au stéréotype habituel, ceux-ci opèrent fréquemment sous leur véritable nom. C'est probablement le sentiment de distance procuré par le numérique, davantage que l'anonymat, qui facilite le passage à l'acte. Pourrait-on imaginer des sites collaboratifs, qui pourraient être non mixtes et privés lorsque

---

31. Pour une très bonne critique du sexisme fort présent dans les industries de Silicon Valley et chez certains apologistes libertariens de l'Internet ouvert, voir Astra Taylor et Joanne McNeil, « The Dads Of Tech », *The Baffler*, n° 26, 2014.

32. À la suite du tollé, le Collège a conclu une entente à l'amiable avec Jacqueline Laurent-Auger. Voir Radio-Canada, « Congédiée pour des scènes osées d'il y a 50 ans », 17 octobre 2014, en ligne, et Raphaël Gendron-Martin, « L'enseignante congédiée a tourné la page », *Journal de Montréal*, 17 janvier 2016.

nécessaire, grâce auxquels on pourrait monter des dossiers sur les individus les plus violents, archiver leurs publications, de manière à démontrer, par exemple, le harcèlement systématique lors d'un recours en justice ?

Évidemment, la protection de la liberté d'expression est capitale, et la solution ne doit pas être pire que le problème. Mais on ne peut pas se limiter à aborder ce problème sous le seul angle de la liberté d'expression qu'on viendrait brimer chez les intolérant.e.s. D'abord parce que les discours haineux limitent la liberté d'expression de celles et ceux que ces discours visent. Ensuite parce que, dans le cas d'Internet, on assiste à la transposition dans la sphère publique de ce qui relevait auparavant de la sphère privée ; or, dans la vie quotidienne, de nombreuses paroles condamnables, telles que les menaces ou la violence et le harcèlement psychologiques, ne relèvent pas de la liberté d'expression. Lorsque quelqu'un envoie des cartes postales menaçant une personne de mort, argue-t-on qu'il s'agit là de liberté d'expression ?

Troisièmement, en plus des actions menées sur les fronts politique et judiciaire, il faudrait aussi envisager d'intervenir directement auprès des plateformes où se tiennent les échanges. Il importe cependant de le faire de manière à ne pas donner davantage de pouvoir à des entreprises qui en ont déjà beaucoup trop. Voulons-nous que des entreprises privées continuent à détenir l'autorité de départager ce qui relève de la liberté d'expression, de la critique sociale, du harcèlement et de l'indécence ? C'est sur la base de cette même autorité que Facebook s'est permis de censurer le corps nu du tableau *L'origine du monde* de Courbet[33] ou la photographie historique de la « fillette brûlée au Napalm » prise durant la guerre du Viêt-Nam[34], ou encore de fermer les pages d'organisations pro-démocratie en Turquie ou en Syrie[35].

---

33. Amandine Schmitt, « *L'origine du monde* : Facebook ne pourra pas échapper aux juges français », *L'Obs*, 12 février 2016, en ligne.
34. « Censure de la photo de la fillette brûlée au napalm : Facebook recule », *Radio-Canada.ca*, 9 septembre 2016, en ligne.
35. Voir Jakob Gottschau, *Facebookistan*, Express TV-Produktion, 2015, 58 min.

Ces arbitrages ne doivent pas être du ressort d'entreprises privées, mais relever du judiciaire et du débat démocratique. En ce qui a trait aux médias sociaux, il faut surtout réfléchir à la manière dont ils ont été pensés et programmés. N'oublions pas que ces médias ont été conçus et sont détenus par des individus correspondant généralement aux catégories sociales dominantes (hommes, blancs, scolarisés, hétérosexuels) et que ceux-ci sont vraisemblablement mal outillés pour réfléchir à ces enjeux, voire indifférents. Rebecca MacKinnon souligne que « l'idéologie centrale de Facebook – que tous et toutes doivent être transparent.e.s dans leur identité en ligne et leurs relations sociales – est le produit d'une culture d'entreprise basée sur les expériences d'Américain.e.s relativement protégé.e.s et fortuné.e.s qui peuvent être bien intentionné.e.s mais qui n'ont jamais expérimenté une véritable vulnérabilité sociale, politique, religieuse ou sexuelle[36] ». L'interdiction des pseudonymes ou des comptes anonymes sur certains médias sociaux a des effets sur les membres de communautés marginalisées qui souhaitent être identifiées sous un autre nom (personnes trans, sans-papiers, travailleur.se.s du sexe, dissident.e.s politiques, etc.). Cela illustre bien le spectre étroit à partir duquel ces médias fonctionnent trop souvent: pour Mark Zuckerberg, « avoir deux identités est le signe d'un manque d'intégrité[37] ».

En dépit des avancées décrites plus haut dans ce chapitre, les applications et les outils de communication développés sur le web sont souvent utilisés *tant bien que mal* par les groupes minorisés ou marginalisés ; c'est donc aussi à l'étape de leur conception et de leur production qu'il faut s'attaquer, comme nous le verrons maintenant.

La nouvelle barrière commerciale : le cas des algorithmes

Une autre menace pèse sur la prolifération de paroles, beaucoup plus subtile et insidieuse. De manière paradoxale, alors même que les possibilités de débats publics explosent sur

36. *Consent of the Networked: The Worldwide Struggle For Internet Freedom*, New York, Basic Books, 2012, p. 147-148. Ma traduction.
37. Cité dans *ibid.*, p. 150. Ma traduction.

Internet, ceux-ci se tiennent généralement dans des espaces privés extrêmement contrôlés: les médias sociaux commerciaux. Les anciennes barrières ont sauté, tous et toutes peuvent produire, publier, diffuser et partager du contenu, souvent gratuitement ou presque. Mais à travers quels intermédiaires? Fin 2014, une étude faisait état du fait que presque 40 % du trafic Internet nord-américain par cellulaire était accaparé par Facebook et YouTube[38]. Le pouvoir que développent ces géants du Net (Google, Apple, Facebook, Amazon et Microsoft, principalement) est fondamental pour la question qui nous occupe ici, à savoir qui détient l'autorité de déterminer ce qui parviendra à un auditoire ou pas. Malgré l'accès accru à des moyens d'expression pour un nombre jamais vu de personnes, il y a bel et bien émergence de *gatekeepers* d'un nouveau genre. La cacophonie du web résonne au sein d'espaces détenus par quelques grandes firmes qui filtrent les informations à des fins lucratives, voire politiques. Et c'est ici que les algorithmes entrent en scène.

Qu'est-ce qu'un algorithme? « Comme la recette de cuisine, un algorithme est une série d'instructions permettant d'obtenir un résultat », explique Cardon dans *À quoi rêvent les algorithmes*, où il se penche sur ces outils et leurs effets sur nos échanges[39]. L'algorithme est une série d'opérations mathématiques permettant de traiter et d'ordonner des quantités massives d'information. Tout programme informatique est au fond un algorithme, mais ceux qui font les manchettes depuis quelques temps sont mis en place pour mesurer des habitudes et des préférences, établir des associations, mieux connaître les individus afin de prédire leurs comportements et choix futurs, et leur offrir du contenu aussi personnalisé que possible.

Il existe plusieurs façons de mesurer et de quantifier nos vies numériques. On peut simplement compter le nombre de visites sur une page web (on est ici proche des « cotes d'écoute » de la télévision et de la radio). Le moteur de recherche de

38. Dave Smith, « Facebook and YouTube Account for Almost 40 % of All Mobile Internet Traffic », *Business Insider*, 9 décembre 2014.
39. Dominique Cardon, *À quoi rêvent les algorithmes. Nos vies à l'heure des* big data, Paris, Seuil, 2015, p. 7.

Google s'est démarqué en mesurant l'« autorité » d'un site par le nombre d'autres sites qui pointent vers lui. Les médias sociaux, de leur côté, estiment la réputation des publications sur la base de la rétroaction des usager.e.s : plus une photo a de « J'aime » et de commentaires, par exemple, mieux elle est cotée.

Les calculs varient mais les objectifs sont sensiblement les mêmes : relever des régularités et établir des corrélations à partir de comportements de plus en plus individualisés, de manière à sélectionner, parmi l'océan de pages et de publications, le contenu le plus « pertinent » pour chacun.e. Dès 2011, Eli Pariser, dans l'ouvrage *The Filter Bubble*[40], démontrait que Google ne fournit pas les mêmes résultats de recherche selon ce que l'algorithme connaît de nos habitudes de navigation (tapez-vous « Égypte » dans le moteur de recherche pour planifier votre prochain voyage ou pour vous informer sur la situation politique du pays ?). Facebook estime qu'un.e usager.e moyen.ne pourrait recevoir près de 1 500 nouveaux messages par jour sur son fil, mais que l'algorithme EdgeRank réduit ce nombre à 300. Mais selon quels critères établit-on leur « pertinence » ?

Deux objectifs se superposent et se confondent de manière plutôt malsaine : d'une part, celui d'offrir à chacun.e, sur la base de ses pratiques passées et de celles de personnes proches ou semblables à soi, le contenu que l'on souhaite supposément voir ; d'autre part, celui d'attirer l'internaute sur la plateforme le plus souvent possible et de l'y garder le plus longtemps possible. Tristan Harris, ancien employé de Google, explique par des exemples concrets les effets du design d'un média social sur nos choix, notre attention et notre emploi du temps, et comment tout cela est orienté à des fins marchandes. Contrôler le menu des choix possibles, offrir des récompenses à intervalles variables, s'appuyer sur le besoin d'approbation sociale, interrompre la navigation par des notifications sonores… On n'est plus uniquement dans l'offre de « contenu personnalisé » fournie par un algorithme bien innocent, mais

---

40. Eli Pariser, *The Filter Bubble: What the Internet Is Hiding from You*, Londres, Penguin Press, 2011.

dans l'emploi de procédés pouvant susciter des formes de dépendance chez les individus[41].

Autrement dit, si l'entreprise nourrit si bien ses usager.e.s, c'est d'abord pour répondre à ses impératifs commerciaux, les garder sur son site et satisfaire les annonceurs. Sur Facebook, EdgeRank sélectionne les publications les plus susceptibles d'augmenter le nombre de visites des utilisateurs sur le site, la durée de chacune de ces visites, le nombre de « J'aime » et de commentaires provoqués, etc. On a eu une belle occasion de constater le pouvoir que cache cet algorithme en juin 2014 lorsque Facebook révéla un peu candidement avoir commandé une recherche sur près de 700 000 usager.e.s du site[42]. Les chercheurs ont modifié l'algorithme d'un groupe de manière à ce que seules les publications aux émotions positives leur parviennent; pour l'autre groupe, c'était l'inverse. On a ensuite constaté que cela avait un effet de « contagion » auprès des utilisateurs. Ces recherches sont menées dans le but d'offrir l'expérience la plus jouissive pour les usager.e.s, de manière à les ramener régulièrement au bercail. Autrement dit, sur Facebook, des clips de manifestations dénonçant l'assassinat d'Afro-Américain.e.s par les forces policières peuvent difficilement circuler aussi largement que ceux du *Ice Bucket Challenge*[43]...

Voilà pourquoi plusieurs expriment des craintes à propos des « bulles filtrantes » qu'encourageraient les médias sociaux: chacun renforçant ses perceptions et opinions dans son écosystème taillé sur mesure, les débats s'en trouveraient polarisés[44]. Pour Cardon, l'enjeu plus général concernant les algorithmes est le risque d'enfermement des individus dans les pratiques de leur propre environnement social et culturel. En plus de reproduire des inégalités en ce qui a trait au capital culturel,

---

41. Voir « Comment la technologie pirate l'esprit des gens », *Medium France*, 16 juin 2016, en ligne.
42. Robert Booth, « Facebook Reveals News Feed Experiment to Control Emotions », *The Guardian*, 29 juin 2014.
43. Voir Benjamin Loveluck, *Réseaux, libertés et contrôle. Une généalogie politique d'Internet*, Paris, Armand Colin, 2015, p. 254-258.
44. Jeff Yates, « J'ai testé les algorithmes de Facebook et ça a rapidement dégénéré », *Radio-canada.ca*, 1er mai 2017, en ligne.

les algorithmes pourraient aussi nous faire perdre le plaisir de l'exploration qu'Internet avait rendu possible en abattant les barrières propres aux médias de masse traditionnels. Si « les algorithmes nous ont libérés des voyages de groupe, des points de vue obligés et des arrêts obligatoires devant des panoramas à souvenirs [...], ils contribuent aussi à assujettir l'internaute à cette route calculée, efficace, automatique, qui s'adapte à nos désirs en se réglant secrètement sur le trafic des autres[45] ».

Des espaces d'échange à se réapproprier

L'adoption d'Internet par une vaste partie de la population et le développement des « médias de masse individuels » ont décuplé les possibilités d'expression des individus. Les médias sociaux commerciaux ont certes contribué à cette explosion de la parole populaire, mais en centralisant les échanges dans leurs espaces privés, ils se sont approprié les mécanismes de sélection et de filtrage des publications, et les ont orientés à des fins lucratives : plus les individus publient des informations, émettent des commentaires et interagissent entre eux, plus ils sont présent.e.s sur le site et donc disponibles pour les publicitaires. Et ils sont encore plus disponibles si les publications favorisées par les algorithmes renforcent leurs convictions, en plus d'être apaisantes, distrayantes, réconfortantes.

Privatisé, le code informatique régissant nos interactions a donc été soustrait à la communauté. Ce faisant, il est devenu beaucoup plus opaque. De plus, la nécessité d'être « favorisé » par l'algorithme pour passer son message donne lieu à toutes sortes de stratégies. Tout comme certains groupes militants avaient l'habitude de concevoir une action d'éclat pour « attirer l'attention des médias », des groupes vont aujourd'hui modifier leurs publications pour tenter d'être favorisés par l'algorithme (ou en tout cas, ce qu'on en connaît). Pour d'autres, au contraire, l'algorithme les contraint à une forme d'autocensure afin d'éviter que leur page soit signalée comme du contenu indésirable ou inapproprié[46].

45. Cardon, *À quoi rêvent les algorithmes*, *op. cit.*, p. 106.
46. Jakob Gottschau, dans son documentaire *Facebookistan* (*op. cit.*), présente l'auteur d'un livre d'histoire sur les communes hippies qui sélectionne

Contrairement à ce qu'affirment certain.e.s mathématicien.ne.s et ingénieur.e.s informatiques, l'algorithme n'est pas qu'un simple outil, neutre et apolitique, reflétant nos préférences individuelles. Ces formules mathématiques sont des créations humaines et ont donc forcément des implications politiques, ne serait-ce que parce qu'elles sont développées par un segment très minoritaire et privilégié des sociétés capitalistes avancées qui répond aux ordres d'employeurs eux-mêmes régis par des impératifs de profit et de pouvoir politique. Astra Taylor l'exprime bien : les choix de ces personnes « peuvent renforcer la discrimination ou favoriser la solidarité ; les algorithmes qu'ils conçoivent peuvent exclure des voix ou donner la parole au plus grand nombre ; les interfaces qu'ils inventent peuvent élargir la palette des possibilités humaines ou la limiter à des scénarios convenus[47] ».

C'est pourquoi la réappropriation de ces espaces numériques de discussion et d'échange est aussi importante. Elle pourrait prendre la forme d'une expropriation ou d'un démantèlement en bonne et due forme des grandes entreprises qui en sont les propriétaires, les relations humaines et l'échange d'idées étant trop précieux pour être laissés entre leurs mains, au même titre que l'eau ou nos systèmes de santé et d'éducation. Mais l'appropriation populaire de nos espaces de diffusion et d'interactions doit aussi être pensée dans les termes des tenant.e.s du logiciel libre et de l'ouverture du code. Autrement dit, il ne s'agit pas simplement de « nationaliser » Facebook, mais de définir et de construire nous-mêmes les médias sociaux dont nous avons besoin. Pour éviter le harcèlement en ligne, par exemple, à quoi ressemblerait un *safe space* sur Internet et comment devrait-il être conçu et programmé ? Pour cela, il est essentiel de mieux connaître les mécanismes, algorithmiques ou autres, qui contribuent à mettre en forme nos échanges sur Internet, et d'en débattre. Ces questions sont extrêmement

---

soigneusement les photos qu'il publie de peur de voir sa page fermée pour « contenu indécent », alors que sa promotion s'appuie essentiellement sur ce média social.

47. Astra Taylor, *Démocratie.com. Pouvoir, culture et résistance à l'ère des géants de la Silicon Valley*, traduction de Nicolas Calvé, Montréal, Lux, 2014, p. 137.

riches et complexes, et il y a encore beaucoup à faire pour y répondre.

À terme, il faut arriver à un écosystème médiatique dans lequel chacun.e d'entre nous pourrait définir les aspects de sa vie qu'il ou elle souhaite porter à l'attention du public et où nos espaces d'échanges seraient débattus, conçus et construits collectivement.

Chapitre 4

Au-delà de la crise du journalisme

> *Dans le passé, les messages politiques et les guerres de propagande étaient des courses aux armements de la narration par l'entremise de nouveaux médias : des batailles menées sur papier, à la radio et à la télévision. La nouvelle vague a amené au monde quelque chose d'infiniment plus insidieux : une propagande personnalisée, adaptative et ultimement addictive. Silicon Valley a passé les 10 dernières années à construire des plateformes dont le stade ultime est la dépendance numérique. En 2016, Trump et ses allié.e.s les ont détournées. Nous sommes entré.e.s dans une nouvelle ère politique.*
>
> – Berit Anderson[1]

> *Le journalisme, si tu veux en faire, [...] tu veux informer le public, ton public tu le connais pas, il est réparti... Tu sais pas exactement ce que c'est. Mais l'information, ça t'appartient pas ! Ça appartient pas au journal non plus ! Ça appartient strictement au peuple.*
>
> – Gilles Groulx, *Le chat dans le sac*[2]

C'est désormais un lieu commun que d'affirmer que les médias d'information sont en crise. On a pris l'habitude de comprendre cette crise comme celle d'un modèle d'affaires menacé par le numérique. L'accessibilité des contenus sur

---

1. « The Rise of the Weaponized AI Propaganda Machine », *Medium*, 12 février 2017, en ligne. Ma traduction.
2. Office National du Film, 1964, 74 min.

Internet, l'accélération du rythme de travail et des innovations technologiques, la multiplication des plateformes de diffusion et la migration des revenus publicitaires vers le web ont mis les grands médias sous pression. Ces contraintes techniques et financières accrues ont entraîné un abandon progressif du journalisme d'enquête, ou « de fond », et augmenté la dépendance des journalistes envers les attaché.e.s de presse et les professionnel.le.s des relations publiques. Dès lors, les fruits du travail journalistique se trouvent de plus en plus homogénéisés et superficiels, en plus d'être dévalorisés par les citoyen.ne.s qui n'en ont que pour le contenu gratuit. Emportés par la « culture du clic », les médias doivent proposer des sujets racoleurs ou difficiles à distinguer du publireportage pour s'attirer des annonceurs. Ce sont les travailleuses et travailleurs de l'information qui portent le fardeau de ces mutations. Hors du cercle des journalistes vedettes, ils et elles sont de plus en plus confronté.e.s à une précarité croissante, quand ce n'est pas à des mises à pied massives et à la fermeture de médias locaux ou régionaux. Ils et elles doivent accomplir une panoplie de tâches sous toutes sortes de formats (texte, vidéo, tweet, etc.), au point où on en vient à les assimiler à de simples « producteurs de contenu[3] ».

Ces dernières années, il est apparu que la crise n'était peut-être pas seulement économique ; les menaces viennent de plus en plus du champ politique. Une partie de la classe politique ne cache plus son hostilité à l'endroit des journalistes et s'y attaque ouvertement, pendant qu'éclatent des scandales de surveillance policière des journalistes, notamment au Québec. La dernière campagne électorale étatsunienne a montré qu'à tout cela s'ajoutait une crise croissante de légitimité du journalisme professionnel : les sites de désinformation prolifèrent, les médias de masse sont traînés dans la boue.

---

3. Voir par exemple Anne-Marie Brunelle, « De journaliste à producteur de contenu : pourquoi s'en inquiéter ? », *Nouveaux Cahiers du socialisme*, nº 11, 2014, p. 31-46 ; Denis Guénette, « Médias en transition, journalistes sous pression », *Perspectives CSN*, juin 2016 ; Stéphane Baillargeon, « Média, médiation, immédiateté. Portrait du journaliste en hamster dans sa roue », *Mutations de l'univers médiatique*, Mont-Royal, M Éditeur, 2014, p. 41-49.

Bref, ça va mal. Mais que se passe-t-il au juste ? Peut-on saisir ces phénomènes de manière globale ? À mon avis, si on veut comprendre la crise et surtout en sortir, il faut l'aborder en tant que recul d'une certaine *conception* du journalisme, telle qu'elle s'était imposée et stabilisée au cours du XXe siècle, c'est-à-dire une pratique dotée d'une éthique professionnelle centrée sur la neutralité politique et une relative autonomie par rapport au pouvoir, bien que largement financée par la grande entreprise. Or, l'accès aux citoyen.ne.s qu'offrent aux publicitaires les médias sociaux commerciaux a rendu obsolète ce modèle d'affaires journalistique.

En replaçant le problème dans une perspective historique, on est mieux à même de voir que tout n'est pas sombre dans le journalisme contemporain. En effet, le terme de crise ignore d'autres phénomènes plus stimulants qui émergent tant de journalistes avides de renouveau que du monde de l'informatique libre et des hackers, déjà très sensible aux idées de circulation de l'information à des fins de changement social. Ces tendances pourraient rapprocher le journalisme de son passé plus militant et subversif, si on accepte de se pencher sérieusement sur les façons de le valoriser et de le financer de manière pérenne.

Une crise économique

Le journalisme tel qu'on le conçoit aujourd'hui est somme toute assez récent. C'est seulement à partir de la Seconde Guerre mondiale que la professionnalisation du journalisme devient la tendance dominante, en Amérique du Nord en particulier. Les médias d'information privés tels qu'ils se sont imposés durant cette période reposent sur un compromis entre les milieux d'affaires (industriels et financiers, notamment) et le milieu journalistique. Les médias de masse constituent le lieu privilégié où les élites économiques et politiques se procurent une tribune auprès de divers segments de la population et des gouvernements. Suivant Noam Chomsky, on peut dire que les grands médias privés – et même publics, dans une moindre mesure – se sont construits sur la base d'une rentabilité reposant largement sur la vente d'un produit (le public) à des clients (les annonceurs)[4]. Patrick LeLay, ancien PDG de TF1, le synthétisait magnifiquement en 2004 lorsqu'il expliquait que les émissions de la chaîne avaient « pour vocation » de rendre le cerveau du téléspectateur disponible aux messages publicitaires : « ce que nous vendons à Coca-Cola, c'est du temps de cerveau humain disponible[5]. »

De leur côté, les journalistes ont obtenu par ce partenariat une liberté et une autonomie substantielles dans l'exercice de leur profession, de même qu'une reconnaissance salariale et aussi symbolique importante. Cependant, leur travail s'est vu encadré par des balises déontologiques (réserve et neutralité), académiques (la formation universitaire, qui assure également une certaine sélection socioéconomique), hiérarchiques (liées à la structure de pouvoir au sein de l'entreprise) et financières (notamment la course à l'audience et la quête de profits) qui limitent les aventures journalistiques trop dérangeantes pour les élites. Adoptant une position de surplomb face au social, plusieurs journalistes professionnel.le.s ont gagné en prestige et été admis dans la cour des grand.e.s, mais au prix d'une distanciation et même d'une méfiance à l'égard des mouvements sociaux et de toute forme de parti pris explicite, ce que l'excellente journaliste étatsunienne Amy Goodman appelle « échanger les principes contre l'accès[6] ». C'est l'ère des « journalistes institutionnel.le.s », formé.e.s en journalisme ou en communication, accrédité.e.s auprès d'un ordre professionnel et présent.e.s dans les médias de masse privés et étatiques.

La crise actuelle ne doit pas nous amener à idéaliser l'ère pré-numérique du journalisme : si la pression des annonceurs sur les médias et la course à l'audience ont pu s'accroître avec Internet, ces contraintes étaient et demeurent tout aussi

4. Mark Achbar et Peter Wintonick, *Manufacturing Consent : Noam Chomsky and the Media*, Office national du film, 1992, Canada, 168 min ; Noam Chomsky, *Comprendre le pouvoir*, traduction de Thierry Vanès et Hélène Hiessler, Montréal, Lux, 2008, p. 44-70.
5. « Temps de cerveau humain disponible », *Wikipédia*, en ligne.
6. « Bill Clinton Loses His Cool on Democracy Now ! », *Democracy Now !*, 22 juin 2004, <www.democracynow.org/2004/6/22/bill_clinton_loses_his_cool_in > (ma traduction). Sur la socialisation des journalistes et leur proximité avec le pouvoir, voir aussi Gilles Balbastre et Yannick Kergoat, *Les nouveaux chiens de garde*, JEM Productions, 2011, 104 min.

structurantes pour les médias de masse privés traditionnels. Quand Les Moonves, président de la chaîne CBS, affirme d'un ton badin que le « cirque » entretenu par Donald Trump dans le cadre des primaires étatsuniennes « n'est peut-être pas bon pour les États-Unis, mais fichtrement bon pour CBS », puisque « l'argent coule à flots » en raison des audiences qui attirent les publicitaires[7], ou quand Pierre-Karl Péladeau explique en entrevue que des formules dramatiques telles que « Le Québec est dans le rouge », par lesquelles les médias appartenant à Québecor avaient fait l'annonce des mesures d'austérité budgétaire, sont utilisées « parce qu'elles sont simples à comprendre et font en sorte de pouvoir récupérer un auditoire[8] », ces patrons suivent de manière exemplaire le modèle d'affaires historique des médias de masse privés.

Il importe également de préciser que bien qu'Internet ait accentué le mouvement de concentration de la propriété médiatique, celui-ci était en marche bien avant que les médias sociaux bouleversent notre rapport quotidien à l'information[9], au point où on peut faire l'hypothèse que les innovations technologiques ont simplement été instrumentalisées par les patrons d'entreprises médiatiques pour exercer davantage de pression sur leurs employé.e.s. Astra Taylor l'explique très bien: rentables dans les années 1980 et 1990, les chaînes de journaux,

> assoiffées de profit et vouées à maximiser leur valeur actionnariale, [...] se sont mises à dévorer les quotidiens et hebdomadaires locaux, faisant parfois l'acquisition de périodiques indépendants dynamiques dans le seul but d'écraser la concurrence. Peu à peu, ces titans de l'information se sont isolés des collectivités qu'ils

7. Lee Fang, « CBS CEO: "For Us, Economically, Donald's Place in this Election Is a Good Thing" », *The Intercept*, 29 février 2016, en ligne. Ma traduction.
8. « Il ne faut pas dramatiser la situation économique du Québec, plaide Pierre Karl Péladeau », *Radio-Canada.ca*, 2 octobre 2014, en ligne.
9. Anne-Marie Gingras, *Médias et démocratie. Le grand malentendu*, Québec, Presses de l'Université du Québec, 2009, p. 132-163; Éric George, « Concentration des entreprises et pluralisme de l'information dans le contexte des nouveaux médias: des enjeux toujours d'actualité », *Nouveaux Cahiers du socialisme*, n° 11, 2014, p. 15-30; Robert McChesney, *Digital Disconnect*, New York, New Press, 2013, p. 172-194.

étaient censés servir. Quand leurs profits ont cessé de grimper, ils ont procédé à des coupes sombres [...]. Aujourd'hui, les éditeurs de journaux préfèrent incriminer les nouvelles technologies, le manque d'attention des lecteurs ou même l'incompétence de leur propre personnel, mais l'érosion des normes et l'allègement du contenu sont plus nettement attribuables à leurs excès de cupidité qu'à Internet ou à l'avènement des blogues et des médias sociaux[10].

Le récit selon lequel, avant Internet, les entreprises de presse payaient des journalistes de manière désintéressée pour fournir une information de qualité à la population, et que le numérique est venu bousiller un modèle d'information fonctionnant relativement bien convient tout à fait aux propriétaires de ces médias, qui peuvent continuer à resserrer l'étau sur les journalistes en blâmant l'innovation technologique effrénée. Il séduit également les journalistes institutionnel.le.s, à la recherche de clés pour comprendre la situation actuelle, fortement anxiogène.

Or, si les entreprises ont accepté d'être partenaires des journalistes, c'est d'abord pour disposer de véhicules permettant de diffuser leur conception du monde. Et puisque le « temps de cerveau humain disponible », pour parler le doux langage managérial de Patrick LeLay, a migré vers les médias sociaux, il n'apparaît plus nécessaire pour ces entreprises d'offrir de l'information au public en contrepartie de la publicité commerciale. Il suffit aujourd'hui de s'immiscer, par tous les moyens, au cœur des plateformes de communication dont dispose maintenant tout un chacune. Les algorithmes présentés au chapitre précédent, dispositifs centraux des médias sociaux, ont notamment pour fonction de « masser » le cerveau des internautes par des sélections agréables et gratifiantes, pour les rendre réceptifs aux messages publicitaires. D'autant plus que des quantités incommensurables de données peuvent être accumulées sur nous et revendues aux annonceurs. Facebook et Google ont battu les médias traditionnels

10. Astra Taylor, *Démocratie.com. Pouvoir, culture et résistance à l'ère des géants de la Silicon Valley*, traduction de Nicolas Calvé, Montréal, Lux, 2014, p. 94.

à leur propre jeu, à savoir vendre un produit (le public) à un client (les annonceurs), par des moyens encore plus retors.

La relative stabilité du modèle d'affaires du journalisme institutionnel au XXe siècle, tout comme son épuisement et son remplacement actuels peuvent être compris en observant les motivations et stratégies des élites économiques. Alors que le compromis du siècle dernier entre milieux d'affaires et professionnel.le.s de l'information ne tient plus, les élites de nos sociétés cachent de moins en moins leur mépris pour l'information. La crise n'est donc pas seulement économique, elle est aussi politique.

Une crise politique

Comme les politiques d'austérité, la crise du journalisme apparaît en surface comme une question financière mais constitue en réalité une attaque politique contre les acquis démocratiques de la population. Le musellement des scientifiques par l'ancien gouvernement Harper et l'actuel président Trump, les dénégations du gouvernement Couillard à propos des effets de ses politiques d'austérité (qu'il appelle « rigueur budgétaire ») en sont des preuves éclatantes : l'oligarchie semble de plus en plus irritée par tout ce qui ressemble à une quête rationnelle de la vérité. Il est maintenant évident que les politiques néolibérales sont une impasse pour nos sociétés et que le dogme de la croissance économique conduit à l'éradication des conditions permettant la saine reproduction de la vie humaine sur la planète. Mais de tels faits sont irrecevables s'ils nous amènent à remettre en question le modèle économique qui engendre ces catastrophes mais dont bénéficient les propriétaires et les clients des grands médias.

La « crise du journalisme » est aussi une perte d'innocence chez les journalistes : c'est parce que les puissances financières et politiques cachent de moins en moins leur indifférence ou leur mépris pour les entreprises de presse, privées comme publiques, que celles-ci vacillent. Les journalistes d'enquête et leurs sources travaillent dans un cadre de plus en plus étroit, les dispositifs de surveillance à leur endroit se multiplient (*voir le chapitre suivant*). Les coupes du gouvernement conservateur à Radio-Canada et la fermeture de la télévision publique grecque entre 2013 et 2015 représentent des attaques politiques bien plus que de simples décisions de gestion des finances publiques.

La dimension politique de la crise du journalisme doit être comprise comme une facette de la dérive autoritaire de nos sociétés. Or, comme on l'a vu plus tôt, l'institutionnalisation du journalisme au fil des décennies s'est traduite par un éloignement des journalistes par rapport à la population ainsi qu'aux mouvements de contestation et de démocratisation. Plusieurs soulèvements d'indigné.e.s à travers la planète, dans la première moitié des années 2010 (« printemps arabe », Occupy, indignad@s en Espagne et au Portugal, soulèvements étudiants au Chili et au Québec, etc.[11]) ont été accompagnés d'une critique de l'incapacité des médias d'information à rendre compte de la situation dramatique dans laquelle nos sociétés se trouvent. Pour prendre un exemple concret, le fait qu'un journal comme *La Presse* persiste à publier un cahier Auto chaque semaine, mais aucun cahier Environnement, en pleine période de bouleversements climatiques, constitue *aussi* un symptôme de la crise du journalisme[12]. Les mouvements sociaux actuels perçoivent les grands médias d'information comme étant incapables de rendre compte des turbulences que nous connaissons, trop soumis qu'ils sont aux puissances économiques et politiques ou, pire encore, comme un des visages de l'ordre dominant. Les médias sociaux servent de caisse de résonance à ces griefs et les rendent plus audibles : comme on l'a vu au chapitre précédent, la mise en commun des expériences individuelles (ici, la lecture du journal ou l'écoute du bulletin de nouvelles du soir) permet de problématiser et de politiser le sentiment quotidien de frustration à l'égard de la couverture médiatique dominante de l'actualité.

Critiqués sur leur gauche, les médias de masse traditionnels le sont aussi de plus en plus sur leur droite : depuis des années,

11. Marcos Ancelovici, « Un cycle mondial de protestation », *À bâbord !*, nº 46, octobre-novembre 2012.
12. Il y a bien une section « Environnement » sur le site web de *La Presse* ; l'un des sous-thèmes les plus riches en contenu est « Auto écolo ».

des « médias poubelles » (de Fox News à Radio X) les associent à un *establishment* (surtout urbain) déconnecté de la réalité du « vrai monde » (généralement hors des grands centres). Hélas, la fermeture de nombreux médias régionaux a certainement contribué à ce sentiment d'une classe journalistique devenue éloignée des réalités locales[13]. Sites web conspirationnistes ou proches de l'extrême droite ont proliféré. Ce qui nous amène au dernier volet de la crise.

Une crise épistémologique[14]

L'élection de Donald Trump à la présidence des États-Unis a eu l'effet d'un choc brutal pour des millions de personnes, mais la communauté journalistique, qui prédisait presque unanimement la victoire de la candidate démocrate Hillary Clinton, a été l'une des plus ébranlées. Peu après l'élection, le bruit court que des sites de « fausses nouvelles » ont fait circuler des histoires abracadabrantes, la plupart contre Clinton (la plus rocambolesque étant probablement que celle-ci entretenait un réseau de trafic d'enfants pour pédophiles à l'arrière d'une pizzeria[15]). Avec le phénomène des « bulles filtrantes » présenté au chapitre précédent, par lequel les individus reçoivent des publications qui tendent à renforcer leurs convictions, nous serions maintenant entrés dans l'ère de la « post-vérité ».

Les concepts de « fausses nouvelles » et de « post-vérité » comportent un biais fantastique, puisqu'ils sous-entendent qu'avant Internet et les médias sociaux, nous étions dans l'ère de la Vérité. L'absence de recul historique est frappante : aurait-on oublié W.R. Hearst, l'inventeur de la « presse jaune » qui a inspiré le *Citizen Kane* d'Orson Welles ? Ou Edward Bernays, journaliste qui a participé à fonder l'industrie de

---

13. Jack Shafer et Tucker Doherty, « The Media Bubble is Real – And Worse Than You Think », *Politico Magazine*, 25 avril 2017, en ligne ; Nate Silver, « There Really Was a Liberal Media Bubble », *FiveThirtyEight*, 10 mars 2017, en ligne.
14. L'épistémologie peut être définie comme l'étude critique de la connaissance et de ses conditions de possibilité.
15. Cecilia Kang, « Fake News Onslaught Targets Pizzeria as Nest of Child-Trafficking », *The New York Times*, 21 novembre 2016.

la propagande, qu'il renommera « relations publiques[16] » ? La désinformation est un aspect central de la communication politique depuis des siècles ; le rôle d'Internet dans la situation actuelle doit donc être examiné en prenant bien des précautions[17].

Évidemment, les journalistes institutionnel.le.s, contrairement aux sites de fausses nouvelles, ne cherchent pas sciemment à désinformer la population. Cela dit, la distinction entre vérité et mensonge se situe beaucoup plus sur un continuum en tons de gris[18]. Hier comme aujourd'hui, à l'ère de TVA ou celle de Facebook, l'information et les données sont d'abord et avant tout valorisées par le capitalisme en tant que marchandises pouvant être profitables. Le journalisme et la quête rationnelle de vérité ont uniquement été tolérés dans la mesure où ils participaient à rendre acceptable l'ordre économique et politique ambiant. L'économiste français Frédéric Lordon a tout à fait raison de souligner que la presse traditionnelle a elle-même été une « bulle filtrante » qui a participé « depuis 20 ans [à] la consolidation idéologique des structures du néolibéralisme » en ayant « réservé la parole à ceux qui en chantaient les bienfaits »[19] – une presse, donc, qui était bien mal équipée pour voir venir la colère montante. De la même façon, la circulation virale des « fausses nouvelles » des médias sociaux est surtout due au modèle d'affaires des entreprises de Silicon Valley, qui est aujourd'hui plus performant que celui des médias traditionnels : « le capitalisme numérique rend très

16. Voir son livre *Propaganda. Comment manipuler l'opinion en démocratie*, traduction d'Oristelle Bonis, Montréal, Lux, 2008.
17. Yochai Benkler, Robert Faris, Hal Roberts et Ethan Zuckerman ont produit une étude très fouillée et nuancée qui remet en question bien des lieux communs sur ces enjeux : « Study : Breitbart-Lead Right-Wing Media Ecosystem Altered Broader Media Agenda », *Columbia Journalism Review*, 3 mars 2017, accessible en ligne.
18. Pensons à toutes les fois où, après une manifestation réprimée par la police, le point de vue de cette dernière est transmis comme les Évangiles au bulletin de nouvelles ; aux « bonnes nouvelles GM » ; aux mensonges de l'administration Bush sur les armes de destruction massive en Irak relayés en première page des journaux ; aux études de l'Institut économique de Montréal chantant les louanges du néolibéralisme... la liste serait longue.
19. « Politique post-vérité ou journalisme post-politique ? », *Les blogs du Diplo*, 22 novembre 2016, en ligne.

rentable [...] la production et la circulation d'histoires factices mais riches en clics », explique Evgeny Morozov[20].

Le journalisme institutionnel a longtemps eu le pouvoir presque hégémonique de définir ce qui constitue la « réalité » (souvent à partir de faits économiques censés parler d'eux-mêmes, comme le souligne aussi Lordon). Alors que l'ordre social, économique et environnemental contemporain semble près de s'effondrer, rendre compte de la situation avec détachement apparaît complètement « déconnecté ». On peut donc retourner la critique en affirmant que ce sont les grands médias qui se sont montrés incapables de rendre compte de la réalité, autrement dit qu'ils *sonnent faux*. Gabriella Coleman avance l'hypothèse que Trump a gagné la présidentielle parce qu'il a réussi à paraître *authentique*, malgré tous les mensonges qu'il a proférés[21]. On voit ici comment les analyses fondées sur des distinctions simplistes entre le vrai et le faux, ou entre « neutre » et « engagé », sont dépassées et participent de la crise du journalisme.

La pauvreté du concept de fausses nouvelles est en soit révélatrice de l'ampleur de la crise journalistique actuelle. Il n'y a qu'à voir la facilité avec laquelle les plus démagogues, tels que Trump et nos radios-poubelles, ont retourné l'insulte comme une crêpe en la renvoyant aux médias institutionnels, pour se convaincre qu'il s'agit d'une critique de surface. En fait, le problème des fausses nouvelles n'est que la manifestation d'une menace beaucoup plus lourde : le perfectionnement sans précédent de la propagande politique, appelée à être taillée sur mesure pour des individus profilés dans le menu détail. Cambridge Analytica, une firme financée par le milliardaire et soutien de Trump Robert Mercer, affirme détenir le profil psychologique de près de 200 millions d'Étatsunien.ne.s, élaboré à partir de grandes quantités de données tirées notamment de Facebook mais aussi de firmes spécialisées dans la collecte de nos traces numériques. Les électeurs et électrices

20. Evgeny Morozov, « Moral Panic over Fake News Hides the Real Enemy – the Digital Giants », *The Guardian*, 8 janvier 2017.
21. Gabriella Coleman, « On Truth and Lies in a Pragmatic, Performative Sense », *Medium*, 20 novembre 2016, en ligne.

sont ensuite segmenté.e.s très finement selon leur degré d'adhésion ou d'opposition au candidat républicain et selon les enjeux qui les préoccupent le plus, puis reçoivent des messages publicitaires quasi personnalisés en conséquence (la campagne de Trump aurait ainsi testé et mesuré la réponse à des dizaines de milliers de publicités)[22].

Dès 2014, la sociologue Zeynep Tufekci évoquait un scénario plausible où les partis en viendraient à tenir des discours très consensuels en public, mais proposeraient des arguments beaucoup plus polémiques et clivants à des audiences très ciblées, dans un contexte très peu réglementé : « Contrairement à la diffusion large (*broadcast*), de tels messages ne sont pas visibles du public dans son ensemble et ne peuvent donc être confrontés, vérifiés ou débattus de la même manière qu'une publicité politique provocatrice ou mensongère pourrait l'être dans une sphère publique partagée. Cette forme de politique permise par le traitement informatique de *big data* est fondamentalement opposée à l'idée d'un espace civique public et partagé[23]. » Le débat politique public serait ainsi remplacé par une juxtaposition de réalités distinctes les unes des autres.

Évidemment, ces tactiques ne sont pas le monopole de l'extrême droite : Barack Obama est réputé pour avoir mené des campagnes innovantes à l'aide de données sur les individus, et le succès d'Emmanuel Macron en France semble reposer en partie sur de telles stratégies. Historiquement, celles-ci s'inscrivent dans la continuité des techniques de propagande développées depuis un siècle, mais elles pourraient finir par les perfectionner à un degré plutôt terrifiant. Surtout, le problème doit être examiné beaucoup plus en profondeur qu'en se limitant aux « fausses nouvelles ».

---

22. Voir Anderson, « The Rise of the Weaponized AI Propaganda Machine », *op. cit.* ; « Dark Data : Trump Backers Bankroll Firm Developing Psychological Profiles of Every U.S. Voter », *Democracy Now!*, 23 mars 2017, <www.democracynow.org/2017/3/23/dark_data_trump_backers_bankroll_firm> ; Hannes Grassegger et Mikael Krogerus, « The Data That Turned The World Upside Down », *Motherboard*, 28 janvier 2017, en ligne ; Mike Radford, « Secrets of Silicon Valley – The Persuasion Machine », BBC Two, septembre 2017, <www.bbc.co.uk/programmes/b0916ghq>.
23. « Engineering the Public : Big Data, Surveillance and Computational Politics », *First Monday*, vol. 19, n° 7, juillet 2014, en ligne. Ma traduction.

La sortie de crise est déjà là

Pour envisager une sortie de cette crise multiforme, il faut d'abord reconnaître un certain nombre d'éléments fondamentaux: le partenariat entre médias d'information et milieux d'affaires est de plus en plus révolu; les journalistes institutionnel.le.s ont perdu leur quasi-monopole d'antan sur la production et la diffusion de l'information; alors que l'autoritarisme est en croissance dans nos sociétés, le journalisme est appelé à prendre la forme d'une bataille de plus en plus politique; cette bataille implique que l'on se livre à une réflexion d'envergure sur les manières de répondre à une désinformation, étatique et non étatique, en expansion. La crise ne signifie pas que la profession est appelée à disparaître, mais qu'elle est en train de changer de forme. En fait, la transition est déjà commencée.

La montée d'un journalisme « citoyen » ou « amateur » a déjà fait couler beaucoup d'encre, particulièrement avec l'émergence de l'altermondialisme au tournant du XXIe siècle. C'est dans ce contexte qu'est apparu le réseau Indymedia, abordé au chapitre précédent, que sites web et blogues ont été investis à des fins militantes. Dès les années 2000, les blogues et les publications numériques indépendantes ont été des ressources précieuses dans plusieurs pays autoritaires, notamment dans le monde arabe[24]. L'arrivée des médias sociaux a aussi été accueillie comme une occasion de rejoindre un plus large public pour véhiculer un discours critique du capitalisme, particulièrement après la crise financière de 2008. Au Québec, des collectifs comme 99 %Média, Les AlterCitoyens, CUTV et GAPPA ont su se tailler une place importante, notamment durant la grève étudiante de 2012[25]. Ces initiatives

---

24. Voir Jillian C. York, « The Internet and Transparency Beyond WikiLeaks », dans Benedetta Brevini, Arne Hintz et Patrick McCurdy (dir.), *Beyond WikiLeaks*, New York, Palgrave Macmillan, 2013, p. 229-235; Charles Levinson, « Mobilisation générale au Moyen-Orient », *Courrier International*, hors-série « Révolution 2.0 », octobre-novembre-décembre 2007.
25. Voir Geneviève Côté et Philippe de Grosbois, « À qui le web? Médias sociaux et mobilisations du printemps 2012 », dans Marcos Ancelovici et Francis Dupuis-Déri (dir.), *Un printemps rouge et noir*, Montréal, Écosociété, 2014, p. 185-208; Philippe de Grosbois, « Entre pingouins et gazouillis. Le journalisme à l'ère de l'indignation et du web social », dans

permettent d'expérimenter de nouvelles formes médiatiques et peuvent être particulièrement utiles en périodes de tumulte politique, mais les collectifs qui ne sollicitent ou n'obtiennent pas un financement assez substantiel et régulier pour libérer l'emploi du temps des individus qui s'y impliquent risquent souvent de s'étioler pour cause d'essoufflement de leurs membres.

Par ailleurs, une meilleure utilisation des possibilités ouvertes par le numérique permet de construire des solutions de plus en plus solides. Sur le plan de la *production*, les médias indépendants possèdent davantage d'outils pour exécuter des tâches qui étaient auparavant réservées à de plus grandes organisations. Reportages écrits ou photographiques, documentaires et couvertures en direct peuvent être réalisés simplement et à faible coût. Les médias indépendants disposent aussi d'occasions de *collaboration* ouvertes par cette culture participative dont nous avons raconté le développement dans les chapitres précédents. On passe ainsi de médias axés sur la concurrence, cherchant à obtenir l'exclusivité sur une information-marchandise, à des médias axés sur la collaboration – avec le public et entre médias eux-mêmes[26] (bien qu'il existe également des collaborations et partenariats entre médias traditionnels). Enfin, on constate de plus grandes capacités de *diffusion* : comme l'explique David Sirota, si « un journaliste déterre une nouvelle significative, elle a maintenant une chance de rejoindre une large audience, que cette nouvelle soit transmise par les anciens oligopoles médiatiques ou non[27] ». Certaines initiatives journalistiques plus marginales ont davantage d'espace et parviennent de plus en plus souvent à se retrouver au centre de l'attention.

Ces nouvelles avenues ont aidé des médias indépendants à s'éloigner de la marginalité et à cultiver l'ambition de sortir de

---

Normand Baillargeon (dir.), *Mutations de l'univers médiatique*, Mont-Royal, M Éditeur, 2014, p. 21-39.

26. Voir Des membres du collectif GAPPA, « Monstre des mutations médiatiques », dans Baillargeon (dir.), *Mutations de l'univers médiatique*, *op. cit.*, p. 124-125.
27. David Sirota, « The Journalist Who Hacked the Old System », *Pando*, 3 décembre 2013, en ligne. Ma traduction.

la sphère de l'« alternatif ». Pensons par exemple à *Mediapart* (fondé en France en 2008), à l'émission radiophonique et télévisuelle *Democracy Now!* (fondée aux États-Unis en 1996) ou au site *Ricochet* (fondé au Canada en 2014). Ces initiatives ne se cantonnent pas dans une posture d'opposition aux médias traditionnels, mais aspirent à devenir une option de remplacement, ce qui est un changement majeur. Elles cherchent à être rentables sans reproduire le modèle économique des médias de masse privés : leurs entités économiques sont sans but lucratif ou réinvestissent leurs profits dans l'activité journalistique. Leurs publications sont uniquement ou largement numériques, et souvent accessibles gratuitement. Le financement de ces organisations varie : plusieurs sont indépendantes de l'État et des grandes entreprises, mais certaines reçoivent du soutien d'annonceurs, de fondations privées. Elles partagent et assument une orientation progressiste, voire de confrontation avec les puissances publiques et privées. Leurs caractéristiques communes donnent à penser qu'une nouvelle approche journalistique militante est en voie de consolidation, et que celle-ci répond à une demande grandissante chez un public pour qui rigueur et convictions ne sont pas antinomiques.

Une autre « famille » d'innovations provient plus spécifiquement du monde de l'informatique et des hackers, sans être complètement distincte des précédentes. Ici, l'informatique est mise à contribution par des médias d'information pour concevoir des outils aidant à traiter de grandes quantités de données. Pour Bret et Stephanie Schulte, « en s'investissant dans le journalisme, les hackers font vivre l'éthique hacker d'utilisation des ordinateurs à des fins de changement social, en donnant du pouvoir (*empowering*) aux individus par l'accès à de l'information et en leur permettant de dire la vérité au pouvoir (*speak truth to power*)[28]. »

Le brouillage des frontières communicationnelles abordé au chapitre précédent profite à ces formes émergentes de

28. Bret Schulte et Stephanie Schulte, « Muckracking in the Digital Age: Journalism and Cyber Activism in Legacy Media », *Journal of New Media and Culture*, hiver 2013-2014, p. 4. Ma traduction.

journalisme: des données confidentielles mais d'intérêt public peuvent plus facilement être envoyées; les publications sur le web conjuguent aisément reportage et prise de position politique, et explorent divers genres communicationnels; le public est davantage appelé à contribuer et à participer, particulièrement comme source d'information.

WikiLeaks est probablement l'expérience la mieux connue, la plus percutante et la plus controversée de journalisme hacker. Née en 2006, l'organisation WikiLeaks crée régulièrement l'événement depuis 2010, que ce soit en raison des informations qu'elle rend publiques ou des démêlés judiciaires de ses membres et collaborateurs. WikiLeaks se spécialise dans les fuites. C'est un éditeur qui offre aux lanceurs d'alerte (*whistleblowers*) les moyens techniques de publier sur Internet de vastes ensembles de documents en demeurant anonymes. La divulgation, à l'aide de la militaire Chelsea Manning, de 700 000 documents de renseignements étatsuniens (rapports sur les guerres d'Afghanistan et d'Irak, câbles diplomatiques envoyés du monde entier au département d'État) est ce qui a causé le plus de retentissement[29]. Depuis le milieu des années 2010, cependant, les choix éditoriaux de l'organisation sont de plus en plus remis en question, et le doute plane sur les allégations d'agression sexuelle pesant sur Julian Assange, principal représentant de l'organisation[30].

Les frasques et prises de position parfois désolantes d'Assange ne doivent cependant pas nous faire perdre de vue le caractère subversif de ce type d'organisation. D'ailleurs, de plus en plus de projets développent une approche semblable. Le site web *The Intercept*, fondé en 2014 par Glenn Greenwald, Laura Poitras et Jeremy Scahill dans la foulée des révélations d'Edward Snowden sur la surveillance de la National Security Agency (NSA), s'appuie lui aussi sur la publication de séries

29. Pour une présentation détaillée des premières années du militantisme de WikiLeaks, voir mon article « WikiLeaks: journalisme de confrontation et militantisme du libre », *Nouveaux Cahiers du socialisme*, n° 11, 2014, p. 151-164.
30. Voir Laura Poitras, *Risk*, Praxis Films et First Look Media, 2016, 87 min. En mai 2017, les autorités suédoises ont fermé le dossier concernant les allégations d'agression sexuelle.

complètes de documents reçus de leurs sources ainsi que sur une ligne éditoriale politiquement très engagée.

En Espagne, le projet 15MpaRato, du collectif de défense des libertés numériques X-Net, est plutôt singulier. Quoiqu'il soit plus militant que journalistique, il me semble tout à fait inspirant pour l'avenir du journalisme. En 2012, les Indignad@s sont encore très mobilisé.e.s par la crise économique espagnole, conséquence de l'éclatement d'une bulle spéculative immobilière. Simona Levi et ses acolytes de X-Net lancent alors 15MpaRato, une enquête collaborative sur les causes de la débâcle devant mener à la poursuite de Rodrigo Rato, président du gigantesque groupe bancaire espagnol Bankia sauvé de la faillite par des dizaines de milliards d'euros en fonds publics. Les fonds pour la poursuite ont été sociofinancés en quelques semaines. Des petits épargnants ont été invités à soumettre de l'information personnelle pour démontrer qu'ils et elles avaient été victimes de fraude. En 2013, le groupe lance X-Net Leaks, une plateforme similaire à WikiLeaks permettant à des employé.e.s de la banque, par exemple, de soumettre anonymement documents internes et courriels. Les centaines de contributions d'internautes sont acheminées à des journalistes et à des experts; certaines sont publiées en ligne et présentées de manière à faciliter l'analyse collaborative. La campagne de X-Net a mené à de nombreuses poursuites (encore en cours au moment d'écrire ces lignes) et, en 2016, des centaines de milliers d'épargnant.e.s ont été remboursé.e.s pour les pertes encourues lors de la débâcle de Bankia[31].

Appel aux sources et mise en commun des données

Une contribution majeure de l'informatique et des hackers au journalisme concerne à mon avis le rôle de plus en plus important des sources. En effet, les possibilités accrues de numérisation et de transmission de l'information ont donné aux sources informatrices des journalistes des moyens sans précédent

31. Anne Koch, « These Spanish Activists Have Taken Punishing Bankers into Their Own Hands », *The Nation*, 14 novembre 2016; Ludovic Lamant, *Squatter le pouvoir. Les mairies rebelles d'Espagne*, Montréal, Lux, 2016, p. 156-160.

de transmettre des renseignements. Prenons la mesure, par exemple, de la quantité de documents envoyés en 2010 au site WikiLeaks par Chelsea Manning, analyste de renseignements pour l'armée des États-Unis en Irak: à eux seuls, les « câbles diplomatiques » destinés au département d'État totalisaient plus de 251 000 documents. Si chaque câble ne tient que sur une page, cela équivaut à 1 000 livres de 250 pages chacun. Dans le cas des Panama Papers, qui détaillent les placements *offshore* orchestrés par la firme Mossack Fonseca, on parle de 11,5 millions de documents concernant plus de 214 000 entités. Smári McCarthy, membre du Parti pirate islandais, parle d'un passage, depuis 2010, à « l'ère industrielle de la fuite », jusqu'ici artisanale[32]. Pour Glenn Greenwald, « voilà l'avenir du journalisme radical: s'assurer que ces vastes archives numériques, qui éclairent ce que sont et ce que font vraiment ces institutions, voient la lumière du jour[33] ».

En plus de l'explosion du nombre de documents pouvant être transmis, on assiste aussi à une multiplication du nombre de sources potentielles, étant donné la facilité avec laquelle on peut recueillir l'information et la faire parvenir à un journaliste, à un média, ou simplement la publier sur le web. Cela ouvre le champ à des individus qui ne souhaitent pas s'engager politiquement de manière durable et publique, et qui préfèrent contribuer anonymement par le simple envoi de documents[34]. Autrement dit, davantage de citoyen.ne.s peuvent devenir lanceurs d'alerte (*whistleblowers*), témoigner de gestes de brutalité policière, archiver les paroles douteuses d'un.e candidat.e à la présidence, etc. Ces nouvelles possibilités bénéficient grandement à la frange du journalisme d'investigation qui cherche à se maintenir à l'intérieur de certains médias de masse. En 2010 et 2011, c'est grâce à un partenariat entre quelques grands journaux et WikiLeaks qu'une diffusion

32. Institute for the Future, « Smári McCarthy: From the Panama Papers to the Pirate Party », Youtube, 21 juillet 2016, en ligne.
33. « Building a Radical Media », *The World Transformed*, YouTube, 23 octobre 2016, en ligne. Ma traduction.
34. Voir Geoffroy de Lagasnerie, *L'art de la révolte. Snowden, Assange, Manning*, Paris, Fayard, 2015, p. 101-141.

maximale des documents reçus de Chelsea Manning a pu être atteinte.

Pour décrire cette approche, Gabriella Coleman, anthropologue à l'Université McGill, propose le terme de *journalisme open source*[35], faisant ici directement référence à l'univers du logiciel libre. Les principes et modes de fonctionnement développés par les partisans du logiciel libre, tels que l'ouverture des données et la décentralisation, constituent une approche du traitement de l'*information* au sens large que l'on peut appliquer tant à l'informatique qu'à la connaissance et au journalisme. Coleman relie les usages informatique et journalistique du mot *source*: dans le journalisme *open source*, le ou la journaliste dévoile au grand jour le processus ayant mené à la construction de son reportage et invite le public à s'appuyer sur son travail et à le bonifier, comme pour le logiciel libre. Lorsqu'il est nécessaire d'analyser des quantités colossales de documents, le travail collaboratif, aussi au cœur des principes du logiciel libre, devient indispensable.

On peut de même établir une filiation avec la tradition d'ouverture de la recherche scientifique, selon laquelle on doit laisser libre accès aux données primaires sur la base desquelles on tire des conclusions, afin que d'autres puissent les consulter et les analyser à leur tour (Assange utilise parfois le terme de « journalisme scientifique » pour décrire WikiLeaks). On se trouve donc devant une volonté de rapprocher le journalisme de l'éthique scientifique (évoquée au chapitre premier) qui fut centrale dans la constitution du réseau Internet: transparence, collaboration, révision par les pairs, évaluation au mérite. Pour reprendre les termes des tenant.e.s du logiciel libre, le journalisme *open source* cherche à s'éloigner du modèle « propriétaire » du journalisme, dans lequel un reporter ou une organisation détient l'exclusivité sur une somme d'informations. L'objectif est double: s'appuyer sur les efforts du plus grand nombre lorsqu'on fait face à une très grande quantité

35. Future Journalism Project Lab, « Gabriella Coleman on Open Source Journalism », YouTube, 16 juin 2012, en ligne. Dans le domaine du logiciel libre, le terme *open source* réfère à une défense plus pragmatique qu'éthique de la liberté du logiciel, mais il est néanmoins utilisé dans d'autres domaines pour décrire des projets très politisés.

de documents ou à des événements complexes, et diminuer l'emprise jadis monopolistique des journalistes sur l'information pour redonner du pouvoir aux citoyen.ne.s – même si dans les faits, le relais et l'analyse par des médias établis ont souvent contribué à augmenter l'impact des fuites[36].

Journalisme hacker et confrontation avec le pouvoir

Les cas de WikiLeaks, The Intercept et X-Net permettent de remettre en question l'idée selon laquelle le journalisme soi-disant neutre se contente de présenter les faits, alors que le journalisme dit engagé produit de l'« opinion ». À la différence des tirades délirantes et manipulatrices de Fox News ou des radios-poubelles, le travail de ces organisations s'appuie principalement sur des fichiers du gouvernement ou de grandes entreprises, grâce auxquels les prétentions des États et des compagnies peuvent être directement interrogées et mises en cause. Ce journalisme de confrontation nous invite à revisiter la notion d'objectivité journalistique : ses publications s'inscrivent ouvertement dans une perspective militante de démocratisation de la société et se placent sciemment en position de défi envers l'État (et souvent aussi les compagnies), tenant pour acquis que les mensonges et les manipulations font partie des outils auxquels ont régulièrement recours les autorités pour asseoir leur pouvoir sur les citoyen.ne.s. Néanmoins, ces publications reposent sur des *données objectives* qui sont présentées au public de la manière la plus extensive possible et à des fins d'analyse. C'est l'inverse, en quelque sorte, de l'objectivité journalistique à laquelle on a été habitué, où les reportages sont présentés avec sobriété et font

36. En effet, le traitement des documents de WikiLeaks n'a jamais été décentralisé au point d'être un véritable wiki. Les assises de l'organisation ne semblent pas suffisamment solides pour assurer un travail collaboratif d'analyse des fichiers, ce qui a poussé WikiLeaks à établir des collaborations avec des médias plus traditionnels. Pour certain.e.s analystes, ce partenariat vient remettre en question la viabilité de la plateforme comme alternative aux médias établis. Voir Benedetta Brevini et Graham Murdock, « Following the Money : WikiLeaks and the Political Economy of Disclosure », dans Brevini, Hintz et McCurdy (dir.), *Beyond WikiLeaks*, *op. cit.*, p. 48-49.

mine de respecter un certain « équilibre », mais font preuve d'une remarquable opacité quant à la manière dont ils sont construits et quant aux *a priori* du ou de la journaliste. Ce faisant, le journalisme « institutionnel » masque souvent une grande déférence à l'égard des affirmations non démontrées des gouvernements, de la grande entreprise et de leurs services de relations publiques.

On comprendra que leurs divulgations ont valu à des organisations telles que WikiLeaks et *The Intercept* des critiques nombreuses et virulentes, y compris de la part de journalistes[37]. Les fuites de la NSA ont amené une bonne partie de la confrérie journalistique à se ranger du côté du gouvernement, contre la fuite de documents. En septembre 2016, une semaine après la sortie d'un film hollywoodien montrant Edward Snowden sous un jour favorable, l'équipe éditoriale du *Washington Post* prenait même position *contre* son pardon, et ce, au plus fort d'une campagne citoyenne appelant à la clémence envers lui. Vous avez dit « crise du journalisme[38] » ?

De telles attaques venant de la confrérie journalistique illustrent un autre effet des fuites : en jetant un éclairage crû sur les éléments les plus puissants de la société, le journalisme hacker expose le fossé qui s'est créé entre de nombreux journalistes vedettes et le public qu'ils et elles ont pour rôle de servir. Plusieurs journalistes semblent s'identifier ouvertement aux valeurs et aux intérêts des puissances économiques et politiques, au point où ils et elles semblent avoir carrément rejoint leurs rangs. Dans son livre *Nulle part où se cacher*, Glenn Greenwald soutient que « le journalisme de l'*establishment* américain est tout sauf une force extérieure. Il est totalement intégré au pouvoir politique dominant. Au plan culturel,

---

37. On trouvera davantage d'exemples dans de Grosbois, « WikiLeaks », *op. cit.*, et de Grosbois, « Le journalisme à l'ère Snowden », *À bâbord !*, n° 54, avril/mai 2014.
38. « No Pardon for Edward Snowden », éditorial, *Washington Post*, 17 septembre 2016. Il s'en est trouvé quelques-un.e.s dans les médias pour minimiser cette sortie en rappelant la différence entre « l'équipe éditoriale » et « les journalistes », comme si travailler pour un patron (en l'occurrence, le milliardaire Jeff Bezos, PDG d'Amazon) qui souhaite des poursuites pour les sources grâce auxquelles des confrères ont gagné un Pulitzer n'était pas un problème aussi grave…

émotionnel et socioéconomique, les deux ne font qu'un. Les journalistes fortunés, célèbres et initiés n'ont pas envie de subvertir le *statu quo* qui les récompense si somptueusement. Comme tous les courtisans, ils sont très désireux de défendre le système qui les investit de leurs privilèges, et méprisent quiconque voudrait le remettre en cause[39]. »

Au-delà de ces « tirs amis », deux interrogations critiques m'apparaissent plus prometteuses pour la réflexion menée ici, en ce qui concerne la nature des nouvelles formes de journalisme et les perspectives à long terme qu'elles ouvrent.

Tant au moment du « Cablegate » lancé par WikiLeaks que lors de la publication d'informations fournies par Edward Snowden sur la surveillance de la NSA, certains commentateurs et commentatrices ont haussé les épaules : « A-t-on vraiment appris quelque chose de nouveau ? » En d'autres termes, ne savions-nous pas déjà que le pouvoir d'État manigance dans l'ombre de toutes sortes de manières pour se maintenir en place ? Au-delà de l'absurdité d'entendre des membres de la profession journalistique soulever de telles questions (un coup parti, pourquoi aurions-nous des journalistes ?), celles-ci me semblent passer à côté du véritable potentiel subversif de ces révélations. Le public n'est pas un troupeau égaré attendant d'être éclairé par un *scoop* qui viendrait bouleverser sa vision du pouvoir politique. Ce qui donne aux révélations toute leur charge, ce n'est pas qu'elles nous apprennent quelque chose d'inattendu, mais qu'elles viennent interrompre brutalement la représentation politico-médiatique qui se présente à nous comme « la réalité » et qui cherche à dissiper notre impression que le véritable pouvoir se joue dans les coulisses.

Comme l'écrit Saroj Giri, « WikiLeaks a défié le pouvoir en défiant les canaux habituels par lesquels on défie le pouvoir » ; en cela, soutient-il, c'est à sa légitimité même qu'il s'est attaqué[40]. Un des exemples les plus éloquents est probablement l'apport des câbles diplomatiques révélés par WikiLeaks à la

39. Glenn Greenwald, *Nulle part où se cacher*, traduction de Johan-Frédérik Hel Guedj, Paris, JC Lattès, 2014, p. 329.

40. Saroj Giri, « WikiLeaks Beyond WikiLeaks ? », *Mute magazine*, 16 décembre 2010, en ligne. Ma traduction. Geoffroy de Lagasnerie développe des idées semblables dans *L'art de la révolte, op. cit.*

« Révolution de la dignité » tunisienne. Dès les premières publications de ces câbles, le groupe de blogueurs Nawaat, actif depuis 2004, lance le site web Tunileaks où les câbles diplomatiques qui concernent la Tunisie sont traduits et contextualisés. Les Tunisien.ne.s savaient depuis longtemps que le régime de Ben Ali était corrompu et protestaient depuis des années contre le chômage et la hausse du prix des aliments. Mais on peut supposer que des câbles étatsuniens désignant les Ben Ali comme « la Famille » ou décrivant les profits engrangés par la Première dame lors de la vente d'une école privée d'élite ont porté la grogne populaire à des sommets inégalés. Comme l'explique la sociologue Zeynep Tufekci, ce qui était marmonné dans les chaumières est désormais clamé en public et donc ouvertement contesté[41]. L'analyse du confondateur de Nawaat et de Tunileaks, Sami Ben Gharbia, va dans le même sens :

> Le ministre de la propagande de Ben Ali, Oussam Romdhani, a confié que « Tunileaks fut le coup de grâce, l'élément qui a cassé le système de Ben Ali ». Ce n'était pas l'information sur la corruption et le copinage ; les Tunisien.ne.s n'avaient pas besoin de Tunileaks pour savoir que le pays était corrompu. La corruption faisait l'objet de commérages et de blagues depuis des années. Ce qui a fait la différence, c'est l'effet psychologique d'un *establishment* confronté de manière publique à son image horrible. Le gouvernement savait désormais que tout le monde savait – à l'intérieur comme à l'extérieur du pays – à quel point il était corrompu et autoritaire[42].

On a ici une belle illustration des limites d'une approche journalistique basée sur une distinction simpliste entre « vraies »

---

41. « New Media and the People-Powered Uprisings », *MIT Technology Review*, 30 août 2011, accessible en ligne. Voir aussi Elizabeth Dickinson et Joshua E. Keating, « Greed is Global », *Foreign Policy*, 18 décembre 2010 ; Elizabeth Dickinson, « The First Wikileaks Revolution ? », *Foreign Policy*, 13 janvier 2011 ; Sana Barhoumi, « Facebook en Tunisie avant 2011 », dans Serge Proulx, Mélanie Millette et Lorna Heaton (dir.), *Médias sociaux. Enjeux pour la communication*, Québec, Presses de l'Université du Québec, 2012, p. 171-184 ; York, « The Internet and Transparency Beyond WikiLeaks », *op. cit.*
42. Sami Ben Gharbia, « Chelsea Manning and the Arab Spring », *Medium*, 1er septembre 2013, en ligne. Ma traduction.

et « fausses » nouvelles: pour les Tunisien.ne.s, c'est l'ensemble de la scène politique « officielle », décrite fidèlement par les médias locaux, qui apparaissait comme factice.

Comprenons-nous bien, cependant: les médias, anciens comme nouveaux, ne *causent* jamais de révolutions. Même à l'époque du Printemps arabe, l'usage quotidien d'Internet et des médias sociaux est demeuré réservé à une minorité en Tunisie et en Égypte[43], des médias « traditionnels » tel Al-Jazeera ont joué un rôle important de relais de la colère populaire, et les manifestations, occupations et grèves ont été déterminantes avant et pendant cette période. Par ailleurs, de telles révélations peuvent devenir un levier puissant pour qu'un peuple qui s'est doté de mouvements sociaux forts et organisés exige de ses dirigeant.e.s qu'ils rendent des comptes ou cèdent leur place. Ce n'est pas rien.

La deuxième interrogation tend à susciter non pas de l'indifférence, mais au contraire une sorte d'effroi: « N'y a-t-il pas de limite à ce qui peut être divulgué ? Peut-on vraiment tout connaître des activités de l'État ? Un degré minimal de secret n'est-il pas nécessaire ? » De telles questions, même venant de personnalités telles que Mathieu Bock-Côté[44], devraient à mon avis être prises au mot. La bataille que mènent ces médias montre en quoi le modèle informaticien de l'*open source* peut contribuer à renouveler notre approche des relations entre l'État et les citoyen.ne.s. Les populations doivent avoir accès au « code » qui régit leurs institutions. Si, comme de plus en plus de gens le soutiennent, la démocratie ne peut pas se limiter à un vote tous les quatre ans, c'est donc le processus même par lequel les lois sont votées et les décisions prises qui doit être revu en profondeur, de manière à le rendre le plus accessible possible au public. Nous verrons au chapitre 6 que

---

43. Ibrahim Saleh, « WikiLeaks and the Arab Spring: The Twists and Turns of Media, Culture and Power », dans Brevini, Hintz et McCurdy (dir.), *Beyond WikiLeaks*, *op. cit.*, p. 236-244.

44. « Le gouvernement des hommes [*sic*] ne saurait s'exercer à la pleine lumière publique sans devenir radicalement impraticable », affirmait Mathieu Bock-Côté en 2011 sur le site de... la Fédération professionnelle des journalistes du Québec. « WikiLeaks et la transparence radicale », *Fédération professionnelle des journalistes du Québec*, février 2011, en ligne.

le Parti pirate islandais et certaines mairies espagnoles sont plutôt avancés sur ces questions.

La stratégie est donc de « révéler » le pouvoir; pas nécessairement parce qu'un scandale scabreux nous attend au détour de chaque communication, mais simplement parce que la mécanique par laquelle ce pouvoir s'exerce peut être cernée, comprise, interrogée et éventuellement transformée[45]. Dans une vision à long terme, les militant.e.s du libre et les journalistes qui les appuient nous invitent à imaginer une société dans laquelle le rapport de force entre citoyen.ne.s et mouvements sociaux, d'une part, et l'État et les entreprises, d'autre part, serait profondément transformé: les fuites étant trop faciles et les attentes de la population, trop élevées, les élites ne pourraient plus agir dans l'ombre contre les intérêts du public et seraient forcé.e.s de donner le « code-source » (la recette, en quelque sorte) de la fabrication des lois et des politiques, entraînant une plus grande participation du public à la délibération commune.

Cela dit, il existe plusieurs visions divergentes parmi les journalistes et éditeurs qui défendent cette approche. S'il est généralement admis, parmi celles et ceux qui luttent pour une « libre information », que la bataille doit conduire à une plus grande transparence pour les organisations (gouvernements et compagnies) et à un plus grand droit à l'anonymat et à l'opacité pour les individus, la ligne de partage n'est pas si facile à tracer lorsqu'on rend publiques les communications d'individus particuliers au sein des organisations. Les fuites d'échanges par courriel sont de plus en plus fréquentes et soulèvent de sérieuses questions[46]. La divulgation de données tirées de partis

45. C'est à ce même dévoilement de la mécanique du pouvoir que procédait la commission Charbonneau, ce qui explique l'enthousiasme jubilatoire avec lequel bien des Québécois.es ont suivi ses audiences.

46. WikiLeaks et son principal représentant Julian Assange, en particulier, ont de moins en moins de scrupules à divulguer des communications privées: en juillet 2016, l'organisation a fourni un lien vers un fichier devant contenir les communications de membres du parti turc au pouvoir, l'AKP, dirigé par Recep Tayyip Erdogan. En fait, il y avait peu d'informations d'intérêt public, mais beaucoup d'informations privées sur des millions de femmes de Turquie. Voir Zeynep Tufecki, « WikiLeaks Put Women in Turkey in Danger, for No Reason », *Huffington Post*, 25 juillet 2016. Ces

ou d'institutions politiques tend à devenir une arme dans le cadre d'une joute politique, ce qui est différent du travail des lanceurs d'alerte qui amassent et acheminent les données à des journalistes pour exposer des pratiques illégales ou illégitimes. Cela soulève des débats complexes sur ce qu'il est acceptable de publier, notamment lorsque les courriels recoupent la vie privée ou lorsque les documents ont été subtilisés par une puissance étrangère pour influencer la vie politique locale[47].

Un nécessaire retour aux sources

À cause de leur idéal de neutralité, bien des journalistes professionnel.le.s aimeraient pouvoir observer de l'extérieur la bataille contre la dérive autoritaire des sociétés occidentales, en simples témoins. Une telle posture impartiale devient de plus en plus difficile à tenir puisque, comme ce livre essaie de le démontrer, la communication libre et ouverte entre les citoyens est devenue une lutte sociale en elle-même. L'information a rarement autant constitué un enjeu politique qu'à notre époque.

Certain.e.s semblent avoir saisi que prendre parti dans cette bataille n'implique pas de renier l'idéal journalistique. Au contraire : le journalisme a-t-il une autre utilité, en dernière analyse, que de participer à la démocratisation de nos sociétés ? Cela expliquerait pourquoi le journalisme militant a une histoire aussi riche. Dans l'Amérique coloniale britannique, par exemple, les journaux furent des outils importants pour les colons anti-impérialistes de la deuxième moitié du XVIIIe siècle. Dans les années 1830 et 1840, William Lloyd Garrison et Frederick Douglass y eurent recours pour faire avancer la cause de l'abolition de l'esclavage. À la fin du

---

changements d'approche suscitent de plus en plus de questions sur une dérive possible de WikiLeaks et d'Assange. Voir Amaëlle Guiton, « Le drôle de jeu de Julian Assange dans l'élection américaine », *Libération*, 3 novembre 2016.

47. Voir un échange très intéressant entre Glenn Greenwald et Naomi Klein, « Is Disclosure of Podesta's Emails a Step Too Far ? », *The Intercept*, 19 octobre 2016, en ligne, ainsi qu'un billet de Jack Shafer, « Oui, Journalists Should Report on Hacked Emails », *Politico Magazine*, 8 mai 2017, en ligne.

XIXe et au début du XXe siècle, ceux que Theodore Roosevelt appelait les *muckrackers* (les « fouilleurs de merde ») mettaient en lumière les atroces conditions de vie et de travail des ouvriers et débusquaient les scandales de corruption impliquant le gouvernement et les entreprises[48]. Pour leur part, les journaux ouvriers, voire communistes, informaient la population des grèves et des conflits en cours et dénonçaient la ségrégation raciale[49]. À la même époque, au Québec, « *La Presse* [appuyait] les mesures favorables aux ouvriers ainsi que toutes les grèves[50] » et *Le Devoir* naissait, animé par des laïcs « fermement convaincus que la foi catholique offre la seule solution de tous les problèmes sociaux[51] ».

Au cours du XXe siècle, cependant, cet engagement politique des journalistes a été marginalisé, en raison du compromis avec les élites économiques. Or, en notre époque de crises économique, politique et environnementale majeures, les médias émergents présentés dans ce chapitre tentent d'effectuer une sorte de retour aux sources, en combinant journalisme d'investigation classique et moyens de communication contemporains. L'éthique hacker n'est finalement pas très éloignée de celle des *muckrackers* progressistes du siècle dernier.

Deux défis attendent ces nouvelles formes journalistiques. Le premier est celui du financement. Le modèle de la presse commerciale a eu l'avantage non négligeable d'offrir une stabilité d'emploi et une sécurité financière à bon nombre de travailleuses et de travailleurs de l'information. Même en s'appuyant sur les possibilités ouvertes par le numérique, on ne reviendra pas à une presse forte et combative par la seule participation bénévole des internautes. Le retour du *muckracking* progressiste suppose un solide financement puisé à l'extérieur de la grande entreprise ; il s'agit là d'un enjeu fondamental.

48. Voir la présentation de Normand Baillargeon du livre d'Edward Bernays, *Propaganda*, *op. cit.*, p. vii-xi.
49. On trouve de nombreux autres exemples dans l'article de Jack Shafer, « From Tom Paine to Glenn Greenwald, We Need Partisan Journalism », *Reuters*, 16 juillet 2013.
50. Jean-Paul Delagrave, *Histoire de l'information au Québec*, Montréal, Éditions La Presse, 1980, p. 138.
51. Henri Bourassa en 1915, cité dans *ibid.*, p. 143.

Au Québec, plusieurs organisations réclament un soutien étatique plus important[52]. Ces fonds peuvent effectivement éloigner le journalisme de sa forme marchandise et le rapprocher du service public, mais il faudra aussi concevoir des modes de financement assurant une indépendance et une pluralité de voix, un peu à la manière de ce qu'on a vu au chapitre 2 concernant la culture[53]. On doit également envisager d'autres avenues de financement pour développer un journalisme axé sur la confrontation, dans le contexte répressif que nous venons de décrire. Un changement culturel d'envergure sera nécessaire si on souhaite davantage de financement individuel. La longue accoutumance au gratuit doit être déconstruite, tout en assurant un maximum d'accès au contenu. D'ailleurs, l'habitude du gratuit n'est pas due qu'à Internet, mais à des décennies d'un modèle d'affaires dans lequel le public était le produit et les annonceurs, les véritables clients.

Le deuxième défi est lié à la répression qui vise actuellement les journalistes et les sources des fuites. Comme nous le verrons plus en détail au chapitre suivant, ces contre-attaques des pouvoirs établis s'inscrivent dans un mouvement de répression plus vaste à l'endroit des militant.e.s pour une libre information.

Une information libre et juste n'a jamais été chose acquise. Au cours de l'histoire, informer la population a souvent été une bataille foncièrement politique menée contre une élite pour qui cela représente une menace. Les situations évoquées dans ce chapitre donnent toutefois des raisons d'espérer qu'un renouveau du journalisme s'amorce. Même si les conditions ne seront pas faciles, un journalisme vigoureux, combatif, engagé et percutant pourra perturber l'ordre social et économique de manière significative si on met des ressources adéquates à sa disposition. Pour rétablir la légitimité du journalisme et

52. Voir notamment Denis Guénette, « Médias en transition, journalistes sous pression », *op. cit.*; Brian Myles, « Des médias nationaux en santé sont essentiels au rayonnement de la culture québécoise », *Le Devoir*, 27 août 2016.

53. Dans son livre *Digital Disconnect*, Robert McChesney propose un système de bons distribués aux citoyen.ne.s, qu'ils et elles pourraient allouer à leur guise aux médias sans but lucratif de leur choix (*op. cit.*, p. 211-215).

faire reculer les nouvelles formes de désinformation, il sera nécessaire de retisser des liens étroits avec la population, ses intérêts et ses batailles : non pas en faisant davantage de « vox pop » au coin de la rue ou en lisant davantage de tweets des téléspectateurs, mais en se plaçant résolument du côté d'un approfondissement de la démocratie.

Chapitre 5

Surveillance, contrôle, répression : quand le Net devient filet

Je ne veux pas vivre dans un monde où chaque geste de créativité, d'amour ou d'amitié est enregistré.

– Edward Snowden[1]

Si vous avez fait quelque chose et que vous ne voulez pas que tout le monde le sache, il serait peut-être bon de commencer par ne pas faire cette chose.

– Eric Schmidt, PDG de Google en 2009[2]

L'activisme politique dans le monde dépend de plus en plus de ce qui constitue, en réalité, l'équivalent numérique des centres commerciaux. [...] même lorsque les compagnies évitent l'interférence des gouvernements, elles sont au mieux des dictatures bienveillantes.

– Rebecca MacKinnon[3]

Ils ont bâti un état de guerre permanente sur le Net. [...] Nous devons imaginer à quoi ressemblerait un Net en paix : la cyberpaix.

– Eben Moglen[4]

---

1. « Edward Snowden : "The US Government Will Say I Aided Our Enemies" – Video Interview », *The Guardian*, 8 juillet 2013. Ma traduction.
2. Cité dans Glenn Greenwald, *Nulle part où se cacher*, traduction de Johan-Frédérik Hel Guedj, Paris, JC Lattès, 2014, p. 239.
3. Rebecca MacKinnon, *Consent of the Networked : The Worldwide Struggle For Internet Freedom*, New York, Basic Books, 2012, p. 147-148. Ma traduction.
4. Eben Moglen, « Snowden and the Future : Part II ; Oh, Freedom », octobre 2013, p. 12, <http://snowdenandthefuture.info>. Ma traduction.

Octobre 2016. Un scandale secoue le Québec : le Service de police de la Ville de Montréal (SPVM) a placé sous surveillance le téléphone du chroniqueur Patrick Lagacé dans le cadre d'une enquête portant sur des allégations de fabrication de preuves par des policiers. « Au moins 24 mandats de surveillance concernant le téléphone ont été accordés par la justice depuis le début de l'année 2016 », apprend-on dans *La Presse*, le journal qui l'emploie. On découvre ensuite qu'un mandat permettait aussi la mise sous écoute de Patrick Lagacé et de Vincent Larouche, journaliste d'enquête à *La Presse*[5], et que les appels entrants et sortants d'autres journalistes, notamment Marie-Maude Denis, Isabelle Richer et Alain Gravel, de la réputée émission *Enquête* diffusée sur les ondes de Radio-Canada, ont également été ciblés, cette fois par la Sûreté du Québec (SQ)[6].

Le milieu journalistique réagit avec force. La Fédération professionnelle des journalistes du Québec (FPJQ) parle d'une « attaque sans précédent à l'information du public » et reproche aux juges d'avoir « failli à leur devoir de protéger les libertés publiques[7] ». Il y va « de la confiance des citoyens envers le système démocratique et du respect de leurs libertés fondamentales[8] », martèle la FPJQ deux jours plus tard. François Cardinal, éditorialiste à *La Presse*, se porte à la défense du public en soutenant que « la surveillance policière est une attaque frontale contre les médias, mais c'est d'abord et avant tout une attaque contre vous[9] ». Brian Myles, directeur du *Devoir*, exige « des actions fermes pour casser cette désagréable impression de vivre dans un État policier[10] ».

---

5. Daniel Renaud et Philippe Tesceira-Lessard, « Le chef du SPVM contredit », *La Presse* +, 5 novembre 2016.
6. Mathieu Gobeil, « Retour sur une semaine sombre pour la liberté de presse », *Radio-Canada.ca*, 4 novembre 2016, en ligne.
7. FPJQ, « Une attaque sans précédent à l'information du public », 31 octobre 2016, <www.fpjq.org/attaque-precedent-a-linformation-public/>.
8. FPJQ, « Seule une enquête publique peut faire la lumière », 2 novembre 2016, <www.fpjq.org/seule-enquete-publique-faire-lumiere/>.
9. François Cardinal, « La victime, c'est vous », *La Presse*, 1er novembre 2016.
10. Brian Myles, « Assez les abus ! », *Le Devoir*, 3 novembre 2016. Cela n'a pas empêché Myles de signer un an plus tard un éditorial d'appui au maire

Les journalistes ont raison d'affirmer que cette surveillance est une attaque inadmissible contre la liberté de presse et donc une atteinte à la vitalité démocratique de notre société. Cependant, leurs réactions m'ont frappé parce qu'elles témoignent pour la plupart d'une profonde méconnaissance des pratiques de surveillance actuelles, et ce, malgré les révélations d'Edward Snowden à partir de juin 2013. Alors que des journalistes ont été épié.e.s de manière *ciblée* (ce qui, on en conviendra, est très inquiétant), les communications de populations entières sont collectées *massivement* par les agences de renseignement depuis plusieurs années. Cette situation inédite aurait dû provoquer une réflexion de fond sur les restrictions grandissantes pesant sur les libertés individuelles (numériques ou non) des citoyen.ne.s. Or, en septembre 2016, Marc Thibodeau, autre éditorialiste à *La Presse*, se demandait toujours si Snowden était un « traître ou [un] héros », parlant « d'acrimonieux débats […] où certains de ses partisans lui vouent pratiquement un culte[11] ». Quelques semaines plus tard, alors que le scandale autour de la surveillance des journalistes battait son plein, Thibodeau avait visiblement laissé tomber son scepticisme et se réjouissait de voir Snowden qualifier l'affaire Lagacé d'« attaque radicale » contre la liberté de presse[12].

Le changement d'attitude de Thibodeau est emblématique de l'intérêt soudainement plus aiguisé des journalistes québécois.es pour la surveillance des communications. Comment expliquer que le président du Syndicat des travailleurs de l'information de *La Presse* (STIP) ait attendu l'affaire Lagacé pour poser la question : « Est-ce qu'il va falloir crypter toutes nos communications[13] ? » Où étaient ces journalistes deux ans plus tôt, lorsque la commissaire à la protection de la vie privée du Canada révélait que « le gouvernement fédéral demande à des

sortant Denis Coderre dans le cadre des élections municipales. Voir Brian Myles, « Denis Coderre avec un bémol », *Le Devoir*, 4 novembre 2017.

11. Marc Thibodeau, « Edward Snowden, traître ou héros ? », *La Presse +*, 8 septembre 2016.
12. Marc Thibodeau, « Affaire Lagacé : une "attaque radicale" contre la liberté de presse, dénonce Snowden », *La Presse*, 1er novembre 2016.
13. Confédération des syndicats nationaux, « Non à l'espionnage policier des journalistes », 31 octobre 2016, <www.csn.qc.ca/actualites/non-a-lespionnage-policier-des-journalistes/>.

sociétés de télécommunications canadiennes des renseignements personnels sur leurs clients environ 1,2 million de fois chaque année », précisant que « la somme véritable est probablement beaucoup plus importante, puisque seulement trois des neuf compagnies de télécommunications ont partagé leurs données » et que l'on « ignore combien de ces requêtes ont été faites sans mandat[14] » ? Par une sorte de pensée magique, le milieu journalistique s'estimait visiblement à l'abri de ces activités de surveillance. « Je vivais dans une fiction où la police ne ferait jamais une chose pareille », a déclaré Patrick Lagacé à propos de la surveillance de son téléphone[15]. Que les journalistes les plus en vue de la profession aient pu vivre dans cette « fiction », alors que leur travail consiste justement à décortiquer la réalité, vient étayer la thèse de la « bulle journalistique » présentée au chapitre précédent.

La difficulté des journalistes à percevoir les signes annonciateurs d'une dérive autoritaire de nos sociétés est directement liée à leur distanciation des mouvements sociaux au siècle dernier. De fait, les affronts à la démocratie qui donnent « l'impression de vivre dans un État policier », s'ils ne ciblent pas spécifiquement les journalistes et les politicien.ne.s, sont souvent reçus avec une indifférence déguisée en souci d'objectivité. Comme l'écrit Simon Van Vliet, président de l'Association des journalistes indépendants du Québec (AJIQ), la communauté journalistique a réagi « de manière essentiellement corporatiste en omettant de situer clairement la surveillance des journalistes (professionnels) sur le continuum de la surveillance et de la répression de masse[16] ». Alors même que commençait l'affaire Lagacé, Vincent Larouche rapportait dans *La Presse* que « la SQ met sur pied un grand centre de cybersurveillance » qui « traquera toute forme de crime sur les réseaux sociaux et l'Internet en général[17] ». Les risques pour la démocratie et

14. La Presse canadienne, « Les renseignements des Canadiens dévoilés 1,2 million de fois chaque année », *Radio-Canada*, 29 avril 2014, en ligne.
15. Renaud et Tesceira-Lessard, « Le chef du SPVM contredit », *op. cit.*
16. Simon Van Vliet, « Le quatrième pouvoir assiégé », *Journal Ensemble*, 17 novembre 2016, <www.ensemble.coop/le-quatrieme-pouvoir-assiege/>.
17. Vincent Larouche, « La SQ met sur pied un grand centre de "cybersurveillance" », *La Presse*, 31 octobre 2016.

pour la vie privée ne sont pas du tout abordés par Larouche. L'argument du directeur de la SQ est relayé sans broncher : il s'agit de lutter contre la pornographie juvénile et la radicalisation. En avril 2017, lorsqu'une enquête de Radio-Canada dévoile l'utilisation d'appareils « capables d'intercepter les données des téléphones mobiles » à Ottawa, la nouvelle est rapportée sous le seul angle de la sécurité nationale, alors qu'on sait que ces appareils sont aussi utilisés par des services policiers étatsuniens lors de manifestations de groupes tels que Black Lives Matter[18].

Il est indéniable que la surveillance de journalistes s'inscrit dans un cadre beaucoup plus vaste que ce que ceux-ci envisagent pour la plupart, même après « l'affaire Lagacé ». Toutes les potentialités ouvertes par Internet, sur les plans de l'expression individuelle, de la culture, du journalisme ou de la démocratie, font l'objet d'une contre-attaque puissante et concertée. Cette charge ne se manifeste pas seulement par des opérations policières et étatiques ; elle est aussi l'œuvre des grandes entreprises. Celles qui sont les plus profitables à l'échelle mondiale, telles que Google et Facebook, tirent leurs revenus de la collecte massive de données personnelles et du contrôle de la navigation et des interactions des internautes. Ce que la sociologue Zeynep Tufekci appelle « la privatisation des communs sociaux » (*the corporatization of social commons*[19]) est un aspect central de ce « renfermement » d'Internet.

Il serait irréaliste de vouloir présenter ici de façon exhaustive les nombreux dispositifs mis en place pour restreindre nos libertés en matière de communications. La charge est si puissante qu'un seul chapitre ne saurait lui rendre justice. D'ailleurs, plusieurs ouvrages se consacrent à ce sujet, directement ou indirectement[20]. Je me limiterai donc à présenter trois types

18. Brigitte Bureau et Sylvie Robillard, « La capitale fédérale sous surveillance », *Radio-Canada.ca*, 2017, en ligne ; George Joseph, « Cellphone Spy Tools Have Flooded Local Police Departments », *CityLab*, 8 février 2017, en ligne.
19. Zeynep Tufecki, « Google Buzz : The Corporatization of Social Commons », *Technosociology*, 7 février 2010, <http://technosociology.org/?p=102>.
20. Les œuvres suivantes ont des objets d'étude et des angles d'analyse différents mais contiennent toutes des informations intéressantes : Greenwald, *Nulle part où se cacher*, *op. cit.* ; Julian Assange *et al.*, *Cypherpunks :*

de limitations de nos libertés : les dispositifs de surveillance, les mécanismes de contrôle des communications et, enfin, les mesures de répression à l'endroit de nombreux cyberactivistes. En fin de chapitre, je présenterai quelques formes de résistance à cette mainmise sur le réseau.

Tout collecter

Ni les États ni les entreprises n'ont attendu Internet pour mettre en place des dispositifs de surveillance, bien sûr. Le juriste et militant libriste de longue date Eben Moglen relate que le premier empereur romain, Auguste, avait constitué une infrastructure de renseignement d'une telle efficacité qu'elle faisait de lui l'être le mieux informé de l'histoire jusqu'alors[21]. Au XXe siècle, au moins deux exemples importants d'espionnage visant les citoyen.ne.s peuvent être relevés : la surveillance de la Staatssicherheit (sécurité d'État est-allemande, ou Stasi), mise en place des années 1950 jusqu'à la fin du régime « communiste » en 1990, et le Counter-Intelligence Program (Cointelpro) étatsunien. Ce dernier, lui aussi établi dans les années 1950, a mené des activités de surveillance, d'infiltration, de discréditation, allant même jusqu'à des assassinats, à l'endroit d'organisations faisant partie du mouvement pour les droits civils, du Black Power, de mouvements anticolonialistes, du mouvement féministe et du mouvement étudiant,

---

Freedom and the Future of the Internet, New York, OR Books, 2012 ; Maxime Ouellet, *La révolution culturelle du capital. Le capitalisme cybernétique dans la société globale de l'information*, Montréal, Écosociété, 2016 ; Evgeny Morozov, *The Net Delusion : The Dark Side of Internet Freedom*, New York, Public Affairs, 2011 ; Boris Beaude, *Les fins d'Internet*, Limoges, FYP Éditions, 2014 ; Antoine Lefébure, *L'affaire Snowden. Comment les États-Unis espionnent le monde*, Paris, La Découverte, 2014 ; Robert McChesney, *Digital Disconnect : How Capitalism is Turning the Internet Against Democracy*, New York, New Press, 2013 ; MacKinnon, *Consent of the Networked, op. cit.* ; Eben Moglen, « Snowden and the Future », octobre 2013, <http://snowdenandthefuture.info> ; Cullen Hoback, *Terms and Conditions May Apply*, Variance Films, 2013, 80 min ; Laura Poitras, *Citizenfour*, HBO Films/Participant Media/Praxis Films, 2014, 113 min

21. Eben Moglen, « Snowden and the Future : Part I ; Westward the Course of Empire », octobre 2013, p. 1-2, <http://snowdenandthefuture.info>. Ma traduction.

entre autres. Cointelpro sera exposé en 1971 grâce à la « perquisition » de militant.e.s dans les bureaux du FBI, réunis sous la bannière de la « Commission citoyenne pour investiguer le FBI[22] ».

Aussi, bien que les attentats du 11-Septembre aient joué un rôle déterminant dans l'intensification des activités de surveillance de la National Security Agency (NSA), il est clair que l'appétit des agences de renseignement était très grand bien *avant* les attaques terroristes. En 1998 et 1999, le « système Echelon » avait causé un certain émoi, en particulier en Europe ; le rapport d'un comité d'étude du Parlement européen soutenait que « toutes les communications *e-mail*, téléphoniques et les *fax* échangés à travers l'Europe sont régulièrement interceptés par la NSA[23] ». Pour l'alliance des Five Eyes, qui réunit depuis la Seconde Guerre mondiale les services de renseignement de cinq pays anglo-saxons, soit les États-Unis, la Grande-Bretagne, l'Australie, la Nouvelle-Zélande et le Canada[24], les attaques du 11 septembre 2001 ont été l'occasion de faire sauter certaines barrières éthiques et législatives qui entravaient leurs aspirations[25].

D'autres menaces, telles que la pornographie juvénile et le trafic de drogue, ont été signalées à l'attention de l'opinion publique pour accroître les pouvoirs étatiques sur l'Internet. Il ne faut pas non plus négliger le rôle de la lutte contre le partage illégal de fichiers musicaux et cinématographiques dans l'expansion de ce qu'on appelle la *deep packet inspection*

22. Voir « It Was Time to Do More than Protest », *Democracy Now !*, 8 janvier 2014, en ligne.
23. Cité dans Lefébure, *L'affaire Snowden, op. cit.*, p. 71.
24. Au Canada, le Centre de la sécurité des télécommunications (CSTC) employait en 2013 plus de 2 100 personnes et disposait d'un budget annuel de plus de 500 millions de dollars, soit 5 fois plus qu'en 1999, en plus de bénéficier d'un édifice tout neuf construit au coût d'un milliard de dollars. Voir Colin Freeze, « How CSEC Became an Electronic Spying Giant », *The Globe and Mail*, 30 novembre 2013. L'organisme OpenMedia (openmedia.org) est celui qui effectue le suivi le plus sérieux des enjeux reliés à la surveillance au Canada.
25. Voir *Frontline*, « United States of Secrets », PBS, mai 2014, <www.pbs.org/wgbh/frontline/film/united-states-of-secrets/> ; Moglen, « Snowden and the Future : Part I », *op. cit.*

(inspection en profondeur des paquets) par laquelle il est possible d'analyser et de bloquer du contenu en circulation sur le réseau[26]. Comme le démontre Rebecca MacKinnon, les dispositifs de surveillance mis en place pour assurer le respect du droit d'auteur en Occident ont également aidé le gouvernement chinois et d'autres dans leur lutte contre leur « partage illégal » à eux : celui du discours politique dissident[27].

Le système Echelon préfigure le modèle qui sera mis en place au cours des années 2000. Glenn Greenwald, l'un des journalistes à qui Edward Snowden a remis les documents internes de la NSA, relate que l'approche de l'agence peut se résumer par l'expression « *collect it all*[28] » (tout ramasser). Un renversement de perspective s'opère : on passe d'une surveillance ciblant des individus particuliers à l'aide de mandats, en se basant sur ce que les juristes appellent des « causes probables », à une surveillance de masse, « préventive », dans laquelle la plus grande quantité possible de données est accumulée.

De nombreux programmes ont été mis en place pour parvenir à ces objectifs de collecte intégrale[29]. Ceux-ci, révélés par Edward Snowden et d'autres lanceurs d'alerte issus de la NSA tels que William Binney et Thomas Drake, permettent de procéder à la collecte directe de données sur les serveurs des plus grandes entreprises du web (notamment ceux d'Apple, Skype, Youtube, Google, Facebook, Yahoo et Microsoft) via le programme PRISM, et à l'extraction de données par le biais des câbles sous-marins reliant la Grande-Bretagne aux autres continents. Ces programmes tentent également de déjouer les différentes méthodes de cryptage qui sont utilisées pour assurer la confidentialité des données ; des représentations ont même été faites en vue d'abaisser les normes internationales de sécurité du réseau. Pour mettre de l'ordre dans le magma d'informations accumulées, le programme XKeyscore permet

---

26. MacKinnon, *Consent of the Networked*, *op. cit.*, p. 58-59.
27. *Ibid.*, p. 58-59 et 89-111.
28. Greenwald, *Nulle part où se cacher*, *op. cit.*, p. 131-142.
29. Deux analyses très fouillées des divers programmes peuvent être consultées dans les livres de Glenn Greenwald (*ibid.*, p. 131-237) et d'Antoine Lefébure (*L'affaire Snowden*, *op. cit.*, p. 113-174).

d'effectuer des recherches sur un individu à partir d'une simple adresse courriel.

En quelque sorte, c'est la présomption d'innocence qui disparaît : on amasse des informations sur chacun.e de nous pour pouvoir les consulter si nécessaire. Les agences de renseignement ont compris qu'aujourd'hui tout individu est une source potentielle d'information, de perturbation et de mobilisation sociale. Ce n'est pas par inadvertance que les plus importants lanceurs d'alerte étatsuniens ont été accusés en vertu d'une loi contre l'espionnage datant de 1917. Il s'agit plutôt d'une interprétation « alternative » de ladite loi : pour les procureurs, la transmission non autorisée d'information au public équivaut à une forme de trahison, alors que ce qui constitue le véritable espionnage à l'endroit des citoyen.ne.s est qualifié de lutte contre le terrorisme.

La surveillance, un partenariat public-privé

Bien sûr, l'alliance des Five Eyes n'est pas la seule à surveiller Internet, même si son ambition semble inégalée. La France s'est dotée d'une nouvelle Loi relative au renseignement en juillet 2015 ; le projet était en gestation depuis quelques années mais le processus s'est accéléré après l'attaque contre la rédaction du journal *Charlie Hebdo*. Plusieurs pays se dotent de dispositifs de surveillance de leur population dans le but de réprimer les mouvements dissidents. En janvier 2014, en Ukraine, des citoyen.ne.s présent.e.s sur les lieux d'une manifestation ayant tourné à l'émeute ont reçu un texto des autorités sur leur téléphone leur signalant qu'ils et elles étaient enregistré.e.s comme participant.e.s à cette émeute[30].

Par ailleurs, fait significatif mais souvent négligé, la surveillance est de plus en plus prise en charge par des entreprises privées. Il peut s'agir de sous-traitants du gouvernement, comme la firme Booz Allen Hamilton pour laquelle travaillait Edward Snowden avant de divulguer des documents de la NSA. Comme partout ailleurs, l'externalisation suit son cours

30. Shaun Walker et Oksana Grytsenko, « Text Messages Warn Ukraine Protesters They Are "Participants in Mass Riot" », *The Guardian*, 21 janvier 2014.

à la NSA, et le phénomène des « portes tournantes » (passage du public au privé et vice-versa) y est courant[31]. Plusieurs agences de sécurité privées s'adonnent également à de la surveillance. En février 2012, WikiLeaks a rendu publics des courriels de la compagnie privée de renseignements Stratfor, dans lesquels on apprenait l'identité de certains de leurs clients, comme Dow Chemical, qui a cherché à s'informer sur les militants humoristiques The Yes Men, et Coca-Cola, qui a chargé la firme d'amasser des informations sur People for the Ethical Treatment of Animals (PETA) en prévision des Jeux olympiques de Vancouver en 2010[32].

La surveillance privée n'est pas l'apanage des entreprises du renseignement et de la sécurité. Les grandes firmes du web (Google, Amazon, Facebook, Apple) collectent toutes sortes d'informations sur nos recherches, notre navigation, nos lectures, notre emploi du temps, nos relations sociales, etc. On sait que Google lit les courriels des usager.e.s de Gmail pour mieux cibler les publicités envoyées[33]. La liseuse Kindle d'Amazon peut même enregistrer ce que les utilisateurs soulignent en lisant[34]. L'accumulation de données est au cœur du modèle d'affaires de ces compagnies, ce qui convient parfaitement aux Five Eyes et à d'autres firmes de renseignement qui peuvent ensuite aller récupérer ces données – parfois avec leur consentement, subrepticement si nécessaire[35].

On ne se demande pas assez souvent comment un réseau social comme Facebook, qui aurait eu 1,6 milliard d'usager.e.s en date de mars 2016, peut se maintenir en offrant un service

31. Voir Lefébure, *L'affaire Snowden*, *op. cit.*, p. 153-155. Par exemple, Joanna Shields, ancienne vice-présidente de Facebook, est devenue en 2015 sous-secrétaire d'État au ministère de la « sécurité d'Internet » du très conservateur gouvernement britannique.
32. « WikiLeaks : Leaked Emails Expose Inner Workings of Private Intelligence Firm Stratfor, A "Shadow CIA" », *Democracy Now*, 28 février 2012, en ligne.
33. Samuel Gibbs, « Gmail Does Scan All Emails, New Google Terms Clarify », *The Guardian*, 15 avril 2014 ; *Frontline*, « United States of Secrets », *op. cit.*
34. Evgeny Morozov, « Un robot m'a volé mon Pulitzer », *Le Monde diplomatique*, Manière de voir, nº 146, avril-mai 2016, p. 11.
35. *Frontline*, « United States of Secrets », *op. cit.*

gratuit. C'est que, comme pour bien des médias traditionnels, les véritables clients ne sont pas les utilisateurs. Parmi les acteurs intéressés par cette mine d'informations que les individus donnent gratuitement à l'entreprise, les annonceurs occupent une place de choix chez Facebook. Ceux-ci peuvent obtenir des informations détaillées sur les « fans » de leur marque, telles leurs caractéristiques sociales et économiques. Comme l'explique Eben Moglen,

> Si vous avez un compte Facebook, Facebook surveille chaque instant que vous y passez. En outre – encore plus important –, chaque page web que vous visitez qui dispose d'un bouton Facebook « J'aime » rapporte votre visite à Facebook, que vous cliquiez sur le bouton ou non. Si le journal que vous lisez chaque jour a un bouton « J'aime » ou des boutons semblables sur ses pages, alors Facebook ou les autres services vous regardent lire le journal : ils savent quelles nouvelles vous lisez et combien de temps vous passez à les consulter[36].

Il est aussi possible de savoir qui possède davantage d'influence dans un réseau d'ami.e.s ou de collègues pour les cibler plus particulièrement dans le cadre d'une campagne. Ces entreprises viennent s'immiscer dans le tissu de nos interactions sociales et même de nos relations amoureuses : Tinder et OKCupid appartiennent tous deux à Interactive Corp. (IAC), une firme au chiffre d'affaires de 3 milliards de dollars US. Le modèle d'affaires de ces sites et applications ? « *Data for a date* » (vos données contre un rendez-vous), comme le résume Nicole Aschoff[37] : on dévoile toutes sortes d'informations privées dans l'espoir de faire des rencontres.

En plus des géants du web, un grand nombre de sites hébergent des tiers « pisteurs » (*trackers*) qui suivent les activités des internautes. Si un pisteur est présent sur de nombreux sites, il peut bâtir un portrait de l'historique de navigation des individus. On retrouve aussi des dispositifs de pistage dans de nombreuses applications téléchargées par les utilisateurs de

36. Eben Moglen, « Privacy Under Attack: The NSA Files Revealed New Threats to Democracy », *The Guardian*, 27 mai 2014. Ma traduction.
37. Nicole Aschoff, « The Smartphone Society », *Jacobin*, n° 17, printemps 2015, p. 39.

téléphones cellulaires et de tablettes. Même l'application « Lampe de poche » du iPhone transmet des données sur ses utilisateurs à des publicitaires[38]. Les compagnies de téléphonie cellulaires elles-mêmes disposent de grandes quantités de données sur leurs clients, puisque les téléphones maintiennent un lien constant avec le réseau du fournisseur au fil de leurs déplacements.

Suivant Moglen, il faut déconstruire cette idée très libérale selon laquelle, en s'inscrivant sur un média social ou en téléchargeant une application, on renonce contractuellement à nos droits en échange d'un service gratuit[39]. D'abord, parce que personne ne lit ces fameux contrats avant de cliquer « Accepter » ; ceux-ci sont même souvent conçus de manière à ne pas être lus[40]. Mais surtout, insiste Moglen, cette invasion de la vie privée doit plutôt être comprise à la manière d'un *désastre écologique*. Si une entreprise demandait à des résidant.e.s la permission de polluer l'air qui se trouve dans leur cour arrière, la proposition semblerait immédiatement absurde parce que l'environnement est considéré comme un bien commun… De la même manière, lorsqu'une personne détient une adresse Gmail et qu'elle a donc « consenti » à ce que tous ses courriels soient entreposés de manière permanente sur les serveurs de Google, cela signifie que toutes les personnes à qui elle a écrit et qui lui ont écrit sont aussi partiellement l'objet de ce stockage de données[41]. C'est en envisageant la protection de la vie privée comme un enjeu collectif plutôt que comme le fruit d'ententes individuelles qu'il sera véritablement possible d'avancer.

38. Voir la websérie *Traque interdite*, S01E04, « L'espion dans ma poche », Upian/Arte/ONF/BR, 2015.
39. Eben Moglen, « Snowden and the Future : Part III ; The Union, May It Be Preserved », octobre 2013, p. 2-4, <http://snowdenandthefuture.info>. Ma traduction.
40. Voir Hoback, *Terms and Conditions May Apply*, *op. cit.*
41. Benjamin Mako Hill, « Je n'utilise pas Gmail, mais Google a quand même la plupart de mes *emails* », *Slate*, 14 mai 2014, en ligne.

Rien à cacher ?

La généralisation de la surveillance peut être reliée au déploiement tout aussi généralisé du réseau Internet (par fibre optique ou par ondes cellulaires) dans nos existences. Comme le souligne Julian Assange, la surveillance

> est maintenant totalisante parce que les gens mettent leurs idées politiques, leurs communications familiales, leurs amitiés sur Internet. Il n'y a pas seulement une surveillance accrue des communications déjà existantes ; il y a beaucoup plus de communications. Et il n'y a pas seulement un accroissement du volume des communications, mais une multiplication des types de communications. Tous ces types de communications qui auraient auparavant été privés sont maintenant interceptés massivement[42].

Avec les seules métadonnées accumulées par un téléphone multifonction, par exemple, on peut constituer une masse d'informations pertinentes sur la vie d'un individu. Les métadonnées, dont la collecte est beaucoup moins encadrée par les États que l'écoute ou la lecture du contenu de nos communications, sont toutes les informations qui accompagnent le message lui-même : qui contacte qui à quelle heure, de quel endroit, pour combien de temps, etc. L'analyse de ces informations permet de dresser le portrait des réseaux de contacts d'une personne ainsi que ses déplacements et activités quotidiennes, ses communications avec un médecin, un.e amant.e, un.e journaliste, un fournisseur de drogue[43]...

L'argument selon lequel « si l'on n'a rien à cacher, on n'a pas à s'inquiéter de la surveillance » a la vie dure. Y répondre substantiellement pourrait prendre un chapitre entier ; c'est d'ailleurs ce que fait Glenn Greenwald dans son ouvrage *Nulle part où se cacher*, inspiré des révélations d'Edward Snowden[44]. Je me contenterai ici de quelques remarques. Le fait de n'avoir rien à cacher ne justifie pas une violation de la vie privée. De toute manière, il n'y a *personne* qui n'ait rien à

42. Assange *et al.*, *Cypherpunks*, *op. cit.*, p. 21-22. Ma traduction.
43. Le projet de recherche *Immersion* (immersion.media.mit.edu/) du Massachusetts Institute of Technology (MIT) permet d'illustrer ce type d'analyse pour qui a une adresse courriel Gmail ou Yahoo.
44. Greenwald, *Nulle part où se cacher*, *op. cit.*, p. 239-294.

cacher : pourquoi avons-nous des mots de passe, des serrures et des protections juridiques contre les fouilles et perquisitions arbitraires ? Nous pouvons vouloir garder dans l'ombre plusieurs aspects de notre existence sans que ceux-ci contreviennent à la loi : activités politiques, orientation sexuelle, informations médicales, communications avec un.e avocat.e, pratiques marginales, etc. Nous pouvons aussi avoir envie de faire connaître certains de nos comportements et idées à une partie de notre entourage (ami.e.s, partenaire de vie) et pas à d'autres (famille, employeur, collègues). Les époques, et avec elles les valeurs et les mentalités, changent : un comportement acceptable ou même valorisé actuellement pourrait être très mal vu dans 20 ans. Mentionnons enfin que les conséquences de la surveillance peuvent être plus importantes pour les populations déjà marginalisées (la communauté musulmane dans une société où sévit l'islamophobie, par exemple) ; en ce sens, la surveillance vient renforcer les inégalités et les hiérarchies déjà présentes dans la collectivité.

C'est à l'abri des regards que l'on peut faire de nouvelles expériences, qu'elles soient intellectuelles, politiques, artistiques, affectives ou sexuelles. Plusieurs études de psychologie sociale démontrent que les gens se conforment davantage aux normes sociales lorsqu'ils se savent observés. Pour ces raisons, la vie privée est une condition fondamentale de notre liberté. Nous l'avons vu au chapitre 3 : Internet a augmenté les possibilités d'exploration identitaire. Comme le dit Snowden, Internet permet aux individus « d'explorer ce qu'ils sont et ce qu'ils veulent être, mais cela ne peut fonctionner que si nous sommes en mesure de préserver notre vie privée et notre anonymat – et de commettre des erreurs sans être suivis à la trace[45] ».

Contrôle : à l'ère de la « délibération autoritaire »

La surveillance peut être comprise comme un travail de cartographie du Net et de repérage des interactions qui s'y déploient. Le contrôle représente un pas supplémentaire : il s'agit main-

45. Cité dans *ibid.*, p. 74.

tenant d'intervenir directement sur les communications entre individus.

L'ONG étatsunienne Freedom House publie chaque année un rapport intitulé *Freedom on the Net*. Le rapport 2016 fait état d'une étude menée dans 65 pays où vit 88 % de la population mondiale. Pour la période étudiée, les libertés numériques avaient suivi une trajectoire négative dans 34 des 65 pays à l'étude comparativement à l'année précédente, alors qu'elles avaient connu une amélioration dans 14 pays. Freedom House conclut que les libertés sur Internet ont reculé pour une sixième année consécutive[46].

Concrètement, comment ces libertés sont-elles attaquées ? Rebecca MacKinnon, dans son ouvrage très fouillé *Consent of the Networked*[47], présente de nombreux outils à la disposition des gouvernements, que je propose de séparer en trois types. Certaines tactiques relèvent d'une volonté de *suppression* d'un espace de communication. Des réseaux de téléphonie cellulaire et l'envoi de textos peuvent être temporairement bloqués, notamment pour nuire à des efforts de coordination durant des manifestations. Il est aussi possible de carrément couper l'accès à Internet pour une région ou un pays entier. On se souviendra qu'en 2011 le gouvernement du dictateur égyptien Hosni Mubarak, fortement constesté durant le Printemps arabe, avait emprunté cette avenue. Cette procédure, surnommée *Kill Switch*, a aussi été utilisée au Népal, au Myanmar, au Tibet et au Kazakhstan[48]. Cependant, elle n'est pas toujours efficace puisqu'elle paralyse aussi les activités qui permettent au régime en place de se maintenir. Et par ailleurs, lorsque Internet a été coupé en Égypte, celles et ceux qui n'étaient pas encore dans la rue pour manifester y sont descendu.e.s pour rester à l'affût des derniers développements.

D'autres méthodes relèvent davantage de la *perturbation* des communications. MacKinnon explique que les régimes autoritaires utilisent Internet autant qu'ils tentent d'en limiter

46. Freedom House, « Freedom on the Net 2016 », novembre 2016, <https://freedomhouse.org/report/freedom-net/freedom-net-2016>.
47. MacKinnon, *Consent of the Networked, op. cit.*
48. Reporters sans frontières, *Classement mondial de la liberté de la presse 2014*, Paris, Librio, p. 75.

l'usage. Un site web militant peut être l'objet d'attaques de déni de service (*distributed denial of service attacks*, ou DDOS) : bombardé de requêtes, il devient inopérant. En Syrie, le gouvernement de Bachar al-Assad a eu recours aux services de l'« armée électronique syrienne » (*Syrian Electronic Army*) pour attaquer des sites web et inonder les pages Facebook dissidentes de messages haineux ou favorables au régime[49]. En 2011, les autorités égyptiennes ont forcé les compagnies de télécommunications à envoyer des textos invitant la population à participer à des manifestations d'appui au gouvernement[50]. En Tunisie, dans les mois précédant la chute du dictateur Ben Ali, des logiciels permettant d'intercepter les identifiants et mots de passe d'usager.e.s de comptes Gmail, Yahoo, Twitter et Facebook ont été mis en place. Cette prise de contrôle des comptes de dissident.e.s a permis de fermer des pages clés et d'obtenir des informations supplémentaires sur leurs communications[51].

Enfin, il existe des stratégies particulièrement efficaces de *neutralisation* des échanges, qui reposent sur des interventions ciblées visant à isoler les communications militantes, tout en laissant le reste des échanges suivre leur cours. Par exemple, il est possible d'introduire dans les communications des mécanismes permettant de filtrer une information considérée indésirable. Le degré de filtrage peut varier : il peut s'agir d'une publication, d'un mot-clé regroupant des conversations, de textos contenant certains mots, d'un site web, d'un média social ou d'un service de messagerie instantanée.

La Chine offre un exemple particulièrement frappant de neutralisation. Des chercheurs de Harvard évaluent que 488 millions de publications sur les médias sociaux chinois par année sont l'œuvre d'individus rémunérés par le gouvernement. Souvent, ceux-ci ne débattent pas ouvertement avec les internautes, mais détournent leurs conversations ou tentent de les rallier avec des données et des symboles positifs pour le

49. *Ibid.*, p. 65.
50. MacKinnon, *Consent of the Networked, op. cit.*, p. 57.
51. *Ibid.*, p. 58.

régime[52]. Rebecca MacKinnon montre que la censure chinoise est souvent plus subtile que ce que l'on pourrait imaginer: « la clé du succès du système est que le régime n'essaie pas de contrôler tout le monde à tout moment[53] ». Pour MacKinnon, c'est « le paradoxe de l'Internet chinois: le débat public et même certaines formes d'activisme y sont en expansion, alors qu'au même moment les contrôles gouvernementaux et les tactiques de manipulation ont réussi à prévenir les mouvements démocratiques d'obtenir un ascendant significatif[54] ». Elle cite la chercheure Min Jiang qui utilise l'expression « délibération autoritaire » pour décrire ce phénomène.

Ces mécanismes de neutralisation peuvent ultimement mener à la mise en place d'un Internet « national », notamment lorsqu'un État exige que les serveurs desservant la population soient tous installés à l'intérieur des frontières du pays. À Cuba, explique l'organisme Reporters sans frontières, « deux réseaux coexistent: un internet ultra-censuré et un accès au *world wide web* réservé principalement aux touristes et à l'élite[55] ».

Comme pour la surveillance, on aurait tort de penser que le contrôle d'Internet est seulement l'œuvre des États; il est aussi largement le fait d'entreprises privées. Nous nous pencherons sur deux cas particuliers: la vente de logiciels d'interception et de perturbation des communications à des États et le contrôle exercé par des médias sociaux sur nos interactions numériques.

Plusieurs compagnies font des affaires avec des gouvernements dont l'autoritarisme ne fait pas de doute. Souvent, ces firmes nord-américaines et européennes ont développé des logiciels pour répondre à des besoins exprimés dans les pays occidentaux, comme inspecter les téléchargements pour détecter le partage illégal de fichiers musicaux et cinématographiques, filtrer le contenu du web pour les enfants et bloquer

52. Shai Oster, « China Fakes 488 Million Social Media Posts a Year: Study », *Bloomberg*, 19 mai 2016.
53. MacKinnon, *Consent of the Networked*, *op. cit.*, p. 32. Ma traduction.
54. *Ibid.*, p. 42. Ma traduction.
55. Reporters sans frontières, *Classement mondial de la liberté de la presse 2014*, *op. cit.*, p. 75-76.

l'accès aux médias sociaux au travail. Mais il y a aussi des profits à réaliser dans le contrôle du web à des fins politiques. Des technologies occidentales de surveillance et de blocage ont notamment été vendues à la Libye de Mouammar Kadhafi, au régime militaire égyptien d'Abdel Fattah al-Sissi, aux gouvernements de l'Arabie saoudite, de la Syrie, du Qatar, du Yémen et des Émirats arabes unis[56]. La suite logicielle FinFisher qu'a conçue la compagnie britannique Gamma International comprend le dérivé d'un virus d'espionnage développé par des militaires qui permet d'écouter les conversations sur Skype, de lire les courriels, d'activer à distance la caméra d'un ordinateur et d'infecter des machines[57]. Des chercheur.e.s du Citizen Lab de l'Université de Toronto soutiennent qu'en date d'octobre 2015, au moins une entité gouvernementale utilisait FinFisher dans 32 pays[58].

Pour leur part, les médias sociaux accumulent des quantités incroyables de données sur notre navigation et nos interactions, comme on l'a vu plus tôt. Le rôle plutôt opaque des algorithmes dans la circulation de nos communications présenté au chapitre 3 montre que les médias sociaux peuvent aussi constituer des outils de contrôle. Si ce filtrage algorithmique répond de prime abord à des impératifs de profit, l'usage des médias sociaux par des acteurs politiques à des fins de propagande très ciblée, présenté au chapitre 4, montre le potentiel de contrôle proprement *politique* découlant de tels outils de communication. Une gigantesque plateforme comme Facebook dispose de sa propre « police » modératrice, très opaque, qui peut être instrumentalisée par des factions politiques à des fins de censure. En Syrie et en Turquie notamment,

---

56. MacKinnon, *Consent of the Networked, op. cit.*, p. 60 ; Clair MacDougall, « Death Threats and Repressive Regimes : The Activists Fighting for Online Freedom in Africa », *Wired*, 23 octobre 2016 ; Reporters sans frontières, *Classement mondial de la liberté de la presse 2014, op. cit.*, p. 76-77.
57. Reporters sans frontières, *Classement mondial de la liberté de la presse 2014, op. cit.*, p. 76-77 ; Lefébure, *L'affaire Snowden, op. cit.*, p. 171-172.
58. Bill Marczak *et al.*, « Pay No Attention to the Server Behind the Proxy : Mapping FinFisher's Continuing Proliferation », *Citizen Lab*, Research Brief n° 64, octobre 2015, <https://citizenlab.org/2015/10/mapping-finfishers-continuing-proliferation/>.

à la suite de plaintes d'usager.e.s appuyant le régime autoritaire en place, des pages d'organisation pro-démocratie ont été fermées. Rebecca MacKinnon compare Facebook à un pays doté de son propre système de justice (dysfonctionnel)[59]. Étant donné l'importance actuelle du réseau dans la vie sociale et politique, certaines décisions peuvent être assimilées à une forme de déni de l'exercice d'une pleine citoyenneté.

Il arrive même que Facebook influence de sa propre initiative les affects politiques des usager.e.s. À l'automne 2010, dans le cadre des élections étatsuniennes de mi-mandat, Facebook a mené une expérience auprès de 60 millions d'usager.e.s étatsunien.ne.s. Certain.e.s ont reçu un simple message « Go vote » alors que d'autres recevaient, en plus, les photos de profil de celles et ceux qui, parmi leurs contacts, avaient déjà cliqué sur le bouton « I voted ». La recherche a montré que, dans le deuxième groupe, ce dispositif a aidé à convaincre 340 000 personnes supplémentaires d'aller voter[60].

En novembre 2015, à la suite des attentats terroristes de Paris ayant visé notamment le Bataclan, Facebook a invité ses usager.e.s à modifier leur photo de profil en y ajoutant un fond bleu-blanc-rouge en signe de soutien à la France. Comme l'explique le chercheur en neurosciences Romain Ligneul, l'événement « donne l'occasion à Facebook de tester l'adoption, par ses utilisateurs, de comportements suggérés par l'entreprise elle-même. Par ce biais, elle obtient une information précieuse quant à l'influence directe qu'elle peut espérer exercer sur tel ou tel utilisateur[61] ». Cela lui permet également de connaître la prévalence de certains sentiments politiques au sein de diverses communautés ainsi que l'influence variable de nos contacts qui ont intégré le drapeau à leur photo de profil :

---

59. Voir Jakob Gottschau, *Facebookistan*, Express TV-Produktion, 2015, 58 min.
60. John Markoff, « Social Networks Can Affect Voter Turnout, Study Finds », *The New York Times*, 12 septembre 2012. Les chercheurs ont d'ailleurs spécifié que ce type d'intervention pourrait être utilisé à d'autres fins, par exemple pour aider des gens à perdre du poids… Voir aussi Zeynep Tufecki, « Mark Zuckerberg Is in Denial », *The New York Times*, 15 novembre 2016.
61. Romain Ligneul, « "Changez votre photo de profil" : Facebook et le bleu-blanc-rouge en un clic », *L'Obs*, 17 novembre 2015, en ligne.

« La souscription à cette option s'opère par le biais d'un clic au bas de la photo de profil d'un individu spécifique de notre liste de contacts. Par conséquent, en optant pour cette fonctionnalité, vous permettez à Facebook de savoir qui vous influence[62]. » Une fois que nous avons exercé ce choix, notre cerveau nous amène ensuite « à justifier ce choix, pour [nous]-mêmes et vis-à-vis des autres ; de sorte qu'après avoir arboré les couleurs bleu-blanc-rouge, chacun aura tendance à être – en moyenne – un peu plus patriote qu'avant[63] ». De telles campagnes de Facebook ne sont donc pas sans conséquences sur ses 1,6 milliard d'usager.e.s. Il faut d'ailleurs s'interroger sur les choix « éditoriaux » de Facebook : pourquoi ne pas avoir diffusé de symbole de solidarité avec les six musulmans abattus à Québec en janvier 2017 par un homme blanc aux allégeances d'extrême droite, ou avec les victimes de Boko Haram au Nigéria ?

Une répression d'envergure

La répression va encore plus loin que le contrôle : il s'agit d'intervenir physiquement ou judiciairement pour stopper les activités politiques liées à Internet. Il faut distinguer ici la répression de militant.e.s qui se mobilisent *via* Internet (en utilisant le réseau comme outil) de celle qui vise les personnes qui se mobilisent *pour* Internet (à la défense du caractère démocratique du réseau et afin d'approfondir les libertés qu'il permet).

Dans le premier cas, les possibilités de surveillance peuvent évidemment augmenter la répression qui a déjà cours dans une société donnée. On sait par exemple que des données d'Instagram, Twitter et Facebook qui étaient accessibles au public ont été compilées pendant des années par une compagnie nommée Geofeedia, qui constituait des cartes retraçant les activités sur les médias sociaux, notamment durant des manifestations (certaines de Black Lives Matter, entre autres). Ces cartes ont ensuite été utilisées par des forces policières, parfois

62. *Ibid.*
63. *Ibid.*

avec l'aide de logiciels de reconnaissance faciale, pour identifier et arrêter des manifestant.e.s[64].

La répression de la deuxième catégorie de militant.e.s, celles et ceux qui luttent *pour* Internet, doit être étudiée comme un cas à part en raison de sa férocité tout à fait singulière, et pourtant très peu discutée. Cela s'est vu dans le secteur de la culture et de la connaissance : trois des fondateurs du site suédois de partage de fichiers *The Pirate Bay* ont dû purger des peines de quelques mois de prison. Pour sa part, au moment où il a mis fin à ses jours en janvier 2013, l'activiste Aaron Swartz faisait l'objet de poursuites judiciaires pour avoir copié – sans les avoir ensuite distribués – des millions d'articles universitaires de la base de données JSTOR. Il était passible d'une amende d'un million de dollars et d'une peine de 35 ans de prison[65].

Le militantisme autour de WikiLeaks a aussi entraîné de vigoureuses ripostes. Chelsea Manning, cette militaire qui a transmis des centaines de milliers de documents à WikiLeaks pour rendre publiques les atrocités commises en Afghanistan et en Irak par les États-Unis, a été condamnée à 35 ans de prison. À la fin de sa présidence, Barack Obama a ramené sa peine à sept ans, ce qui lui a peut-être sauvé la vie : emprisonnée dans des conditions très difficiles, elle avait déjà commis deux tentatives de suicide[66]. Julian Assange, cofondateur de WikiLeaks, ne peut sortir de l'ambassade de l'Équateur à Londres où il est réfugié depuis 2012 sans risquer d'être déporté aux États-Unis, où il pourrait être accusé d'espionnage. Le hacker étatsunien

---

64. Russell Brandom, « Facebook, Twitter, and Instagram Surveillance Tool Was Used to Arrest Baltimore Protestors », *The Verge*, 11 octobre 2016, en ligne. Dans une de ses vidéos institutionnelles, Geofeedia démontre en toute candeur les bénéfices de son service en prenant l'exemple d'une « manifestation reliée au conflit en Israël prenant place tout près de nos bureaux ». Voir « Location-Based Social Media Monitoring », *Geofeedia*, 12 août 2014, <www.youtube.com/watch?v=pjZU8KRoezo>. Ma traduction. Notons que lorsque les médias sociaux concernés ont pris connaissance de cet usage, les compagnies ont restreint l'accès à ces données, alléguant que Geofeedia avait enfreint leurs conditions d'utilisation.
65. Brian Knappenberger, *The Internet's own boy*, 2014, 105 min.
66. Charlie Savage, « Chelsea Manning Tried Committing Suicide a Second Time in October », *The New York Times*, 4 novembre 2016.

Jacob Appelbaum (qui a collaboré avec WikiLeaks et travaillé à des outils d'anonymisation tels que TOR) ainsi que l'avocate britannique Sarah Harrison (active dans WikiLeaks, elle a aussi représenté Snowden en Russie) vivent tous deux en Allemagne par crainte d'être arrêté.e.s dans leur pays d'origine. Le site WikiLeaks lui-même a été l'objet d'attaques féroces, menées avec la participation active de grandes entreprises. En décembre 2010, Amazon a interrompu l'hébergement de WikiLeaks, prétextant une infraction aux conditions d'utilisation, alors que les compagnies PayPal, Visa et MasterCard instauraient des embargos économiques empêchant d'acheminer des dons à l'organisation[67].

Les lanceurs d'alerte de la NSA ont eux aussi été pourchassés agressivement. Edward Snowden, qui a transmis des documents de la NSA à des journalistes, est coincé en Russie depuis 2013, le gouvernement étatsunien ayant annulé son passeport alors qu'il était en transit à l'aéroport de Moscou. En 2007, William Binney, employé de haut niveau de la NSA devenu lanceur d'alerte, a vu 12 agents du FBI entrer dans sa maison et pointer leur arme vers lui alors qu'il prenait sa douche, même s'il n'était accusé d'aucun crime. Un autre lanceur d'alerte de la NSA, Thomas Drake, a vécu le même genre de descente policière et il a été accusé d'espionnage en 2010. La journaliste et réalisatrice Laura Poitras, qu'Edward Snowden a contactée pour lui transmettre les fichiers de la NSA, vit en Allemagne en raison des dizaines de contrôles subis aux douanes étatsuniennes au fil des ans.

Finalement, des membres de la nébuleuse Anonymous, que nous présenterons au prochain chapitre, ont été traînés en justice pour des actions non violentes. Jeremy Hammond, membre d'Anonymous responsable de la fuite des documents de la firme Stratfor présentée plus tôt, purge une peine de 10 ans de prison aux États-Unis. D'autres militant.e.s d'Anonymous, qui avaient surchargé de requêtes des sites web en guise de protestation, au point de les rendre temporairement

67. Voir « Reception of WikiLeaks », *Wikipedia*, en ligne.

inopérants, ont reçu des amendes de plusieurs centaines de milliers de dollars ou des peines de prison de plusieurs mois[68].

Peu de mouvements politiques en Amérique du Nord et en Europe ont eu à subir une telle charge répressive au XXIe siècle. Et pourtant, la répression des hackers en Occident est plutôt douce par rapport à celle orchestrée par des régimes encore plus corrompus et autoritaires. En 2015, le programmeur et militant libriste syro-palestinien Bassel Khartabil, détenu par le régime de Bachar el-Assad, a finalement été assassiné. Contributeur à Creative Commons, à Wikipédia et au navigateur Firefox, Khartabil « luttait en faveur d'un Internet ouvert et aidait les Syrien.ne.s à contourner la censure du régime et la surveillance[69] ». Au Mexique, ce sont les cartels de la drogue qui s'en sont pris à des hacktivistes : en 2011, des membres d'Anonymous qui tentaient de mettre au jour leurs activités ont été kidnappés et exécutés[70].

Quelles ripostes envisager ?

Bien que cette répression soit terrifiante et puisse en inciter plusieurs à baisser les bras, elle doit aussi être comprise comme une *réponse* au déploiement d'Internet et aux nouvelles possibilités de communication, de partage, de délibération et d'action politique qui découlent de l'appropriation du réseau par les citoyen.ne.s. En d'autres termes, la surveillance, le contrôle et la répression résultent en partie d'un sentiment de crainte des États devant la mise en place de lieux de communication massive partiellement autonomes. Comme l'explique le hacker allemand Andy Müller-Maguhn, « dans la perspective des gens au pouvoir, les 20 dernières années ont été terrifiantes. Ils voient Internet comme une maladie qui affecte leur capacité à définir la réalité, à définir ce qui est en train de se passer[71] ». La

---

68. Gabriella Coleman, *Hacker, Hoaxer, Whistleblower, Spy: The Many Faces of Anonymous*, Londres, Verso Books, 2014, p. 140-141.
69. « Syrian-Palestinian Internet Activist Bassel Khartabil Killed by Assad Regime », *Democracy Now!*, 9 août 2017, en ligne. Ma traduction.
70. Bachir Bensaddek, *Hackers*, épisode 5, Ici Explora, 2016, 30 min.
71. Assange *et al.*, *Cypherpunks op. cit.*, p. 23. Ma traduction. Voir aussi Zeynep Tufecki, « Delusions Aside, the Net's Potential is Real », *The Atlantic*, 12 janvier 2011.

surveillance serait donc une réponse aux possibilités accrues des individus de contester l'ordre existant.

Cette contestation peut s'exprimer de manière plus discrète chez des individus qui ne se définissent pas a priori comme des militant.e.s. Comme l'a souligné le journaliste Glenn Greenwald, les personnes capables de travailler à la NSA en raison de leurs connaissances poussées d'Internet ont souvent grandi dans la culture libertaire à l'œuvre sur le réseau, ce qui pourrait expliquer que plusieurs lanceurs d'alerte se manifestent au sein de cette organisation[72]. De manière plus générale, les malversations des gouvernements ou les cas de brutalité policière peuvent désormais être mis en lumière par de vastes ensembles d'individus. La participation politique est accessible à un plus grand nombre de personnes, ce qui rend l'identification de foyers de contestation plus difficile, alors que les activités de surveillance elles-mêmes peuvent être repérées et divulguées au public. Autrement dit, par-delà la surveillance étatique et privée, il y a aussi une montée de ce que certain.e.s appellent la « sousveillance[73] », c'est-à-dire une surveillance exercée par la population à l'égard des grandes organisations de la société.

Il est également important de souligner que plusieurs mouvements de la société civile développent des réponses à cette volonté de mainmise étatique et commerciale sur Internet. On peut discerner trois grandes approches. Une première s'appuie sur des solutions *techniques*, par exemple au moyen d'outils de cryptage des communications. Les clés *Pretty Good Privacy* (PGP), par exemple, permettent d'encrypter nos courriels; le service de messagerie instantanée *Signal* utilise aussi le cryptage pour offrir des communications plus sécurisées. D'autres dispositifs facilitent l'anonymisation de la navigation: le système *The Onion Router* (TOR) cache l'adresse IP de notre connexion derrière plusieurs autres, comme les couches d'un oignon, pour que notre navigation ne puisse

72. « "The Stuff I Saw Really Began to Disturb Me": How the U.S. Drone War Pushed Snowden to Leak NSA Docs », *Democracy Now*, 13 mai 2014, en ligne.
73. Voir Simone Brown, *Dark Matters: On the Surveillance of Blackness*, Durham (Caroline du Nord), Duke University Press, 2015, p. 18-23.

être reliée à notre personne. L'un des bénéfices des révélations d'Edward Snowden est d'avoir permis de savoir quels outils fonctionnent le mieux : quand même la NSA affirme avoir de la difficulté à briser ces dispositifs, c'est qu'ils valent la peine d'être considérés…

Les tenant.e.s les plus convaincu.e.s de l'approche techniciste, plus proches du milieu de l'informatique, tendent à se méfier des solutions politiques, arguant que toute législation peut être contournée et toute déclaration outrepassée, que la surveillance peut s'exercer à un degré toujours plus élevé de secret. Si, dans les conditions actuelles, les solutions techniques sont absolument nécessaires, elles ne sont cependant pas suffisantes, parce qu'elles font porter le poids de la protection de la vie privée sur les épaules des particuliers (n'oublions pas que la culture libertarienne, qui s'appuie d'abord et avant tout sur la responsabilité individuelle, est très prégnante dans le milieu de l'informatique). En réalité, la sécurité de nos communications est un enjeu foncièrement collectif et donc politique. Le fait que des populations marginalisées puissent subir davantage de surveillance et de répression, ou que des personnes plus pauvres soient plus à risque parce que leurs appareils « âgés » ne peuvent plus recevoir de mises à jour de sécurité, requiert la solidarité des populations plus privilégiées. Une approche strictement individualiste de la protection de la vie privée rappelle la culture du viol qui rend les femmes responsables d'assurer leur sécurité face aux agresseurs.

Une deuxième approche, qu'on pourrait qualifier d'*architecturale*, se situe à un niveau plus holiste. La dérive sécuritaire ayant cours sur Internet incite plusieurs militant.e.s et penseurs libristes à réfléchir aux « mauvais tournants » qu'a pris le réseau au fil des décennies. Un diagnostic majeur porte sur les reculs en matière de décentralisation d'Internet. Comme on peut le constater à la lecture de cet ouvrage, l'une des grandes forces d'Internet est son caractère décentralisé, qui tient en un tout cohérent grâce à des protocoles ouverts, permettant aux multiples composantes du réseau de fonctionner les unes avec les autres. Or, la centralisation de nos échanges sur les serveurs d'une poignée d'entreprises privées accentue fortement la vulnérabilité de nos informations personnelles. Eben

Moglen appelle depuis plusieurs années à une décentralisation maximale du réseau: chaque foyer devrait être doté de son propre serveur sécurisé et simple à utiliser, sur lequel seraient hébergées les données personnelles des individus[74]. Il serait probablement plus réaliste d'imaginer un stockage de proximité, auprès d'organismes de confiance dans la communauté, mais d'une manière ou d'une autre, cela impliquerait de repenser radicalement l'architecture actuelle du réseau et de revoir en profondeur le rôle des grandes compagnies du GAFAM[75]. Nous reviendrons sur ces propositions aux chapitres 7 et 8.

Une troisième approche réunit les diverses pistes d'action *politiques* à emprunter pour faire reculer la surveillance et le contrôle. Elle implique la formation d'organisations et de coalitions qui exerceraient des pressions pour stopper la collecte massive de données personnelles, tant par les États que par les entreprises privées, et qui jetteraient un regard indépendant sur les activités de surveillance. Ces campagnes politiques visent plus largement à obtenir des changements législatifs et à faire reconnaître plus fermement le droit fondamental à la vie privée et à la libre communication. Au Canada, l'ONG Open Media est la principale représentante de cette tendance. Basée à Vancouver, elle mène des campagnes sur les thèmes de l'accès universel à Internet, de la liberté d'expression et de la protection de la vie privée[76]. Le prochain chapitre sera l'occasion de présenter plus en détail la politisation graduelle des hackers et des libristes, au fil de la répression.

On peut considérer ces approches comme étant très polarisées, mais elles ne sont pas mutuellement exclusives. Les mouvements sociaux contemporains doivent envisager ces batailles tant dans l'optique de changements législatifs et institutionnels à obtenir que dans celle d'une extension de la capacité technique des citoyen.ne.s à communiquer de manière

---

74. Eben Moglen, « Snowden and the Future: Part IV. Freedom's future », octobre 2013, p. 13, <http://snowdenandthefuture.info>.
75. Voir aussi Beaude, *Les fins d'Internet*, *op. cit.*, p. 64-76; Sébastien Wesolowsi, « Le web décentralisé veut vous sauver de Facebook, Apple et Google », *VICE Québec*, 11 octobre 2016, en ligne.
76. Unilingue anglophone, l'organisme n'a pas vraiment d'équivalent au Québec. Voir <https://openmedia.org/en/ca>.

sécurisée, ce qui implique notamment des campagnes importantes d'éducation populaire. L'organisation étatsunienne Electronic Frontier Foundation offre des explications très exhaustives et accessibles aux personnes qui souhaitent sécuriser leurs communications[77]. Au Québec, l'équipe de Crypto. Québec[78] et l'École de sécurité numérique[79] sont les principales ressources sur ces questions.

Contre la dépossession d'Internet

Les batailles politiques et économiques qui prennent place sur Internet ne sont pas isolées de celles qui se déploient dans d'autres sphères de la société. Nos données ne sont pas stockées sur un « nuage » ; elles se trouvent sur un serveur, lui-même logé sur le territoire d'un État. Au fil de ce livre, j'espère démontrer que la distinction entre le monde « réel » et l'univers « virtuel » d'Internet est largement contre-productive, sur le plan analytique aussi bien que politique. Refuser cette distinction, c'est reconnaître qu'à travers Internet ce sont les sociétés et leurs membres qui sont les véritables cibles du contrôle.

La riposte étatique et commerciale à l'encontre de la culture collaborative et militante présente sur Internet peut être comprise comme une facette de la dérive autoritaire que connaissent les sociétés occidentales. Comme l'écrivait le sociologue Antonio Casilli à la suite de l'élection de Donald Trump à la présidence des États-Unis,

> L'oppression des citoyens des démocraties occidentales, écrasés par une offre politique constamment revue à la baisse depuis 20 ans, qui *in fine* a atteint l'alignement à l'extrême droite de tous les partis dans l'éventail constitutionnel, qui ne propose qu'un seul fascisme mais disponible en différents coloris, va de pair avec l'oppression des usagers de technologies numériques, marginalisés, forcés d'accepter une seule offre de sociabilité, centralisée, normalisée, policée, exploitée par le capitalisme des plateformes qui ne proposent qu'une seule modalité de

77. Voir leur section « Surveillance Self-Defense » : <https://ssd.eff.org/>.
78. Crypto.Québec, <crypto.quebec/>.
79. École de sécurité numérique, <esn514.net/>.

gouvernance opaque et asymétrique, mais disponible *via* différentes applications[80].

On est ici au cœur de l'argument selon lequel une analyse critique d'Internet doit absolument contribuer à repérer et à comprendre les rapports de force à l'œuvre sur le réseau, plutôt que se limiter à une condamnation globale de la « technique » comme instrument de domination. Ces condamnations aux dehors radicales font l'impasse sur les conflits qui ont contribué et qui contribuent toujours à modeler le réseau. Elles nous laissent peu outillé.e.s pour riposter aux poussées liberticides.

Prenons par exemple l'injonction du cinéaste et auteur Bernard Émond de « fermer son poste » (télé, radio, ordinateur, tablette, lecteur mp3, téléphone et même montre intelligente) pour « s'astreindre à la réflexion en ouvrant un livre[81] ». S'il est vrai que l'omniprésence des écrans dans notre quotidien doit être problématisée, la solution prescrite par Émond m'apparaît bien insatisfaisante. En plus de n'avoir aucun sens pour les quelque 53 % de la population du Québec qui sont analphabètes fonctionnel.le.s, elle relève davantage de la résolution réconfortante, une posture qui assure à l'intellectuel.le une supériorité morale sur ses semblables, mais qui risque fort de n'avoir aucun impact substantiel sur les luttes sociales tangibles qui se mènent autour des communications entre citoyen.ne.s, de la défense de la vie privée et de la résistance collective à l'autoritarisme. De tels appels au rejet des technologies (dont Émond est loin d'être le seul apôtre) sont attrayants théoriquement mais sont de l'ordre des bons sentiments ; en fin de compte, ils conduisent à une acceptation passive et cynique de la mainmise de grandes entreprises et des États sur nos communications quotidiennes.

Plutôt que des commentaires à saveur moraliste, il faut développer une critique foncièrement politique d'Internet. Si le réseau est attaqué aussi fortement, c'est que ses potentialités

80. Antonio Casilli, « [Note to self] Pourquoi le débat sur Trump et les algorithmes de Facebook est complètement débile », *Casilli.fr*, 14 novembre 2016, en ligne.
81. Bernard Émond, *Camarade, ferme ton poste*, Montréal, Lux, 2016.

perturbatrices et émancipatrices existent bel et bien, au-delà des formules prétentieuses des milliardaires de Silicon Valley. Mais ces potentialités ne doivent pas être tenues pour acquises. Il faut se battre non seulement pour éviter qu'elles nous échappent, mais aussi pour les rendre effectives. Pour cela, c'est aussi d'imagination politique que nous avons besoin. Si, comme le soutient Eben Moglen dans la citation en exergue de ce chapitre, le Net est bel et bien en état de guerre permanente, comment obtenir une paix juste sur Internet ? Si on a pu imaginer une presse, une radio et une télévision où le profit joue un rôle négligeable, où l'information et la culture ne sont pas considérées uniquement comme des marchandises, pourquoi ne pourrait-on pas faire de même avec les communications numériques ? Pour mener à bien ce travail, il importe de concevoir d'abord nos espaces numériques de communication comme des communs. Or, pour le moment, cette perspective n'est pratiquement jamais envisagée.

Chapitre 6

Hacker la politique

> *Quand Nicolas Sarkozy s'est fait élire et qu'on a lu en filigrane de son programme le délire sécuritaire d'Internet, on s'est dit qu'il fallait se mettre en ordre de bataille, qu'il fallait inventer quelque chose. C'est là qu'on a inventé La Quadrature du Net, et on s'est dit : « On va* hacker *la politique ».*
>
> – Jérémie Zimmermann[1]

> *Quand on grandit dans une culture de partage du savoir, du travail, des passions, des amitiés, par-delà les frontières* [...], *vous ne pouvez pas ériger de murs, parce qu'on trouve toujours des moyens de contourner les murs, parce qu'il est naturel de travailler de manière collaborative et de partager. Et c'est ainsi que nous nous sommes développés aussi rapidement.*
>
> – Birgitta Jónsdóttir[2]

L'IMAGE STÉRÉOTYPÉE DU HACKER peut donner l'impression que celui-ci se tient bien loin de la politique. On l'imagine enfermé dans son sous-sol, isolé et individualiste, ou encore en criminel cherchant à détruire les systèmes de sécurité d'entreprises et à voler des données privées. Au début de ce livre,

1. Cité dans Sylvain Bergère, *Une contre-histoire de l'Internet*, Premières Lignes Télévision/OWNI, France, 2013, 86 min.
2. « Icelandic Lawmaker Birgitta Jónsdóttir on Challenging Gov't Secrecy from Twitter to Bradley Manning », *Democracy Now!*, 8 avril 2013, en ligne. Ma traduction.

nous avons pu voir que ce portrait était plutôt réducteur: la ou le hacker est d'abord une bidouilleuse, un patenteux, qui cherche à comprendre le fonctionnement d'un système et à le perfectionner, voire à le contourner.

Ce chapitre permettra de complexifier encore davantage la figure du hacker en montrant comment les membres de cette communauté en sont venu.e.s à se politiser, mais en abordant la politique à leur manière, comme du code que l'on peut manipuler ou modifier. Nous présenterons ensuite quelques exemples de mouvements au sein desquels libristes et hackers se sont investi.e.s, notamment la nébuleuse Anonymous, les organisations de défense des libertés sur le Net ainsi que des partis pirates et certaines mairies espagnoles. Le chapitre se termine par une analyse critique du militantisme hacker: si celui-ci permet d'aborder les luttes politiques à travers un prisme riche et novateur, il n'échappe pas toujours aux pièges d'une méritocratie étroite et d'une fascination pour le processus technique, qui nuisent à sa capacité à cultiver des liens avec d'autres mouvements sociaux progressistes.

Du code à bricoler

Si l'engagement politique explicite des hackers est plutôt récent, on peut déceler parmi eux une éthique forte dès les années 1960. Steven Levy, dans son ouvrage classique *Hackers: Heroes of the Computer Revolution*, publié en 1984, en cerne les principales composantes[3]: la nécessité d'avoir accès à la technologie et aux ordinateurs pour les comprendre et les modifier; la promotion de la libre circulation de l'information; la méfiance envers l'autorité et la centralisation; l'évaluation au mérite du *hacking* plutôt qu'en fonction du diplôme, de la position sociale, de l'âge ou de l'origine ethnique[4]; la croyance

3. Steven Levy, *Hackers: Heroes of the Computer Revolution*, Sebastopol (Californie), O'Reilly, 2010, p. 27-38.

4. On remarque que Levy ne nomme pas le genre dans son énumération. Il n'est pas clair si l'omission est délibérée ou non; néanmoins, l'auteur spécifie plus loin que la culture hacker du MIT, dans les années 1960, était « exclusivement masculine » et que certains de ses représentants expliquaient l'absence de femmes par des causes génétiques (*ibid.*, p. 76). Le sexisme chez certains informaticiens ne date pas d'hier.

selon laquelle de l'art et de la beauté peuvent être créés avec des ordinateurs, et que ces derniers peuvent changer nos vies pour le mieux.

Lorsque Richard Stallman crée le logiciel libre en 1983, il donne à ce projet une forte connotation politique, au moment où la conception de logiciels est en train d'être accaparée par les firmes informatiques montantes[5]. Le logiciel devenant un secteur économique lucratif, de plus en plus de firmes cessent de divulguer le code source des logiciels qu'ils produisent pour empêcher leurs concurrents d'en bénéficier. La *general public license* (GPL) conçue par Stallman, qui balise l'usage de la plupart des logiciels libres, cherche à résister à cette tendance.

Mais à cette époque, les hackers n'inscrivent pas leur action dans un cadre politique classique. La création libre et le partage nourrissent un univers qui se suffit largement à lui-même, un univers construit en marge des institutions, en ligne mais aussi face à face, à l'occasion de congrès, entre autres. Le Chaos Computer Club, basé en Allemagne, tient des congrès annuels depuis 1984 ; aux États-Unis, les principales occasions de rencontre sont Defcon et Hackers on Planet Earth, toutes deux en place depuis les années 1990. Comme l'expliquent Nicolas Auray et Samira Ouardi à propos d'Internet dans les années 1980, « le réseau semblait un asile d'expérimentations, alors que les horizons d'accès dans les institutions et les partis politiques leur semblaient bouchés[6] ». Les auteurs rappellent cependant qu'en Europe le milieu hacker entretenait davantage de liens avec d'autres mouvements sociaux, notamment anarchistes et écologistes, qu'en Amérique du Nord[7].

L'anthropologue Gabriella Coleman, qui a étudié la mécanique complexe de la production du système d'exploitation *open source* Debian par une ethnographie très minutieuse,

---

5. Voir son texte de 1984, « The GNU Manifesto », publié dans *Free Software, Free Society*, s.l., SoHo Books, 2010, p. 33-41.
6. Nicolas Auray et Samira Ouardi, « De la politique du code au renouvellement des élites », *Mouvements*, n° 79, automne 2014, p. 14-15.
7. Voir aussi Carole Cadwalladr, « Berlin's Digital Exiles : Where Tech Activists Go to Escape the NSA », *The Guardian*, 9 novembre 2014.

qualifie le milieu du logiciel libre d'« agnostique politique[8] ». Elle relate les propos d'un programmeur selon qui la liberté du logiciel entraîne forcément une sorte de lâcher-prise sur les usages qui en seront faits : « Quand je crée du logiciel libre, je renonce à la possibilité de contrôler le comportement du bénéficiaire en échange de sa capacité à copier ou à modifier le logiciel. Évidemment, je renonce à ma capacité à demander de l'argent en échange de copies. Mais je renonce également à demander que la personne ne soit pas raciste ou qu'elle fasse un don à la Croix-Rouge[9]. » La liberté du logiciel est donc dissociée par principe d'autres affiliations politiques, idéologiques ou économiques. Elle ne les appuie pas, elle ne les combat pas ; elle les ignore. Il est important de mettre en lumière ce point de départ pour comprendre une forme d'engagement politique parfois déroutante pour des militant.e.s de gauche habitué.e.s à des cadres idéologiques plus fixes. Comme l'explique Coleman, « étant donné que ces artefacts techniques et légaux sont articulés autour d'une politique du logiciel libre – et non sur la base de la division gauche-droite traditionnelle –, d'autres ont saisi les artefacts du logiciel libre et ont recodé la signification de la liberté, de l'accès et de la collaboration de nouvelles manières[10] ».

Et pourtant, il y a bien dans le code informatique une dimension foncièrement politique, comme le montre le juriste Lawrence Lessig dans son important ouvrage *Code and Other Laws of Cyberspace*[11]. Lessig développe une compréhension du code informatique selon laquelle « *code is law*[12] » – le code est une forme de loi. En effet, comme le Code civil, le Code criminel ou tout code de procédures, le code informatique consiste en des formules langagières qui établissent des règles (d'ailleurs, on parle aussi de « langage informatique »). Toutes ces formules sont « performatives » : leur énonciation peut

8. Voir la conclusion de son livre *Coding Freedom*, Princeton (New Jersey), Princeton University Press, 2013, p. 185-205.
9. *Ibid.*, p. 187. Ma traduction.
10. *Ibid.*, p. 186. Ma traduction.
11. Lawrence Lessig, *Code and Other Laws of Cyberspace*, New York, Basic Books, 1999.
12. *Ibid.*, p. 3-8.

induire des comportements et transformer la réalité environnante. Par exemple, instaurer une limite au nombre de caractères permis dans une publication, comme le fait Twitter, a nécessairement des effets sur le type d'échange que l'on y retrouve.

En assimilant le code informatique à un type de loi, Lessig le place d'emblée sur le terrain politique. L'architecture du cyberespace, la manière dont il a été et est construit, devient par conséquent une question fondamentale: « Si le code du cyberespace est possédé [...], il peut être contrôlé. [...] L'absence de possession, l'absence de propriété, l'incapacité de diriger la façon dont les idées seront utilisées (en un mot, la présence de *communs*) est centrale[13]. » L'ouverture du code joue un rôle politique crucial pour les hackers: elle est garante d'un contrôle démocratique sur des machines qui sont appelées à occuper une place absolument centrale dans nos existences.

Si le code informatique peut être compris comme un ensemble de lois, l'inverse est aussi vrai: le droit peut être analysé, utilisé, modifié, voire manipulé comme du code informatique. Coleman cerne très bien en quoi les compétences de programmation se rapprochent de celles des juristes:

> Les habiletés, dispositions mentales et formes de raisonnement nécessaires pour lire et analyser un système formel de règles comme la loi rappellent les opérations nécessaires pour coder un logiciel. Les deux, par exemple, sont des pratiques textuelles dotées d'une logique et d'une cohérence internes qui nécessitent une grande attention au détail. [...] Tant les programmeurs que les avocat.e.s développent des habitudes mentales pour construire, lire et décortiquer des textes d'abord utilitaires[14].

Ce n'est pas un hasard si la légitimité du logiciel libre, dès ses débuts, s'est appuyée sur une interprétation du droit ou, plus précisement, sur un détournement (un *hack*) des lois

13. *Ibid.*, p. 7. Ma traduction. Notons que, dans cet ouvrage datant de presque deux décennies, Lessig se trouve bien loin de cette idée d'encadrement des communs par des règles institutionnelles, telle qu'amenée par Elinor Ostrom et reprise plus récemment par Pierre Dardot et Christian Laval. Nous reviendrons sur la question des communs numériques en fin d'ouvrage.
14. Coleman, *Coding Freedom*, *op. cit.*, p. 163. Ma traduction.

relatives au droit d'auteur. Contrairement à ce qu'on pourrait croire, la *general public license* ne rejette pas le copyright mais en détourne les finalités; elle autorise la redistribution d'un logiciel *si et seulement si* les « libertés » associées au logiciel libre (l'ouverture du code, la copie, la modification, etc.) sont respectées. La GPL tente ainsi de protéger le logiciel libre contre une entreprise qui voudrait s'approprier son code source en y apportant quelques modifications pour ensuite le faire enregistrer sous le sceau classique du copyright: la GPL interdit cette pratique. De cette manière, les créateurs de logiciels libres s'assurent que ceux-ci continuent à occuper davantage de terrain au fur et à mesure de leur utilisation.

C'est par le biais de ces habiletés à la fois juridiques et informatiques, de ce bidouillage et de ce détournement parfois humoristique que les hackers se trouvent confrontés à une répression accrue à partir des années 1990 et en viennent à se politiser.

Contre la répression, la politisation

C'est souvent lorsque l'État et ses institutions s'en prennent à eux que la conscience politique des individus se développe, que leur compréhension des enjeux sociaux s'éla-git et qu'un mouvement de résistance prend forme, en développant parfois des liens avec d'autres mouvements de lutte. C'est ce qui s'est passé pour les libristes et les hackers. Nicolas Auray et Samira Ouardi soutiennent que la politisation des militant.e.s du libre s'est faite au fil des attaques lancées contre le réseau Internet, en commençant par « l'offensive capitaliste sur toutes les formes de créativité par l'intermédiaire de la législation sur le *copyright*[15] » que nous avons abordée au chapitre 2. À ce sujet, la controverse autour du logiciel DeCSS est éclairante[16].

En 1999, Jon Lech Johansen, un programmeur norvégien de 16 ans, lance le petit logiciel DeCSS qui permet aux usager.e.s du système d'exploitation Linux de lire les DVD de

15. Auray et Ouardi, « De la politique du code au renouvellement des élites », *op. cit.*, p. 14.
16. Pour un récit plus détaillé de ces événements, dont je me suis largement inspiré, voir Coleman, *Coding Freedom*, *op. cit.*, p. 170-179.

l'industrie cinématographique chiffrés par le système CSS de manière à n'être décodés que par des ordinateurs « autorisés » (c'est-à-dire avec un système d'exploitation d'Apple ou de Microsoft). Or, le développement de tels procédés est interdit en vertu du Digital Millenium Copyright Act (DMCA) états-unien. Johansen est mis en accusation en 2002, puis acquitté l'année suivante (l'affaire est portée en appel et Johansen est encore une fois innocenté). Cet épisode marquera une étape importante dans la politisation des hackers et des libristes. En effet, c'est à ce moment qu'est popularisée la formule « *code is speech* » : en tant que langage, le code est aussi une forme d'expression ou de discours et doit être défendu comme tel[17]. La poursuite contre Johansen peut donc être interprétée comme une tentative de censure à son endroit et, plus largement, comme une attaque contre le logiciel libre lui-même, et ce, à double titre : on tente d'interdire la création de code sans permission et on tente de marginaliser un système d'exploitation qui n'est pas sous le contrôle d'une grande entreprise. Pour faire valoir leur argument, et aussi parce que la création et l'humour sont très présents chez les hackers, ceux-ci font circuler le programme DeCSS sous forme de musique, de film et même d'un haïku dans lequel on trouve « la clé du code CSS, que les avocats de l'industrie du divertissement considèrent comme un secret commercial[18] ». Il s'agit là d'actions de désobéissance civile en solidarité avec Johansen, qui sera finalement innocenté en 2003.

Notons que ce militantisme reste centré sur des enjeux propres au domaine de l'informatique libre, même s'ils devraient interpeller l'ensemble des citoyen.ne.s. Auray et Ouardi soutiennent que le « déploiement d'un nouveau régime de surveillance étatique post-attentat du 11-Septembre[19] » a favorisé une politisation beaucoup plus large des hackers, en les poussant notamment à se définir face au pouvoir d'États

17. Cet argument a aussi été avancé lors des premières batailles pour le droit de communiquer par le biais de messages encryptés au début des années 1990. Voir Bergère, *Une contre-histoire de l'Internet*, *op. cit.*
18. « DeCSS haiku », *Wikipedia*, en ligne. Ma traduction.
19. Auray et Ouardi, « De la politique du code au renouvellement des élites », *op. cit.*, p. 14.

de plus en plus autoritaires. Mais encore une fois, l'action politique est abordée de manière typiquement hacker: « Les intermittences de la démocratie sont alors assimilées aux *bugs* informatiques, à des difficultés techniques qu'on pourrait, avec un peu d'imagination, contourner notamment par des pratiques de détournement, c'est-à-dire de *hacking*[20]. » La logique du journalisme hacker présentée au chapitre 4 est tout à fait conforme à cette approche de la politique: l'objectif est d'ouvrir la boîte noire que constituent l'État et le monde des entreprises pour regarder comment ils fonctionnent, exposer les failles qui nuisent au bon fonctionnement démocratique et éventuellement trouver un moyen de les corriger ou de les contourner.

Petit à petit, on en vient à percevoir la limite de ces solutions articulées autour de la seule technique et à sentir la nécessité d'agir sur les institutions elles-mêmes. Comme l'explique Benjamin Sonntag, « finalement on se dit que *hacker* du code – c'est-à-dire transformer le code des autres, le bidouiller pour en faire autre chose – ce n'est pas si différent[21] » que de s'activer à faire modifier la loi. En 2008, Sonntag fonde avec d'autres hacktivistes français.es La Quadrature du Net, un organisme de défense des droits et libertés sur Internet. Comme l'Electronic Frontier Foundation fondée en 1990 aux États-Unis, cette organisation témoigne de la montée d'un mouvement proprement politique de défense du réseau Internet, mouvement qui vise à promouvoir son potentiel démocratique. En 2011 et 2012, les luttes contre des projets de loi ou d'accords très dommageables pour les libertés sur Internet, comme le projet de loi SOPA (Stop Online Piracy Act) aux États-Unis et le projet de traité multinational ACTA (Anti-Counterfeiting Trade Agreement), font définitivement basculer des informaticien.ne.s tel.le.s que l'Étatsunien Aaron Swartz et le Français Jérémie Zimmermann du côté de l'action

20. *Ibid.*, p. 22.
21. Philippe Aigrain, Laurent Chemla et Benjamin Sonntag, « L'aire du numérique. Entretien avec la Quadrature du Net », *Mouvements*, n° 79, automne 2014, p. 129.

politique militante[22]. Le succès de ces campagnes d'opposition galvanise les militant.e.s pour un Internet libre et contribue à consolider leur analyse politique. Nous reviendrons plus en détail sur leur idéal au chapitre 8.

Pour Auray et Ouardi, la crise financière de 2008 constitue un autre moment déterminant dans le rapprochement des hacktivistes avec les autres luttes sociales, en particulier avec le cycle de contestations qui se met en place un peu partout sur la planète à partir de 2010[23]. Par exemple, les Indignad@s d'Espagne, réuni.e.s au sein du mouvement du « 15M » (pour le 15 mai 2011, jour du début de l'occupation de places publiques), ont été rejoints par un contingent significatif de cyberactivistes qui s'étaient mobilisés quelques mois plus tôt contre un projet de loi de régulation contraignante d'Internet[24]. La chercheuse Mayo Fuster Morell soutient que ce qu'elle appelle le « mouvement pour une culture libre et les communs numériques » a eu un impact important sur le mouvement du 15M en ce qui concerne sa composition (plusieurs hackers s'étant impliqués dès le départ), son discours (qui incluait une vision politique de l'information et de la connaissance axée sur le domaine public et les communs) et sa logique organisationnelle (notamment l'importance de parler en tant qu'individu plutôt qu'au nom d'un organisme ou d'un groupe, l'organisation en réseaux horizontaux, etc.)[25]. Fuster Morell soutient par ailleurs que le mouvement du 15M a permis aux cyberactivistes d'Espagne d'élargir leurs enjeux de lutte, qui sont passés d'une contestation relative aux libertés

---

22. Sur la mobilisation contre SOPA et l'implication d'Aaron Swartz, voir Brian Knappenberger, *The Internet's Own Boy*, 2014, 105 min; et Aaron Swartz, « Freedom to Connect: Aaron Swartz (1986-2013) on Victory to Save Open Internet, Fight Online Censors », *Democracy Now*, 14 janvier 2013, en ligne. Sur la mobilisation contre ACTA et le rôle de la Quadrature du Net, voir Bergère, *Une contre-histoire de l'Internet, op. cit.*
23. Marcos Ancelovici, « Un cycle mondial de protestation », *À bâbord!*, n° 46, octobre-novembre 2012, p. 18-19.
24. Mayo Fuster Morell, « The Free Culture and 15M Movements in Spain: Composition, Social Networks and Synergies », *Social Movement Studies*, 2012, p. 1-7.
25. *Ibid.* Voir aussi Manuel Castells, *Networks of Outrage and Hope*, Cambridge, Polity, 2012, p. 110-155.

sur Internet à une dénonciation plus large de la corruption du système politique espagnol.

En résumé, les dernières années sont l'aboutissement d'une transition ayant amené les hackers qui militaient seulement pour une « politique du “code”, en rupture avec toute politique institutionnelle » (la période 1990-2008), à une lutte pour « une politique du renouvellement des élites, marquée par une volonté de changement radical des institutions et par le désir de redonner un contenu démocratique à la notion de mérite[26] ».

Le cas d'Anonymous

Le parcours de la nébuleuse Anonymous constitue un cas emblématique de cette politisation progressive et difficile à saisir à l'intérieur des cadres conceptuels habituels. Après s'être penchée sur les concepteurs du logiciel libre Debian, Gabriella Coleman s'est attelée à étudier, avec la même méticulosité, ce groupe multiforme et décentralisé[27]. L'idée d'Anonymous apparaît sur le site *4chan*. En ligne depuis 2003, *4chan* est un forum « unique pour sa culture de permissivité extrême [...] entretenu par une culture de l'anonymat à laquelle adhèrent ses usager.e.s[28] ». C'est sur ce site, où l'on retrouve aussi bien de l'humour scabreux que des publications d'extrême droite, que naîtront aussi les « mèmes de chat » que les internautes connaissent bien aujourd'hui. C'est aussi là que se développera un large pan de la culture du *trolling* (qu'on pourrait traduire par « provocation ») propre à Internet, qui peut être utilisée à des fins aussi bien d'humour, de militantisme que de harcèlement.

Au début de l'année 2008, des sites comme Gawker publient une vidéo promotionnelle de l'Église de scientologie, obtenue

26. Auray et Ouardi, « De la politique du code au renouvellement des élites », *op. cit.*, p. 17.
27. Gabriella Coleman, *Hacker, Hoaxer, Whistleblower, Spy: The Many Faces of Anonymous*, Londres, Verso Books, 2014. Voir aussi Brian Knappenberger, *We Are Legion: The Story of the Hacktivists*, Luminant Media, 2012, 93 min.
28. Coleman, *Hacker, Hoaxer, Whistleblower, Spy*, *op. cit.*, p. 41. Ma traduction.

grâce à une fuite anonyme, dans laquelle Tom Cruise explique sa dévotion pour cette religion. Embarrassée, l'Église de scientologie tente de faire retirer la vidéo sous prétexte d'atteinte à la propriété intellectuelle. Cet événement déclenche la première action d'envergure de ce qui deviendra le réseau Anonymous, connue sous le nom d'opération Chanology. Des sites scientologistes sont bombardés de requêtes au point d'être temporairement rendus inopérants, ce qu'on appelle des attaques de déni de système (*distributed denial of service*, ou DDOS). Les lignes téléphoniques de l'Église sont inondées d'appels ridicules, leurs bureaux reçoivent des livraisons de pizzas par dizaines. Et contrairement au stéréotype, les hackers ne sont pas restés sur leur divan : le 10 février 2008, rassemblements et manifestations contre l'Église de scientologie se tiennent dans plus de 100 villes à travers le monde[29].

Comme le souligne Coleman, il n'est pas si surprenant que l'Église de scientologie ait été la première cible d'Anonymous : le contrôle maladif que l'Église tente d'exercer sur l'information fait d'elle son exact opposé. Cette opération, au même titre que plusieurs autres par la suite, combine donc un humour délinquant (le *lulz*, déformation de LOL, ou *laughing out loud*) et la défense d'un principe politique (la plupart du temps, la liberté d'expression). Coleman y voit la marque de l'esprit *trickster*, ou fou du roi, d'Anonymous.

Plus la circulation de l'information sur Internet a été encadrée par des mesures législatives, techniques et financières, plus les actions d'Anonymous se sont politisées : en septembre 2010, l'opération Payback a lancé des DDOS contre la Motion Picture Association of America et la Recording Industry Association of America, entre autres, en réponse à des attaques judiciaires et informatiques contre des sites facilitant le partage de fichiers en pair-à-pair. Quelques mois plus tard, en décembre 2010, ce sont les sites de Visa, Mastercard et PayPal qui sont ciblés en raison de leur volonté d'asphyxier financièrement WikiLeaks, alors que la divulgation des câbles diplomatiques du département d'État américain bat son plein. Coleman estime que cette campagne a été la plus importante

29. « Projet Chanology », *Wikipedia*, en ligne.

action directe qu'Internet ait connue quant au nombre de participants : au cours du seul mois de décembre 2010, le logiciel permettant de participer à un DDOS a été téléchargé plus de 100 000 fois[30]. Début 2011, alors que plusieurs pays arabes vivent leur « printemps », des canaux de discussion dédiés à Anonymous font leur apparition dans plusieurs pays. L'opération Tunisia est lancée : des « trousses » facilitant les communications numériques privées sont mises en circulation et des hacktivistes, comme le Tunisien Slim Amamou, propagent à l'extérieur du pays de l'information sur les manifestations en cours dans le pays[31]. Plus près de nous, au Québec, pendant la grève étudiante de 2012, des sites gouvernementaux et le site du Parti libéral du Québec sont mis hors service et des informations personnelles de policiers du Service de police de la Ville de Montréal (SPVM) divulguées[32]. Une vidéo montrant une réception ostentatoire au domaine de la famille Desmarais à Sagard, à laquelle participe le gratin politique, économique et culturel du Canada, est aussi mise en ligne[33]. En 2012 et 2013, Anonymous s'est même invité dans le débat nord-américain sur la culture du viol, en mettant en lumière l'inaction du système judiciaire à l'égard des individus impliqués dans des viols et des agressions sexuelles[34].

Les campagnes d'Anonymous soulèvent plusieurs questions importantes : l'anonymat est-il justifié ? Comment les campagnes sont-elles structurées ? La mise hors ligne d'un site web doit-elle être comparée à un *sit-in*, à de la censure, voire à du terrorisme ? Y a-t-il des limites éthiques à ce genre d'action et, si oui, lesquelles ? Certaines tactiques se rapprochent-elles d'une forme de *vigilantisme*, autrement dit d'une justice auto-administrée ? Qu'apportent les actions d'Anonymous et quel rôle peut jouer un tel réseau en appui aux mouvements sociaux ? Je ne discuterai pas en profondeur de tous ces enjeux

30. Coleman, *Hacker, Hoaxer, Whistleblower, Spy*, *op. cit.*, p. 120.
31. Quinn Norton, « 2011 : The Year Anonymous Took On Cops, Dictators and Existential Dread », *Wired*, 11 janvier 2012.
32. « Grève étudiante québécoise de 2012 », *Wikipédia*, en ligne.
33. Le lien original n'étant plus disponible en ligne, on peut regarder la vidéo dans son intégralité ici : <https://www.youtube.com/watch?v=M7OlFp_9U_E>.
34. Pour un exemple canadien, voir La Presse canadienne, « Le père de Rehtaeh Parsons louange Anonymous », *Radio-Canada*, 3 août 2015, en ligne.

– Gabriella Coleman le fait mieux que moi. Je me contenterai de présenter cinq réflexions en lien avec le propos de ce chapitre, à savoir la politisation des hackers et les formes particulières que peut prendre leur action politique.

Premièrement, si l'anonymat se justifie par les risques très réels de répression qui peuvent rendre la désobéissance civile numérique extrêmement « coûteuse » (il en a été question au chapitre précédent), d'autres motifs peuvent expliquer ce choix. Ne pas dévoiler son identité publiquement ouvre la porte à un engagement politique plus fluide pour des personnes qui ne se définissent pas comme des « activistes » au quotidien[35]. Selon Coleman, l'anonymat permet aussi de valoriser l'action collective du mouvement avant l'*ego* des individus[36] ; en cela, ce choix s'inscrit dans l'éthique hacker présentée en début de chapitre.

Deuxièmement, Anonymous n'est pas structuré de manière figée. Il n'est pas vraiment possible pour une personne ou un groupe de personnes de parler « au nom » d'Anonymous. Plusieurs types d'action, certains plus contestables que d'autres, peuvent être entrepris sans que cela soit décidé par une autorité centrale. Cela ne signifie pas qu'il n'y a pas de débats internes complexes sur les stratégies à adopter et sur l'éthique entourant diverses tactiques.

Troisièmement, la mise hors ligne d'un site par déni de service peut être rapprochée du *sit-in* : le site web n'est pas endommagé, et cela peut donner de la visibilité à une cause négligée dans la conversation publique[37]. Ethan Zuckerman et d'autres rappellent cependant qu'il s'agit d'une lame à deux tranchants, puisque cette tactique est de plus en plus utilisée par des États ou des compagnies pour bloquer l'accès à des sites contestataires, marginaux ou journalistiques[38]. Certains

35. Voir Geoffroy de Lagasnerie, *L'art de la révolte. Snowden, Assange, Manning*, Paris, Fayard, 2015, p. 101-141.
36. Coleman, *Hacker, Hoaxer, Whistleblower, Spy*, *op. cit.*, p. 47.
37. Voir Molly Sauter, *The Coming Swarm : DDOS Actions, Hacktivism, and Civil Disobedience on the Internet*, New York, Bloomsbury, 2014.
38. Ethan Zuckerman, « Arab Democracy and Social Media », Chicago Humanities Festival, 12 novembre 2011, <www.youtube.com/watch?v=TGF6qpv9PwM>.

partis pirates ont critiqué ce type d'action en raison de l'image néfaste qu'elle véhiculait auprès des membres du mouvement plus large construit par les hacktivistes[39].

Quatrièmement, l'accusation de *vigilantisme* m'apparaît souvent pertinente. Il est vrai que la divulgation d'informations privées peut se faire pour exercer une pression politique ou pour forcer une prise de conscience; en ce sens, les actions d'Anonymous relatives aux agressions sexuelles ont contribué à mettre en lumière les défaillances du système judiciaire[40]. Mais plus on a recours à ces divulgations, plus on rend cette tactique acceptable, y compris à l'endroit de personnes vulnérables ou marginalisées. Les tactiques d'Anonymous (salves répétées, mauvais tours, divulgation d'informations privées, etc.) ont pu inspirer des cyberharceleurs et cyberintimidateurs, aux objectifs et aux méthodes beaucoup plus violents. Par ailleurs, l'imaginaire de super-héros de type hollywoodien dont s'inspire Anonymous (tout particulièrement le film *V for Vendetta*, qui a fortement contribué à la popularité du fameux masque de Guy Fawkes) véhicule une conception « providentielle » du changement social, suggérant que la liberté arrive par l'intervention d'un sauveur ou d'un héros; il nuit à la construction d'alliances durables entre hacktivistes et d'autres mouvements sociaux.

Finalement, l'opposition entre les actions d'Anonymous et les actions en ligne de manière générale (signature de pétitions, etc.), d'une part, et les « vraies actions dans la rue », d'autre part, est à mon avis fallacieuse. Les actions d'Anonymous ne sont pas moins « vraies » que celles qui nous sont plus familières, et s'investir dans l'espace numérique ne signifie pas qu'on s'y limitera. L'engagement en ligne peut marquer le début d'un engagement politique plus profond pour des personnes qui avaient peu accès à ce type de discours jusque-là (rappelons l'assouplissement des « frontières » présenté au chapitre 3), ou encore, prolonger un militantisme déjà affirmé dans d'autres domaines.

---

39. Coleman, *Hacker, Hoaxer, Whistleblower, Spy*, *op. cit.*, p. 107-108.
40. *Ibid.*, p. 368-375.

En tout état de cause, il est difficile et même peu rigoureux d'évaluer la valeur des actions d'un réseau aussi pluriel qu'Anonymous en termes manichéens. Il faut également garder à l'esprit qu'Anonymous est peut-être l'une des faces les plus visibles et les plus controversées de l'hacktivisme ; disons-le, c'est un réseau qui utilise abondamment les codes médiatiques dominants en dépit du fait qu'il les critique.

D'autres initiatives, moins flamboyantes, méritent d'être présentées ici, ne serait-ce qu'en raison de leur manière de mobiliser la technologie pour soutenir d'autres mouvements sociaux. Le réseau de sites d'information alternative Indymedia, qui s'est développé dans la foulée des manifestations altermondialistes au tournant de l'an 2000, a bénéficié de l'appui de programmeuses et programmeurs rompu.e.s au logiciel libre[41]. Plus récemment, la nébuleuse Telecomix, fondée en 2009 par des hackers proches du site *The Pirate Bay* et du collectif La Quadrature du Net, entre autres, a contribué à faciliter des communications sécurisées en Syrie au moment où le soulèvement populaire était en train de basculer dans la guerre civile[42]. Au Québec, lors de la grève étudiante de 2012, les libristes de l'OSBL informaticienne québécoise Koumbit ont assuré l'hébergement du site CUTV, qui couvrait les manifestations en direct et les retransmettait à des milliers de personnes qui ne pouvaient participer aux manifestations. Koumbit fournit également de l'hébergement solidaire à des organismes manquant de ressources pour avoir leur site web, outille les organisations souhaitant devenir plus autonomes avec la technologie, fait le maximum pour protéger la confidentialité des communications et pour maintenir en ligne des sites web visés par des poursuites-bâillons[43].

---

41. Gabriella Coleman, « Les temps d'Indymedia », *Multitudes*, n° 21, été 2005.
42. Voir Kheops, « #OpSyria : When the Internet Does Not Let Citizens Down », *Reflets*, 11 septembre 2011, en ligne ; et Bergère, *Une contre-histoire de l'Internet, op. cit.*
43. Voir « Nos valeurs », *Koumbit*, <www.koumbit.org/fr/apropos/valeurs>, et Hortense Lachute, « L'affaire valjalbert.ca », *À bâbord !*, n° 51, octobre-novembre 2013. En toute transparence, j'ai également pu constater cela en siégeant deux ans au conseil d'administration de l'organisation.

La démocratie pirate

On a vu dans ce chapitre que, pour un nombre croissant de cyberactivistes, les réponses aux menaces qui pèsent sur le réseau Internet ne peuvent pas être seulement techniques, elles doivent aussi être politiques. La plupart des exemples donnés jusqu'à présent sont des actions politiques organisées à l'extérieur du cadre institutionnel, proches de ce que les mouvements sociaux ont l'habitude de faire, bien que les hackers y mettent leur propre touche. Cependant, l'émergence, la persistance et l'aggravation de nombreux problèmes politiques liés au développement d'Internet (avenir du droit d'auteur et partage du savoir académique et de la culture, opacité des activités de l'État, libertés de communication et d'expression et censure du Net, protection du droit à la vie privée et à l'anonymat dans l'espace numérique, etc.) ont incité certains hackers à franchir une étape supplémentaire dans leur occupation du champ politique et à faire le saut dans la « politique politicienne » (par exemple, en se faisant élire dans les parlements). Mais là encore, la politique est approchée de manière singulière : c'est encore la *mécanique* de la démocratie qui intéresse d'abord les hackers. Si la loi, c'est du code, se sont-ils dit, aussi bien investir les lieux où ce code est rédigé afin d'interroger, d'ouvrir et de transformer le processus même par lequel il est promulgué[44].

On retrouve chez ces hackers la volonté d'appliquer à la politique les valeurs mises en pratique par le mouvement du logiciel libre dans un contexte de programmation informatique : l'évaluation au mérite, la décentralisation, la collaboration et la transparence sont désormais appelés à inspirer les affaires de l'État. Le concept de « démocratie liquide », sorte d'hybride entre la démocratie représentative et la démocratie directe, s'inscrit dans ce travail sur le « logiciel » (au sens propre comme au sens figuré) permettant d'incarner la volonté populaire. La liquidité signifie ici une plus grande mobilité des votes des citoyen.ne.s : ils sont tantôt donnés à une personne jugée plus apte à prendre une décision sur un sujet précis,

44. Voir Amaëlle Guiton, *Hackers. Au cœur de la résistance numérique*, La Laune (France), Au diable vauvert, 2013, p. 151-188.

tantôt transférés à une autre personne si le lien de confiance se brise, ou simplement gardés pour soi. On fait des expériences délibératives dans des partis, des organisations ou avec les citoyen.ne.s d'une circonscription. Dans son livre *Hackers. Au cœur de la résistance numérique*, Amaëlle Guiton présente la plateforme *Liquid Feedback*, développée par les militant.e.s du Parti pirate allemand: « Chaque adhérent peut y proposer une prise de position et inviter d'autres membres à soutenir son initiative. Quand le quorum de 10 % des membres est atteint, le texte est soumis au vote, pendant plusieurs semaines. Les opposants ont, de leur côté, la possibilité de soumettre une proposition alternative. Et pour qui ne se sent pas suffisamment compétent, il est possible de déléguer son vote[45]. » En Argentine, le Partido de la Red (Parti du réseau) a développé l'application DemocracyOS, qui permet à un.e élu.e de compiler et d'acheminer le vote que lui ont transmis ses commettant.e.s par voie électronique sur une question précise. Et en Nouvelle-Zélande, des militant.e.s actifs dans le mouvement Occupy ont créé le logiciel Loomio, qui en plus d'être utilisé par de nombreuses organisations citoyennes pour leurs prises de décision, a été utilisé par l'Assemblée nationale du pays de Galles dans le cadre d'une consultation sur une politique publique[46].

Cela dit, l'utilisation de logiciels participatifs ne résume pas l'approche de la politique proposée par les hackers. L'influence des activistes de l'information est allée bien au-delà d'un strict apport informatique ou technique; elle se manifeste aussi dans l'articulation cohérente de nombreuses questions politiques soulevées par le développement d'Internet. Plus profondément encore, l'objectif est de refonder, à travers le prisme hacker, notre rapport à la politique et aux institutions qui la mettent en forme[47].

---

45. *Ibid.*, p. 179.
46. Matthew Bartlett, « How the National Assembly for Wales Used Loomio for Online Collaboration », *Loomio Blog*, 16 mai 2016, <https://blog.loomio.org/2016/05/16/national_assembly_wales/>.
47. Yannick Delbecque fait un bon tour d'horizon de ces apports dans son article « L'effet hacker sur la démocratie », *Nouveaux Cahiers du socialisme*, n° 17, 2017, p. 181-189.

Le cas des « mairies rebelles d'Espagne », comme les appelle Ludovic Lamant, illustre bien ce désir de transformation[48]. La victoire aux municipales de 2015 d'équipes de gauche issues du mouvement du 15M, notamment à Madrid et à Barcelone, a ouvert un espace politique pour les idées des hackers (ceux-ci, rappelons-le, s'étaient investis dans le mouvement 15M dès le départ). Le code d'éthique signé par les élu.e.s de gauche de Madrid implique entre autres de publier en ligne leur agenda professionnel. Lamant signale aussi qu'à l'initiative des « observatoires citoyens municipaux » une quarantaine de localités en Espagne utilisent le logiciel libre OCAx, « qui permet aux citoyens non seulement d'avoir accès aux données très précises sur le budget municipal, mais surtout de faire remonter des questions aux fonctionnaires compétents[49] ». Internet est également mis à contribution pour favoriser la participation citoyenne : à Madrid, on a mis en place « des conseils municipaux ouverts, durant lesquels sont soumises au débat les cinq questions ou propositions les plus votées par les internautes[50] », et le programmeur Pablo Soto a mis en ligne le site *Decide Madrid*, qui force la tenue d'un référendum si 2 % des Madrilènes valident un projet soumis par un.e citoyen.ne[51]. Jusqu'à présent, aucune proposition n'a atteint le seuil des 50 000 appuis requis, ce qui pose des questions sur l'accessibilité réelle de cette démocratie participative. Nous reviendrons sur cette question en fin de chapitre.

Les partis pirates travaillent similairement à revoir les processus démocratiques institués. Le premier Parti pirate est apparu en 2006 en Suède, pays qui avait aussi vu naître, trois ans plus tôt, le site de partage de fichiers *The Pirate Bay*. Au cours des 10 années suivantes, des partis pirates sont apparus dans plusieurs autres pays (particulièrement en Europe du Nord) et sont parvenus à faire élire des représentant.e.s au niveau municipal (Islande, Suisse, République tchèque,

48. Ludovic Lamant, *Squatter le pouvoir. Les mairies rebelles d'Espagne*, Montréal, Lux, 2016.
49. *Ibid.*, p. 159-160.
50. *Ibid.*, p. 121.
51. *Ibid.*, p. 120. Voir aussi Ana Naomi de Sousa, « Hacking Madrid », *Al Jazeera English*, 13 décembre 2015, en ligne.

Autriche), « provincial » (Allemagne), national (Islande) et européen (Suède). D'autres partis ou courants politiques, sans forcément utiliser le terme « pirate », véhiculent sensiblement les mêmes idées, comme le Partido de la Red en Argentine[52].

Certains partis pirates se décrivent comme de simples plateformes : ils proposent uniquement une procédure par laquelle chacun.e est invité à élaborer et à promouvoir ses prises de position[53]. Comme pour le logiciel libre, et dans le sillage des expériences de démocratie liquide, le processus est parfois détaché de toute affiliation politique spécifique. C'est principalement à travers un travail collaboratif sur la procédure (le code) que les pirates font le pari de renouveler la démocratie : « Notre principal objectif consiste à créer des outils démocratiques afin qu'il n'y ait pas de rupture entre le grand public et le processus d'élaboration des lois », explique Birgitta Jónsdóttir[54].

Figure singulière aux multiples identités (poète, *geek*, militante pour WikiLeaks, politicienne), Jónsdóttir sera une leader du Parti pirate islandais lorsque celui-ci sera mis sur pied en 2012. De fait, l'Islande est peut-être le pays qui s'est le plus investi dans ce travail collaboratif de réflexion et de refondation de ses institutions politiques. Pour comprendre ce qui a donné au pays cette impulsion, il faut revenir à la crise financière de 2008. Lorsque survient la crise étatsunienne des *subprimes*, une bulle spéculative éclate en Islande. Les dettes des trois plus grandes banques du pays, privatisées quelques années plus tôt, sont si importantes que la Banque centrale procède à leur nationalisation, davantage par pragmatisme des conservateurs au pouvoir que par impulsion socialiste. À partir d'octobre 2008, des citoyen.ne.s exaspéré.e.s par les scandales et la récession se réunissent devant le parlement tous

52. Drew Reed, « Digital Revolutions : Argentina's Online Political Party Shakes Up City Government », *This Big City*, 12 novembre 2013, en ligne.
53. Voir Bernardo Gutierrez, « How Net Parties Are Changing the Rules of the Political Game », *P2P Foundation*, 2 avril 2013, <https://blog.p2pfoundation.net/how-net-parties-are-changing-the-rules-of-the-political-game/2013/04/02>.
54. Eric Eymard, « L'interview vivifiante de Birgitta Jónsdóttir », *Vivre en Islande*, 19 octobre 2013, <www.vivreenislande.fr/2013/10/birgitta-jonsdottir-parti-pirate.html>.

les samedis, casseroles en main, et parviennent à obtenir la démission du premier ministre et la tenue d'élections au printemps 2009 ; le Parti de l'indépendance (conservateur) est alors chassé du pouvoir.

Le soulèvement de 2008-2009, dans un pays où les précédents de ce genre sont rares, a favorisé la politisation singulière de la population[55]. Les batailles menées par les Islandais.es pour s'attaquer aux causes de la débâcle et refonder les institutions de leur pays se sont articulées autour des principes de la libre circulation de l'information et de la participation du public. De nombreux groupes de recherche citoyens se sont formés dans le sillage de cette crise, au sein desquels le public tente de se réapproprier les lois et le système économique. Leur objectif est de mieux comprendre ce qui a conduit à une telle débâcle et de monter des poursuites contre les banquiers et les politiciens complices. Dans les années qui suivent, plusieurs dirigeants de banques seront condamnés à quelques mois ou à quelques années de prison.

L'accès à l'information et la liberté de presse constituent donc des outils importants pour le mouvement citoyen islandais. Notons que l'un des premiers faits d'armes de WikiLeaks, en 2009, a été accompli en Islande : des informations incriminant la banque islandaise Kauphting ne pouvant être divulguées par la télévision nationale en raison d'une injonction judiciaire, le bulletin de nouvelles a simplement publié le lien vers le dossier sur WikiLeaks. En 2010, Jónsdóttir et les élu.e.s du « Mouvement des citoyens » font adopter à l'unanimité au parlement la fondation de l'Initiative islandaise de modernisation des médias (IMMI). Celle-ci a pour objectif de revoir les lois du pays de manière à faire de l'Islande « la Suisse de l'information », comme le dit Jónsdóttir, notamment par de forts dispositifs de protection des lanceurs et lanceuses d'alerte, des sources des journalistes ainsi que des hébergeurs de sites web. De plus, l'IMMI veut faire renverser la logique des lois d'accès

55. Deux documentaires saisissent bien ce moment historique : Miguel Marques, *Pots, Pans and Other Solutions*, LIGHTS ON(E), 2012, 65 min, <www.youtube.com/watch?v=JGwMIlpgR2A> ; et Danny Mitchell, *Reykjavik Rising*, Conscious Collective Films, 2015, 55 min, <https://vimeo.com/137681736>.

à l'information du pays en obligeant la divulgation systématique des documents étatiques : si le gouvernement s'y oppose, ce serait à lui de se justifier en publiant les motifs, la personne responsable et la date de péremption de la classification restreinte d'un document[56]. Si l'IMMI atteignait ses objectifs, l'Islande deviendrait en quelque sorte l'antithèse du paradis fiscal, qui repose fondamentalement sur le secret.

L'idée de réécrire la Constitution du pays fait son chemin tant au gouvernement que dans la société civile, si bien qu'en 2009 et 2010 deux forums sont organisés pour jeter les bases de l'Assemblée constituante. Au total, 1 200 des 1 500 participant.e.s sont choisi.e.s au hasard, avec le souci d'une juste représentation des âges, des genres et des régions de résidence. Réparti.e.s en divers ateliers, les délégué.e.s identifient d'abord les valeurs cardinales de la future Constitution, après quoi 30 personnes sont élues avec pour seul mandat de rédiger une Constitution correspondant à ces valeurs. On tente d'ouvrir le processus de rédaction de manière à stimuler la participation du plus grand nombre : chaque semaine, la plus récente version du texte est publiée en ligne et on recueille les commentaires et idées du public[57]. En octobre 2012, référendum sur les principes de base de la nouvelle Constitution. Ceux-ci sont approuvés aux deux tiers, mais le projet de Constitution ne sera jamais mené à terme, la population n'ayant pas été en mesure de rendre le référendum contraignant pour les parlementaires. Le processus d'écriture collaborative donnait pourtant une forte légitimité au projet : comme l'a dit un citoyen, « si le public islandais écrit la Constitution par lui-même, qui est ce gouvernement pour dire qu'elle n'est pas légitime[58] ? » C'est durant cette même année que Birgitta Jónsdóttir a fondé, avec Smári McCarthy

56. Paula Lázaro, *Icelandic Modern Media Initiative*, 2014, 73 min, <www.youtube.com/watch?v=xGcQKC_x6zw> ; et Arne Hintz, « Dimensions of Modern Freedom of Expression : WikiLeaks, Policy Hacking, and Digital Freedoms », *Beyond WikiLeaks*, New York, Palgrave MacMillan, 2013, p. 157-159.

57. Pour plus de détails sur le processus, voir Mitchell, *Reykjavik Rising*, *op. cit.*, et Castells, *Networks of Outrage and Hope*, *op. cit.*, p. 38-44.

58. Cité dans Marques, *Pots, Pans and Other Solutions*, *op. cit.*

et d'autres cyberactivistes, le Parti pirate d'Islande. Le parti obtient 5 % des voix et 3 sièges sur 63 au Parlement en 2013; à l'automne 2016, les pirates ont obtenu 14,5 % des voix et 10 des 63 sièges.

À ce stade, le bilan du soulèvement populaire est très mitigé, et il est difficile de dire quels en seront les effets à moyen et à long termes. Quoi qu'il en soit, on peut constater que les principes articulés par les cyberactivistes au fil de leurs luttes ont aidé les citoyen.ne.s islandais.es à élaborer une critique vigoureuse du capitalisme financier et à mettre sur pied des initiatives concrètes et originales d'approfondissement de la démocratie.

Des ponts à bâtir

Bien des questions et des critiques peuvent et doivent être soulevées à l'égard du courant politique pirate et des expériences de démocratie liquide. Les présupposés égalitaristes somme toute assez libéraux (l'insistance sur le mérite individuel, par exemple) masquent souvent, et peut-être involontairement, des inégalités importantes, qu'on appelle parfois « fracture numérique » (*digital divide*), séparant les plus qualifié.e.s des autres. Un système de démocratie liquide risque d'avoir un effet contraire à son objectif initial (à savoir un processus de prises de décision sur un mode « horizontal »), en concentrant le vote entre les mains de quelques « expert.e.s », si bien informé.e.s des enjeux et de leurs technicalités qu'il devient difficile de rivaliser avec elles ou eux – et tentant de les laisser décider à notre place[59].

Plus profondément, il importe d'interroger cette quasi-fascination qu'ont les hackers (militant.e.s comme politicien.ne.s) pour le processus et la mécanique, ce qui les conduit souvent à refuser de se situer politiquement par rapport à d'autres questions. Cette ambiguïté, notamment à l'égard du capitalisme, traverse d'ailleurs l'ensemble du mouvement libriste et *open source*, et ce, depuis ses débuts. Les outils

59. Pour une critique féministe de la méritocratie au sein des communautés libristes et *open-source*, voir « Questioning the Merit of Meritocracy », *Geek Feminism Blog*, 29 novembre 2009, en ligne.

développés par les hackers n'évoluent pas dans un univers abstrait ou dans une réalité alternative : toutes sortes de forces sociales et économiques peuvent se les approprier, les récupérer, les combattre. Nos sociétés sont traversées de multiples hiérarchies (économiques, de genre, ethniques, etc.), et les hackers ont la responsabilité d'en tenir compte quand ils articulent leurs idéaux politiques, sous peine de se voir reprocher, non sans raison, d'ignorer les problèmes concrets que vivent les individus ne disposant pas des mêmes compétences et expertises qu'eux[60].

Par ailleurs, si le flou qu'entretiennent bien des cyberactivistes quant à leur situation sur l'axe gauche-droite peut être dérangeant, une large part de la gauche – la gauche québécoise en particulier – peine à remettre en question ses cadres analytiques pour tenter de saisir les possibilités que l'approche des hackers peut ouvrir. Le mouvement pour une information libre aborde la politique à travers un autre prisme que celui de la gauche et la droite ; il tente d'articuler un problème en des termes nouveaux, de mettre en lumière un obstacle spécifique auxquels les humain.e.s sont confrontés dans leur quête d'une vie mieux vécue. En s'attaquant au processus par lequel les idées circulent et sont débattues plutôt qu'à la substance de ces idées elles-mêmes, les hackers, les libristes et les pirates parviennent parfois à renouveler la critique du système économique et politique et à perturber son fonctionnement au quotidien, mais en l'abordant de biais, en quelque sorte. Ils s'attaquent au système en cherchant à y pratiquer un autre type de brèche que celles auxquelles nous sommes habitué.e.s. Ils viennent bousculer des modes d'organisation plus hiérarchiques ou centralisés auxquels ont aussi eu recours les forces de gauche, en insistant sur la décentralisation, l'horizontalité et la participation.

Il y a là des possibilités de renouvellement sur lesquelles il faudrait davantage se pencher. En quoi les mécanismes de

60. En novembre 2016 à Montréal, un auditoire avide d'entendre une vidéoconférence d'Edward Snowden, à l'Université McGill, a franchi une ligne de piquetage d'étudiant.e.s employé.e.s en grève, témoignant de nouveau des faiblesses de l'analyse politique de nombreux militant.e.s de ce milieu.

délibération collective développés par les hackers pourraient-ils inspirer les militant.e.s syndicaux découragé.e.s par les carences démocratiques de leurs organisations[61] ? De quelles manières le code pourrait-il aider les militantes féministes à combattre le harcèlement en ligne et à dénoncer les agressions sexuelles ? Comment les militant.e.s racisé.e.s peuvent-ils s'outiller contre la surveillance, dans un contexte de résurgence de la haine et du racisme ? Il m'apparaît important de créer davantage de ponts entre les hacktivistes et d'autres mouvements progressistes, dans une perspective semblable à ce que des féministes appellent l'analyse intersectionnelle[62]. Le milieu hacker, encore largement composé d'hommes blancs et scolarisés, politisés à l'extérieur des cercles militants « traditionnels », aurait lui aussi beaucoup à y gagner : il y a là une occasion pour les hackers de développer une critique des manifestations croissantes d'intolérance (que l'on retrouve tant sur Internet qu'en-dehors du réseau) et d'approfondir leur réflexion sur les diverses manières d'y faire face. Pour cela, un positionnement plus clair sur des enjeux de justice sociale et économique me semble une nécessité.

61. Yannick Delbecque suggère plusieurs autres ponts dans son article « Syndicalisme et informatique libre », *À bâbord !*, nº 63, février-mars 2016.
62. Voir par exemple Leila Bdeir, « L'intersectionnalité, cette approche qui dérange », *À bâbord !*, nº 67, décembre 2016-janvier 2017.

Chapitre 7

De l'immatériel au matériel

Dans la vision que j'ai, mon héros se réveille et donne ses instructions à l'assistant domotique intégré dans sa maison. Ce dernier l'avise qu'il ne peut pas repasser son costume, car il dépasserait la consommation énergétique prescrite [...]. *Il se rend ensuite en voiture autonome à son rendez-vous, où son patron lui annonce que son poste de notaire n'est plus nécessaire étant donné que la technologie* [...] *est désormais plus efficace* [...]. *Sur le chemin du retour, il écrit un SMS rageur à sa femme : « Me suis fait virer, envie de meurtre. » À son arrivée, la police prédictive est à sa porte et l'arrête pour menace à autrui. Toute la technologie pour en arriver là est déjà en place, c'est dans l'implantation que ça ne va pas assez vite.*

– Hugues Bersini, spécialiste en intelligence artificielle[1]

Les téléphones multifonction étendent le milieu de travail dans le temps et l'espace. On peut répondre à ses courriels en déjeunant, revoir des détails dans le train vers la maison et préparer ses réunions du lendemain avant d'éteindre la lumière. Internet devient le lieu de travail, et le bureau un simple point sur la vaste carte des lieux possibles où travailler.

– Nicole Aschoff[2]

---

1. Cité dans Mathias Marchal, « Sauver la planète par la dictature numérique », *Métro*, Montréal, 7 mars 2017.
2. « The Smartphone Society », *Jacobin*, n° 17, printemps 2015, p. 36. Ma traduction.

En 1996, lorsque John Perry Barlow lance sa très influente « Déclaration d'indépendance du cyberespace », le réseau Internet apparaît encore à une grande majorité de gens comme un espace étrange et lointain, l'univers du virtuel et de l'immatériel. En fait, même les personnes qui s'en servent alors le perçoivent comme un lieu extérieur au monde réel. Perry Barlow écrit d'ailleurs, dans la Déclaration, que

> l'espace social global que nous construisons est naturellement indépendant des tyrannies que vous cherchez à nous imposer. [...] Nôtre est ce monde qui est à la fois partout et nulle part, mais où les corps ne vivent pas. [...] Nous devons déclarer nos êtres virtuels immunisés contre votre souveraineté, même si nous continuons de consentir à votre règne sur nos corps. [...] Nous créerons une civilisation de l'Esprit sur le Cyberespace[3].

Dans les années 1980 et 1990, cette vision d'Internet comme espace virtuel a été très prégnante, notamment dans l'univers du roman cyberpunk, tel que le classique *Neuromancer*, de William Gibson[4], et plus tard dans des films hollywoodiens à succès tels que *La Matrice*. Il est vrai qu'Internet, comme l'explique le géographe Boris Beaude, s'est constitué comme un *espace* en soi, partiellement distinct du reste de nos existences, d'où l'expression « aller sur Internet ». Cet espace s'est déployé par-delà nos *territoires* nationaux respectifs, ces lieux physiques où l'on trouve les gens, leurs habitations, les ressources naturelles, etc. Les interactions et les communautés qu'on retrouve sur Internet sont peut-être immatérielles, mais jamais irréelles : le réseau, explique Beaude, « crée de nouveaux lieux, tout à fait réels, qui deviennent des médiations parfois essentielles à des pratiques de plus en plus nombreuses[5] ».

En ce sens, l'intuition de Perry Barlow et des utopistes du cyberespace était juste, même si elle se révèle aujourd'hui très

3. « A Declaration of the Independence of Cyberspace », 8 février 1996. Disponible sur le site de l'*Electronic Frontier Foundation* : <www.eff.org/cyberspace-independence>. Ma traduction.
4. William Gibson, *Neuromancer*, New York, Ace Books, 1984. Sur les utopies du cyberespace, voir Benjamin Loveluck, *Réseaux, libertés et contrôle. Une généalogie politique d'Internet*, Paris, Armand Colin, 2015, p. 89-110.
5. Boris Beaude, *Les fins d'Internet*, Limoges, Fyp, 2014, p. 20.

incomplète. Bien qu'Internet soit régi par des « principes d'autorégulation et de circulation sans entrave de l'information[6] », Beaude soutient que ses fondements matériels sont incontournables pour toute analyse des enjeux soulevés par le numérique. Internet a des bases physiques (serveurs, câbles, satellites, ordinateurs, téléphones) qui sont conçues et construites dans un environnement physique, la Terre, dont les capacités se révèlent toujours plus limitées.

Il est d'autant plus significatif que le projet cybernétique issu de Silicon Valley et le type de capitalisme qui y est associé tendent actuellement à « coloniser » d'autres sphères de la société. De plus en plus d'objets de notre quotidien seront connectés à Internet, ce qui soulève, avec une acuité renouvelée, la question de la surveillance et du contrôle abordée au chapitre 5. Par ailleurs, le modèle de la « plateforme » capitaliste, axé sur la mise en réseau d'individus et l'accaparement de leurs interactions et de leurs données à des fins lucratives, s'étend à d'autres domaines, notamment l'hébergement (Airbnb) et le transport (Uber), en se présentant frauduleusement sous le nom d'« économie du partage ». Autrement dit, loin d'être à l'extérieur de nos vies « réelles », le réseau intègre maintenant un nombre croissant de nos interactions et échanges, nous suit dans nos déplacements et nos activités, et rejoint même nos grille-pain et nos vibrateurs.

Ce passage du numérique de l'immatériel au matériel se fait souvent grâce à l'accaparement des informations sur l'environnement physique et humain dans lequel elles sont produites ou, plus précisément, par des *données* générées de manière collaborative par ses usager.e.s. Ces données peuvent être compilées et mobilisées à des fins bien différentes, qui vont de l'appropriation d'informations personnelles par des entreprises en quête de profits et de contrôle « algorithmique » à la mise en commun de connaissances en matière d'environnement et d'ingénierie pour le bien collectif, ce à quoi travaillent les adeptes progressistes du pair-à-pair. Cela leur demande d'intégrer des considérations *matérielles* à leur propre proposition politique, qui s'est d'abord articulée

6. *Ibid.*, p. 23.

autour d'un idéal *immatériel*, celui de la libre circulation de l'information. La fin de ce chapitre nous permettra de prendre acte des défis qui les attendent, mais aussi des initiatives, déjà en cours, visant à développer une vision écologiste, démocratique et coopérative de cette transition d'Internet entre l'immatériel et le matériel. Ce panorama général, plus prospectif que celui des chapitres précédents, nous permettra d'envisager quelques contradictions et lignes de tension qui gagneront assurément en importance au cours des années qui viennent.

Le coût environnemental du numérique

Les conséquences environnementales du numérique viennent bousculer tant l'utopie immatérielle des grandes entreprises que les projets des militant.e.s libristes. Nous avons déjà abordé en introduction de cet ouvrage les lourdes conséquences de la production des outils numériques. L'augmentation exponentielle du nombre d'outils technologiques dans notre quotidien (des ordinateurs de bureau aux ordinateurs portables, en passant par les téléphones multifonctions, les tablettes et les liseuses) ne fait qu'accroître ce poids, d'autant plus qu'il faut souvent remplacer rapidement ces bidules conçus, sur les plans physique et logiciel, sur la base de l'obsolescence programmée ou du « prêt-à-jeter[7] ».

Mais c'est aussi la croissance de l'*utilisation* d'Internet dans nos existences qui a un impact environnemental de plus en plus problématique. La meilleure démonstration du caractère idéologique de l'expression « informatique en nuage » (*cloud computing*) peut se faire en observant sa mise en place matérielle et ses effets environnementaux. On sait que les 200 millions de requêtes par jour que reçoit le moteur de recherche Google requièrent autant d'énergie, au bout d'une année, qu'un pays comme le Laos[8]. Les quantités astronomiques de données que nous générons sont stockées dans des

7. Certaines imprimantes, par exemple, ont été équipées d'un logiciel qui simule la fin de la vie du produit pour inciter à en acheter une autre. Voir Cosima Dannoritzer, *Prêt à jeter*, Arte France, 2010, 75 min.
8. « Une recherche Google, c'est combien de CO_2 ? », *ConsoGlobe*, 28 novembre 2016, en ligne.

machines qui dégagent une chaleur tellement grande que Google a installé en Finlande un centre où des tuyaux d'eau de mer glaciale circulent entre les serveurs[9]. Ces exemples viennent rappeler, comme le fait toujours la pensée écologiste, que les gestes individuels anodins peuvent avoir des effets cumulés substantiels, et qu'il est donc nécessaire de penser toutes nos actions en interrelation avec notre environnement.

Mais, voudra-t-on rétorquer, les technologies de l'information et des communications n'ont-elles pas en retour un effet positif sur l'environnement ? La consultation d'un document sur un écran plutôt que sur papier, le télétravail et les conversations sur Skype plutôt que l'utilisation de moyens de transport polluants ne permettent-ils pas une réduction de notre empreinte écologique ? L'ouvrage *La face cachée du numérique* fait les mises au point nécessaires à cet égard en se servant du concept d'*effet rebond*: « un usage plus efficace d'un produit entraînerait une baisse de son coût, qui à son tour provoquerait une augmentation de la demande[10] ». On fait face aux mêmes contradictions qu'avec l'approche dite du développement durable: pourquoi développer des moteurs hybrides si c'est pour les installer dans des voitures plus gourmandes en énergie ? Les auteur.e.s du livre soutiennent que les révolutions de l'information, jusqu'à présent, ont mené à « une augmentation de la consommation d'autres biens et services tels que le transport et le papier[11] ».

La prise en compte des impacts environnementaux d'Internet et du numérique devrait nous amener au même constat que celui que je fais tout au long de ce livre, à savoir que la technologie, par elle-même, ne règle pas les problèmes. Cela est tout aussi vrai pour le maintien de nos écosystèmes que pour la réduction des inégalités sociales ou le renouvellement de la démocratie. Il faut chaque fois replacer les développements techniques dans leur contexte social, économique et politique pour cerner correctement les enjeux et rappeler la

9. Fabrice Flipo, Michelle Dobré et Marion Michot, *La face cachée du numérique. L'impact environnemental des nouvelles technologies*, Montreuil, L'échappée, 2013, p. 23.
10. *Ibid.*, p. 78.
11. *Ibid.*, p. 103.

nécessité d'actions collectives transformatrices, seules véritables garantes des avancées de nos sociétés.

En d'autres termes, c'est par des interventions visant à orienter la *mise en forme* des technologies qu'il devient possible d'envisager des changements tangibles. Premièrement, il faut réfléchir à l'Internet que nous voulons, sur les plans démocratique et environnemental, et s'organiser en conséquence. À plusieurs reprises dans ce livre, j'ai soutenu la nécessité de revenir à la forme décentralisée des origines d'Internet, notamment pour limiter l'emprise des grandes entreprises sur le réseau et réduire les possibilités de surveillance massive. Cette piste est aussi prometteuse dans une perspective environnementale: en forçant les grandes entreprises à détruire régulièrement les données de leurs utilisateurs et en encourageant les internautes à les stocker à domicile ou chez des organismes de proximité (bibliothèques municipales, écoles, organismes communautaires, coopératives, syndicats, etc.), on protège la vie privée *et* on réduit considérablement la nécessité de refroidir de gigantesques parcs de serveurs. Cela nous amène aussi, plus fondamentalement, à départager ce qui doit véritablement être conservé de ce qui peut sombrer dans l'oubli personnel et collectif, à distinguer ce qui relève de l'histoire individuelle et du patrimoine culturel et social d'une société, d'une part, de ce qui contribue à l'accumulation infinie de « déchets de données », d'autre part.

Deuxièmement, on peut réfléchir à des manières de relocaliser les serveurs de sites web de manière à réduire les coûts énergétiques découlant de la circulation des informations, tout en ayant un plus grand contrôle démocratique sur la partie de l'infrastructure informatique qui se trouve sur notre territoire[12]. Il faut cependant éviter de glisser vers des « intranets » nationaux et de casser l'horizon mondial sur lequel s'est construit Internet.

Troisièmement, il existe des initiatives visant à contrer le principe économique de l'obsolescence programmée (en informatique comme ailleurs), et donc la prolifération des engins

12. Voir Benjamin Bayart, « Il est désormais possible de relocaliser le monde », *Article 11*, 29 juillet 2011, en ligne.

connectés devant rapidement être remplacés. Le Fair Phone, par exemple, est un téléphone conçu et fabriqué sur la base de principes éthiques tels que le refus du prêt-à-jeter, grâce à ses modules faciles à remplacer qui prolongent la durée de vie du téléphone et à l'utilisation de minerais et de métaux achetés « auprès d'exploitations minières non liées au financement de conflits armés[13] ».

Enfin, il faut explorer ces avenues tout en réfléchissant sur la place d'Internet dans nos vies quotidiennes : est-il vraiment nécessaire d'être « connecté » de manière aussi intensive[14] ? Ne serait-il pas pertinent de suivre l'exemple de la France qui a promulgué un « droit à la déconnexion », de rechercher un nouvel équilibre entre les interactions dans l'espace numérique et celles dans l'espace physique[15] ?

Bien des réflexions devront être approfondies pour passer de l'hyperconsommation à la frugalité en ce qui a trait au numérique[16]. Ces questions me semblent démontrer de nouveau l'importance d'intégrer une analyse critique du capitalisme et de la croissance économique au monde des hackers et des libristes. Cela dit, l'approche du pair-à-pair commence à être pensée de manière à fournir des pistes environnementales dignes de considération pour le mouvement écologiste ; nous y reviendrons en fin de chapitre.

L'Internet des objets : l'invasion qui vient

On se trouve aux antipodes du droit à la déconnexion et des limites à la prolifération des bidules lorsqu'on se penche sur l'Internet des objets (ou « objets connectés »), qui commence à peine à s'immiscer dans nos vies. Cela réfère à toutes sortes

---

13. « Nos objectifs », *Fairphone*, <www.fairphone.com/fr/nos-objectifs/>.
14. Pour de bonnes réflexions à ce sujet, voir Werner Herzog, *Lo and Behold: Reveries of the Connected World*, Magnolia Pictures, 2016, 98 min.
15. Voir Léa Fontaine, « À quand un vrai droit à la déconnexion ? », *À bâbord !*, n° 68, février-mars 2017. Pour une critique du caractère limitatif de ce concept, voir Evgeny Morozov, « We All Have the "Right to Disconnect" – But Only Some of Us Can Afford It », *The Guardian*, 19 février 2017.
16. Voir « D'un écran à l'autre… comment l'informatique nous pollue », *Manifeste pour une Dotation Inconditionnelle d'Autonomie*, 22 janvier 2017, <www.projet-decroissance.net/?p=2247>.

d'appareils qui sont dotés d'une connexion à Internet, directe ou par l'intermédiaire d'un ordinateur ou d'un téléphone, dans le but de recueillir des données ou d'être programmés pour exécuter des tâches. Évidemment, au sens strict, l'ordinateur est le premier de ces objets, mais l'Internet des objets commence véritablement avec la connectivité des appareils qui avaient d'abord une tout autre fonction. En ce sens, le premier véritable « objet connecté », et non le moindre, est le téléphone cellulaire multifonction : l'appareil qui servait d'abord à faire des appels et à envoyer des textos est désormais utilisé à toutes sortes d'autres fins.

Mais lorsqu'on parle d'Internet des objets, on fait surtout référence à d'autres appareils : laveuses, réfrigérateurs, voitures, lave-vaisselle, téléviseurs, caméras, radiateurs, poupées Barbie, stimulateurs cardiaques, etc. On prévoit qu'en 2020, il y aura 5 milliards d'objets connectés utilisés par les ménages à travers le monde[17]. Même des jouets sexuels peuvent être connectés à Internet (par exemple, pour être activés à distance par un.e partenaire) ; certains de ces appareils transmettent au fabricant des informations telles que la température du produit et les réglages d'intensité[18]. Dans une maison où il est possible de connecter le panneau électrique à Internet, on peut surveiller la consommation d'énergie de *tous* les appareils, même ceux qui ne sont pas connectés, et consulter le tout via l'application Sense sur un téléphone[19].

Une fois de plus, nous voici « fortement invité.e.s » à livrer nos données personnelles en échange d'une vie soi-disant simplifiée. Les dangers dépassent pourtant de loin les gains pratiques. Les exemples sont multiples. L'application Sense est principalement financée « par deux sociétés de capital-risque du secteur énergétique[20] », dont l'une est affiliée à Royal Dutch Shell. On peut supposer que le secteur de l'énergie est très

17. Voir Ian Bogost, « Des espions à la maison », *Courrier international*, n° 1363, 15 décembre 2016, p. 32-37.
18. Voir Alex Hern, « Vibrator Maker Ordered to Pay Out C$4M for Tracking Users' Sexual Activity », *The Guardian*, 14 mars 2017.
19. Bogost, « Des espions à la maison », *op. cit.*, p. 34.
20. *Ibid.*, p. 37.

intéressé à suivre à la trace notre consommation d'électricité et, pourquoi pas, à moduler nos usages.

Des publicitaires, pour leur part, ont manifesté beaucoup d'intérêt pour les téléviseurs connectés tel le Vizio, qui collecte par défaut des données sur les habitudes télévisuelles des utilisateurs[21]. Les annonceurs tentent notamment de se renseigner, grâce à des logiciels de reconnaissance faciale, sur l'attention et l'intérêt que portent leurs client.e.s potentiel.le.s à leur publicité[22]. En 2015, Samsung avait averti en toute candeur les acheteurs de sa Smart TV que le système de reconnaissance vocale pouvait aussi enregistrer leurs conversations de salon et les envoyer à des tierces parties[23].

Les compagnies d'assurance et les marchés financiers sont très intéressés aussi par les objets connectés. Déjà, en 2013, on rapportait que des compagnies d'assurance québécoises offraient « une prime d'assurance automobile 25 % moins élevée en échange d'une surveillance constante de la conduite grâce au GPS[24] » et de l'adoption de certaines pratiques de conduite, comme ne pas conduire la nuit. Ce modèle peut s'appliquer à bien d'autres domaines. Comme l'explique le professeur d'informatique Ian Bogost,

> Le suivi d'activité d'un four électrique, d'une plaque de cuisson, d'un mixeur ou d'un micro-ondes pourrait permettre de déduire les habitudes alimentaires d'un foyer, et, partant, l'état de santé global de ses occupants. [...] Bientôt, on ne pourra plus contracter une assurance automobile sans connecter son appareil intelligent au centre de diagnostic de son véhicule, une assurance santé sans un pisteur de forme physique ou un prêt bancaire sans révéler toute son activité sur les réseaux sociaux[25].

Sans surprise, les chercheurs qui analysent nos traces numériques qualifient les algorithmes de non discriminatoires,

---

21. *Ibid.*, p. 36.
22. Hilary Brueck, « Now Advertisers Can Watch You Watch TV », *Fortune*, 13 février 2016.
23. Alex Hern, « Samsung Rejects Concern Over "Orwellian" Privacy Policy », *The Guardian*, 9 février 2015.
24. Mathieu Perreault, « Assurance auto : primes réduites grâce à Big Brother », *La Presse*, 19 août 2013.
25. Bogost, « Des espions à la maison », *op. cit.*, p. 36-37.

contrairement aux humains imparfaits qui souffrent de toutes sortes de biais (sexistes, racistes, âgistes, etc.)[26]. En réalité, l'algorithme est conçu par un humain et peut bel et bien entraîner des discriminations sur la base de statistiques tirées des Big Data[27]. Le ségrégationnisme économique ou même racial sous-tendu par un tel modèle est très problématique: prisonnier.e.s de leur passé inscrit dans leurs données, ou même dans les données de leurs proches, certains individus verraient leur horizon de possibilités sans cesse rétréci[28]. Pensons par exemple à une voiture qui se désactiverait si la personne qui l'a achetée a du retard dans le remboursement de son prêt[29]... C'est notamment ce qui amène Evgeny Morozov, Maxime Ouellet et d'autres à dénoncer ce régime émergent de régulation ou de gouvernementalité « algorithmique », dans lequel des outils technologiques et financiers se substituent au politique pour instituer un contrôle extrêmement serré sur les individus[30].

Au-delà des questions soulevées par la collecte de données par les objets connectés, d'autres problèmes émergent. Rappelons-nous qu'au chapitre 2 nous avons vu que, dans l'idée de limiter le partage de fichiers, législations et verrous numériques ont été mis en place de manière synchrone, notamment sur les disques compacts et les DVD. Des téléphones tels que le iPhone ont par la suite été *conçus* sur la base de ces préoccupations: seules les applications autorisées par Apple peuvent y être installées. Pour Cory Doctorow, il s'agit d'une rupture majeure, sur le plan de l'autonomie laissée à l'usager.e

26. Voir la websérie *Traque interdite*, S01E03, « Paye ton J'aime », Upian/Arte/ONF/BR, 2015, <https://donottrack-doc.com/ca/>.
27. Fabien Deglise, « Néo-discrimination », *Le Devoir*, 17 février 2014.
28. *Traque interdite*, S01E05, « Big Data. Un monde d'algorithmes », Upian/Arte/ONF/BR, 2015, <https://donottrack-doc.com/ca/>.
29. Cory Doctorow, « An Internet of Things that Do as They're Told », *Personal Democracy Forum*, 7 juin 2015, <www.youtube.com/watch?v=ACwRGLbFY_M>.
30. Evgeny Morozov, « The Rise of Data and the Death of Politics », *The Guardian*, 20 juillet 2014; Maxime Ouellet, *La révolution culturelle du capital. Le capitalisme cybernétique dans la société globale de l'information*, Montréal, Écosociété, 2016. Bien que je ne partage pas la thèse d'ensemble de l'ouvrage, Ouellet y cerne très efficacement et plus en profondeur que moi les menaces qu'entraîne ce type de système.

pour connaître et modifier son appareil, une rupture qui a pavé la voie à l'Internet des objets. Les grandes entreprises espèrent que des verrous législatifs et techniques garantiront que les appareils soient utilisés uniquement aux fins pour lesquelles ils ont été fabriqués et, surtout, par l'entremise des *compagnies* qui les ont produits (avec une application spécifique ou pour le remplacement de pièces, par exemple). Comme le souligne Doctorow, cela signifie souvent qu'il est interdit de savoir comment son téléphone, son réfrigérateur ou sa tondeuse fonctionne, de l'ouvrir, d'inspecter son fonctionnement et encore moins de le modifier[31]. Pour Trebor Scholz, « nos vies sont en *streaming* » (*we are streaming our lives*) : si nous ne résistons pas, les grandes entreprises tenteront de plus en plus de nous *louer* les objets de notre quotidien[32].

C'est ici que l'éthique des promoteurs des logiciels libres, selon laquelle l'ouverture du code informatique est garante d'un contrôle démocratique sur la technologie, prend tout son sens. Puisque les verrous empêchent les citoyen.ne.s de savoir comment leurs outils fonctionnent, et puisqu'il est interdit de détecter et de publiciser leurs failles, les appareils sont encore plus vulnérables aux intrusions malveillantes[33]. On pense bien sûr au vol de données sensibles par des hackers, mais les risques vont bien plus loin. En octobre 2016, des objets connectés ont été « embrigadés » par des hackers pour bombarder des sites web de requêtes et les paralyser[34]. « L'attaque des robots culinaires vengeurs » n'évoque plus le titre d'une bande dessinée de science-fiction des années 1950… En mars 2017, des révélations de WikiLeaks ont montré que la CIA travaille à activer *incognito* les caméras et micros des objets connectés à des fins d'espionnage. On commence même à

31. Cory Doctorow, *Information Doesn't Want to Be Free: Laws for the Internet Age*, San Francisco, McSweeney's, 2014, p. 26-30.
32. « Platform Cooperativism vs. the Sharing Economy », *Medium*, 5 décembre 2014, en ligne.
33. Doctorow, « An Internet of Things that Do as They're Told », *op. cit.*
34. Nicky Woolf, « DDoS Attack that Disrupted Internet Was Largest of Its Kind in History, Experts Say », *The Guardian*, 26 octobre 2016.

évoquer la possibilité « d'infecter les systèmes de contrôle de voitures » pour « mener des assassinats quasi indétectables[35] ».

L'Internet des objets, un monde de possibilités !

Qu'un tel niveau de risque s'accompagne d'une quasi-absence de débat public a quelque chose de proprement terrifiant. Comme d'habitude, l'idéologie californienne, qui combine fatalisme technologique et prophétisme des lendemains qui chantent, domine largement le paysage. Pourtant, comme le fait remarquer Jonathan Zittrain, de plus en plus d'appareils dont nous dépendons sont reliés à un réseau encore très instable et vulnérable[36].

Airbnb, Uber et le capitalisme de plateforme

Une autre manière dont les modes d'interaction développés sur Internet se diffusent dans le monde matériel est ce que certain.e.s appellent le « capitalisme de plateforme[37] ». Un modèle d'affaires s'est développé sur la volonté de mettre à la disposition des internautes une plateforme leur permettant de contracter divers services. Les plus connues sont bien sûr Airbnb, par lequel des visiteurs peuvent sous-louer une chambre ou un appartement à des particuliers, et Uber, par lequel il est possible de louer les services de quelqu'un qui a transformé sa voiture en taxi. Mais le modèle se développe également pour offrir des services de tâches domestiques (Task Rabbit), de livraison (Postmates, Deliveroo) et dans plusieurs autres secteurs.

Le développement de ces plateformes est en parfaite continuité de celui des principaux médias sociaux commerciaux qu'on retrouve sur le Net : derrière un discours séduisant célébrant la communauté et le don de soi, « l'économie du partage est en train de faire pénétrer dans des domaines auparavant protégés de nos vies un marché avide et déréglementé[38] ». Des

35. Craig Timberg, Elizabeth Dwoskin et Ellen Nakashima, « WikiLeaks : The CIA is using popular TVs, smartphones and cars to spy on their owners », *The Washington Post*, 7 mars 2017. Ma traduction.
36. Cité dans Herzog, *Lo and Behold*, *op. cit.*
37. Voir Evgeny Morozov, « Where Uber and Amazon Rule : Welcome to the World of the Platform », *The Guardian*, 7 juin 2015.
38. Tom Slee, *Ce qui est à toi est à moi. Contre Uber, Airbnb et autres avatars de l'économie du partage*, traduction d'Hélène Rioux, Montréal, Lux, 2016, p. 13.

entrepreneurs aux convictions libertariennes, financés par des firmes de capital-risque, ont vu dans cette manière de mettre en rapport des individus la possibilité d'en découdre des industries bien établies (l'hôtellerie et le taxi, notamment), qu'ils estiment protégées par la bureaucratie étatique. Ce faisant, ce sont aussi les normes du travail et diverses formes de réglementation (en santé et sécurité, notamment) qu'ils tentent de contourner subrepticement. Le tout se présente sous un vernis antisystème qui n'est pas sans attrait pour une génération que la stagnation du niveau de vie et la précarité ont habituée à la débrouille et aux « petits boulots », loin de la stabilité du compromis fordiste d'antan. À nouveau, *politics makes strange bedfellows* : des militant.e.s de gauche et une fraction importante d'un parti comme Projet Montréal se sont retrouvé.e.s alliés objectifs d'entreprises hyper-capitalistes[39].

En réalité, ces firmes n'assurent aucune véritable sécurité financière à celles et à ceux qui ont recours à elles ; au contraire, Airbnb et Uber viennent ancrer davantage la précarité dans nos existences. Comme l'expliquent les Québécois Alexandre Bigot-Verdier et Alexandre Berkesse, « le travailleur n'est plus un salarié qui vient vendre sa force de travail aux quelques propriétaires des moyens de production mais un des multiples petits propriétaires de capital qui magasinent les moyens technologiques qui leur permettront de rentabiliser le plus efficacement leur capital investi[40] ». C'est essentiellement ce que dit Brian Chesky, président de Airbnb, lorsqu'il demande : « Qu'arrive-t-il quand tout le monde est une marque ? Quand tout le monde a une réputation ? Cela signifie que chaque personne peut devenir un entrepreneur[41]. » Pour arrondir les fins de mois (ou tout simplement pour gagner un revenu), il faut désormais transformer sa maison en bed and breakfast et sa voiture en taxi. Le tout sans pro-

39. Voir Jonathan Durand Folco, « Pour une ville en commun, contre l'ubérisation du monde », *Ekopolitica*, 28 octobre 2016, en ligne.

40. « Autonomie, l'illusion des travailleurs de plateformes », *Ouishare magazine*, 22 mars 2017, en ligne.

41. Derek Thompson, « Airbnb CEO Brian Chesky on Building a Company and Starting a "Sharing" Revolution », *The Atlantic*, 13 août 2013. Ma traduction.

tections syndicales et sociales (congés parentaux, régime de retraite, etc.) et au prix d'évaluations constantes et très serrées par la clientèle, une autre forme de régulation algorithmique. On aura compris que l'expression « économie du partage » est employée ici de manière complètement frauduleuse, puisque ces firmes, comme toute bonne entreprise capitaliste, poursuivent un objectif diamétralement opposé au partage, soit l'accumulation. Jonathan Durand Folco met bien en lumière cette « contradiction entre les principes de coopération et de partage qui peuvent animer les interactions entre les usagers qui produisent les services et les contenus, puis le format propriétaire de ces plateformes qui privatisent les bénéfices engendrés par la libre collaboration des individus[42] ».

Pour Nicole Aschoff, de la revue étatsunienne *Jacobin*, l'arrivée du *smartphone* représente un tournant décisif, qui a « fourni un mécanisme physique permettant un accès constant à notre existence numérique[43] ». Ce téléphone a participé à la reconfiguration du capitalisme autour du travail flexible, déterritorialisé, détaché d'un lieu fixe. Il a aussi contribué, selon elle, à l'ouverture de nouvelles sphères d'accumulation de capitaux, notamment les interactions sociales et les données que nous produisons au quotidien. Le capitalisme de plateforme approfondit la marchandisation du don et du partage entre êtres humains qui avait été amorcée par les médias sociaux et vient brouiller davantage les frontières séparant le travail du loisir, le lieu de travail du reste de l'existence.

Ce brouillage des frontières entre espaces de vie et espaces de transaction marchande est manifeste dans les villes où Airbnb s'est implanté. C'est tout le tissu social de quartiers prisés par les touristes qui se transforme avec l'arrivée de cette industrie. Les appartements deviennent beaucoup plus rentables lorsqu'ils sont loués de cette façon, au point où ils sont parfois carrément retirés du marché locatif par leurs propriétaires. Les résidant.e.s d'un bloc d'appartements et même d'un quartier se retrouvent ainsi dépossédés de leur milieu de vie.

---

42. Durand Folco, « Pour une ville en commun », *op. cit.*
43. Nicole Aschoff, « The Smartphone Society », *Jacobin*, n° 17, printemps 2015, p. 40. Ma traduction.

À San Francisco, où les loyers sont les plus élevés aux États-Unis et où le président d'Airbnb dit avoir lancé sa compagnie pour s'aider à payer son propre logement, la prolifération de ce type d'arrangement n'a en rien stoppé l'embourgeoisement galopant. On peut même émettre l'hypothèse contraire : des loyers plus élevés deviennent acceptables aux yeux de personnes ayant des difficultés financières puisqu'elles ont la possibilité de sous-louer leur appartement à l'occasion pour boucler leur budget. D'ailleurs, dans certaines de ses publicités, Airbnb se targue d'aider 70 % de ses hôtes de San Francisco à demeurer dans cette ville[44].

À Barcelone, où l'activité touristique a explosé au cours des 15 dernières années, la mairie de gauche menée par Ada Colau, ancienne militante contre les évictions, a commencé à légiférer sur la question[45]. Le gouvernement municipal n'est pourtant pas « anti-Internet ». Comme on l'a vu au chapitre précédent, Barcelone et d'autres villes d'Espagne s'appuient entre autres sur le numérique pour expérimenter des formes de démocratie participative, avec des visées bien plus stimulantes que les propositions nébuleuses et affairistes de « villes intelligentes », comme celle avancée par l'ex-maire de Montréal, Denis Coderre.

Il n'y a donc pas que des initiatives marchandes, quand il s'agit de transposer des modes d'interaction et d'organisation d'Internet dans le monde matériel. Le modèle de relations décentralisées en pair-à-pair et l'idéal d'accès aux données issu du logiciel libre inspirent des expériences progressistes de coopératives, de mise en commun de savoirs environnementaux et de production matérielle collaborative.

---

44. Biz Carson, « Airbnb Goes on Charm Offensive as It Faces Increased San Francisco Regulation », *Business Insider*, 18 juin 2015, en ligne.
45. Cristina Roca, « "Barcelona Could Die of Success" : Why a Spanish city Is Cracking Down on Tourism », *CBC News*, 31 mars 2017, en ligne. Sur l'impact d'Airbnb à Barcelone, voir Eduardo Chibás Fernández, *Bye Bye Barcelona*, 2014, 55 min, <www.youtube.com/watch?v=kdXcFChRpmI>. Voir aussi « Paris, valise à roulettes », *Là-bas si j'y suis* [émission de radio], 8 octobre 2012, <http://la-bas.org/les-emissions-258/les-emissions/2012-13/octobre-523/paris-valise-a-roulettes>.

Le mouvement des plateformes coopératives

La compagnie québécoise Téo Taxi, propriété du capitaliste engagé Alexandre Taillefer, est peut-être l'une des déclinaisons les moins antipathiques du capitalisme de plateforme. Mais les projets les plus originaux et les plus stimulants se situent du côté du modèle coopératif. Aux États-Unis, l'idée de « socialiser Uber » pour en faire une coopérative de travailleuses et de travailleurs circule depuis un certain temps déjà : « Étant donné que les travailleurs possèdent déjà le capital, sous la forme de leurs voitures, pourquoi ne récoltent-ils pas les profits ? » demandait Mick Konczal dans *The Nation* en 2014[46]. Pour y arriver, suggère par la suite Seth Ackerman dans *Jacobin*, il faudrait forcer les villes à adopter des règlements qui autorisent uniquement un service de taxi appartenant aux travailleuses et travailleurs[47].

On trouve aussi des plateformes coopératives dans le domaine de l'hébergement, du gardiennage, de la livraison, de l'entretien ménager, de la photographie et d'autres services professionnels[48]. Au Québec, Taxi Coop a mis au point une application disponible dans quelques villes et les librairies indépendantes ont maintenant un site transactionnel permettant aux lectrices et lecteurs de se passer d'Amazon[49]. L'intérêt du modèle coopératif, dans ce contexte, est qu'il ne nie pas les attraits d'un réseau numérique décentralisé pour offrir un service ou en bénéficier, mais qu'il cherche à le développer dans une optique démocratique et dans le but de remettre les bénéfices financiers à celles et ceux qui s'en occupent. Comme l'explique le site *Platform Cooperativism*, qui recense ces coops, « il s'agit de la convergence de technologies du XXIe siècle avec le

46. « Socialize Uber », *The Nation*, 10 décembre 2014.
47. Seth Ackerman, « How to Socialize Uber », *Jacobin*, 7 avril 2015.
48. Alissa Quart, « Can a New Worker-Owned Platform Create a More Equitable Sharing Economy ? », *Fast Company*, 18 avril 2016.
49. Voir leslibraires.ca ; « Coopération à l'échelle locale contre les géants du commerce », *La Sphère* [émission de radio], Radio-Canada, 8 avril 2017, <http://ici.radio-canada.ca/premiere/emissions/la-sphere/episodes/378530/audio-fil-du-samedi-8-avril-2017>.

riche héritage global du coopérativisme[50] ». Jonathan Durand Folco va plus loin en évoquant la possibilité « de municipaliser certaines parties de l'économie collaborative, à l'instar d'un service d'hébergement collaboratif analogue à Airbnb, mais dont la ville serait propriétaire, en imposant des règles strictes et en investissant la majorité des surplus dans le développement du logement social, abordable et coopératif[51] ».

Un coup parti, pourquoi ne pas remonter aux premières plateformes numériques, c'est-à-dire les médias sociaux eux-mêmes, pour les repenser sur le mode coopératif ? Au début des années 2010, Diaspora a été l'un des projets les plus prometteurs en ce sens. Le nombre d'adhérent.e.s a cependant plafonné après quelques années. Plus récemment, un mouvement de rachat de la plateforme Twitter, qui est en difficulté financière, suscite l'intérêt[52]. Idéalement, un média social coopératif devrait empêcher la marchandisation de nos données personnelles et permettre un véritable débat sur les termes d'utilisation et la forme de l'espace de discussion, afin de stimuler les échanges et de contrer les invectives et le harcèlement.

Bien sûr, le modèle coopératif a ses limites. Premièrement, une coopérative n'est jamais à l'abri d'une concentration du pouvoir et de l'appétit pour les profits ; au Québec, la dérive du mouvement Desjardins nous le rappelle régulièrement. C'est lorsque les coopératives sont développées comme un instrument qui s'intègre dans la lutte plus générale contre le capitalisme qu'elles sont les plus prometteuses[53].

---

50. « About », *Plaform Cooperativism*, <http://platformcoop.net/about>. Ma traduction. Voir aussi le site *The Internet of Ownership* : <https://ioo.coop/>, et un article de Trebor Scholz (à l'origine de l'expression), « Platform Cooperativism vs. the Sharing Economy », *Medium*, 5 décembre 2014, en ligne. Au Québec, la principale référence est la communauté de Ouishare, un réseau d'abord fondé en France, mais qui ne se limite pas aux coopératives. Voir Isabelle Paré, « Les petits de l'économie collaborative s'organisent », *Le Devoir*, 22 janvier 2016.
51. Durand Folco, « Pour une ville en commun », *op. cit.* En fait, on trouve déjà des exemples du côté des services municipaux tels que les vélos Bixi à Montréal et les voitures Autolib' à Paris.
52. Nathan Schneider, « Here's My Plan to Save Twitter : Let's Buy It », *The Guardian*, 29 septembre 2016.
53. Voir Pierre Dardot et Christian Laval, *Commun. Essai sur la révolution au XXIe siècle*, Paris, La Découverte, 2014, p. 497-505.

Deuxièmement, dans le cas des plateformes numériques, un défi supplémentaire est celui de devoir contrer la position de monopole acquise par le premier à avoir mis en place son réseau. Autrement dit, lorsqu'un réseau devient la « référence » pour un service, que ce soit Facebook ou Uber, il devient très difficile par la suite de le concurrencer. C'est d'autant plus vrai lorsque l'entreprise empêche l'interopérabilité de son système, c'est-à-dire quand elle rend impossible l'interaction avec d'autres services. Ici aussi, la législation peut jouer un rôle en rendant obligatoire la mobilité des données des usager.e.s d'un système à l'autre (autrement dit, en donnant aux serfs la possibilité de quitter la seigneurie). Les usager.e.s seraient dans un meilleur rapport de force avec la plateforme et pourraient migrer plus facilement vers une coopérative[54].

Troisièmement, le coopérativisme ne doit pas nous faire oublier les plateformes d'échange qui ne sont pas axées sur le travail rémunéré et la transaction marchande. La plateforme coopérative peut être un moyen pour plusieurs de gagner leur vie, mais on peut aussi s'inscrire en faux contre l'échange marchand et favoriser le partage gratuit et le don réciproque. Une plateforme comme Couchsurfing, par exemple, qui reliait déjà voyageurs et hébergeurs avant Airbnb, interdit l'échange d'argent entre ses membres. Durand Folco résume bien la différence : alors que les clients d'Airbnb « recherchent avant tout le confort à un prix abordable, un lieu propre à proximité d'un centre touristique », pour les adeptes du Couchsurfing, « l'essentiel réside dans la personne rencontrée, les moments avec l'hôte et l'hospitalité[55] ». Une réelle économie du partage, soutient-il, « doit forcément reposer sur une logique de don et de contre-don, de gratuité, ou du moins de profit limité et redistribué[56] ».

54. Alexandre Bigot-Verdier et Alexandre Berkesse, « Autonomie : l'illusion des travailleurs de plateformes », *OuiShare Magazine*, 20017.
55. Jonathan Durand Folco, « Polanyi contre Uber », *Le Devoir*, 27 février 2016. Précisons cependant que Couchsurfing est devenue une entreprise à but lucratif en 2011. Voir Slee, *Ce qui est à toi est à moi, op. cit.*, p. 202-205.
56. Durand Folco, « Pour une ville en commun », *op. cit.*

Pair-à-pair, savoirs environnementaux et production locale

Le passage de modes d'organisation issus de l'immatériel vers le monde matériel se fait aussi dans une perspective écologiste. Plusieurs promoteurs du logiciel libre et de systèmes de partage en pair-à-pair tentent de mettre leurs habiletés à contribution pour répondre aux défis environnementaux contemporains et pour accroître la résilience des sociétés devant la crise du mode de développement capitaliste. L'univers du p2p renvoie ici à la création de projets communs par des contributions volontaires d'individus, sur une base égalitaire[57].

La politologue Valérie Peugeot montre que le modèle collaboratif de l'*open source* (libre accès aux données et aux logiciels de traitement de l'information) est transposable dans la mise en commun de toutes sortes de savoirs. Le projet Open Street Map travaille à la construction de cartes[58]. Open Food Facts amasse des informations sur les aliments vendus dans les grandes surfaces. *Tela Botanica* est un portail de partage de connaissances sur la botanique. L'*Open Source Seed Initiative* est une base de données sur les semences qui s'élève contre le brevetage du vivant. Pour Peugeot, le numérique peut participer au développement de la pensée et de la pratique des *communs*, ces biens qui ne sont ni de propriété privée, ni de propriété publique ou étatique, mais gérés par les membres de la communauté[59].

Autrement dit, une pensée axée sur la co-création des connaissances est en train de migrer du numérique à l'univers matériel, notamment autour des enjeux environnementaux. En plus de la collecte de données, des appareils permettent de conjuguer pensée écologiste et principes du p2p. Par exemple, Smart Citizen vend des kits dotés de senseurs, conçus de manière ouverte, qui collectent et mettent en commun des

---

57. Michel Bauwens, *Sauver le monde. Vers une économie post-capitaliste avec le peer-to-peer*, Paris, Les liens qui libèrent, 2015, p. 24.
58. Pour le chapitre montréalais, voir OpenStreetMap Montréal: <www.openstreetmap-montreal.org/>.
59. Valérie Peugeot, « Communs numériques: liberté et partage dans le cyberespace », conférence à l'Université de Montréal, 19 septembre 2016, <https://archive.org/details/sqil2016-communs-numeriques>.

données sur la pollution de l'air et le bruit dans les villes. Au Japon, le compteur Geiger Safecast, conçu en *open source*, permet à des citoyen.ne.s bénévoles de mesurer les effets de la catastrophe nucléaire de Fukushima, avec beaucoup plus de fidélité que ne le fait l'État[60]. Des « objets connectés », donc, mais au service de la communauté et respectueux de la vie privée.

Pour certain.e.s auteur.e.s, le mouvement p2p a un potentiel plus radical encore : celui de transformer en profondeur l'organisation économique, la production matérielle et l'échange de services, sur la base d'une édification de communs et à l'aide du numérique. Avec son livre *La richesse des réseaux*, le juriste étatsunien Yochai Benkler a été une sorte de précurseur. Paru en 2006, l'ouvrage est peut-être la première proposition d'une économie politique articulée à partir des réseaux. Benkler y soutient que le numérique et le réseau Internet rendent possible une nouvelle forme de production, qu'il appelle « production par les pairs basée sur les communs[61] » (*commons-based peer-production*). Celle-ci ne se limiterait pas aux secteurs de l'informatique, de la culture et des médias, mais pourrait aussi émerger dans d'autres secteurs qui dépendent fortement de la connaissance ; Benkler mentionne l'agriculture et l'alimentation ainsi que la santé et la production de médicaments.

Le Belge Michel Bauwens tente d'approfondir la réflexion en imaginant un mode *global* de production et d'échanges qui s'appuierait sur le pair-à-pair[62]. Le p2p, selon Bauwens et son collègue Vasilis Kostakis, constitue « un type de relations sociales au sein des réseaux », mais aussi une « infrastructure technologique qui rend possible la généralisation de ces relations [...], permet un nouveau mode de production et d'échange [et] crée le potentiel pour une transition vers une économie qui peut être générative pour les populations et pour

---

60. Voir Callum Cooper, *The Power of Privacy*, The Guardian/Silent Circle, 29 min, <www.theguardian.com/media-network/2016/jan/28/the-power-of-privacy-documentary-film>.
61. Yochai Benkler, *The Wealth Of Networks: How Social Production Transforms Markets and Freedom*, New Haven (Connecticut), Yale University Press, 2006, p. 59-63.
62. Bauwens, *Sauver le monde*, *op. cit.*

la nature[63] ». Ce type d'organisation va au-delà des logiciels libres ou de Wikipédia : pensons aux voitures (Wikispeed) et micro-processeurs (Arduino) conçus en *open source*, aux espaces de cotravail, aux monnaies locales, aux réseaux de distribution alimentaire, etc. En somme, les humains ont à leur disposition des outils qui leur permettent d'interagir sur une base égalitaire, à grande échelle, voire à l'échelle planétaire.

Ce modèle est à rapprocher du principe d'une « économie collaborative » distincte de celle promue par le capitalisme de plateforme. Comme l'explique Jonathan Durand Folco, l'économie collaborative

> repose sur de nouvelles formes d'organisation « horizontales » facilitant la mutualisation des biens, espaces et outils afin de favoriser le troc et les échanges entre individus plutôt que la propriété personnelle exclusive. [...] Ces plateformes d'échange favorisent une meilleure allocation des ressources, le recyclage, l'atomisation de l'offre, l'élimination des intermédiaires, la création de revenus hors des circuits de l'emploi traditionnel et l'accès à des biens et services qui étaient auparavant offerts par les seules entreprises[64].

Tout cela s'inscrit dans la perspective de la lutte pour la promotion du commun : pour Bauwens et Kostakis, « le p2p peut généralement être synonyme de mise en commun [*commoning*] dans le sens où il décrit la capacité de contribuer à la création et à l'entretien d'une ressource partagée[65] ».

L'Open Food Network, lancé par des Australien.ne.s, illustre bien le potentiel de ce modèle. Il s'agit d'un réseau d'agriculteurs, de distributeurs et de consommateurs « sans but lucratif, indépendant et en *open source* » dont l'objectif est de repenser et de systématiser la distribution de la nourriture sur la base de l'accès à l'information sur les aliments produits et en collaboration avec les producteurs et les détaillants

63. Michel Bauwens et Vasilis Kostakis, « Peer-to-Peer : A New Opportunity for the Left », *ROAR Magazine*, 12 janvier 2017, en ligne. Ma traduction.
64. Durand Folco, « Polanyi contre Uber », *op. cit.*
65. Bauwens et Kostakis, « Peer-to-Peer : A New Opportunity for the Left », *op. cit.* Ma traduction.

indépendants situés à proximité[66]. En quelque sorte, cela représente une « agriculture soutenue par la communauté » organisée de manière systématique, pour remplacer les réseaux de distribution des grands groupes alimentaires.

Pour sa part, l'initiative Open Source Ecology souhaite faciliter au maximum la construction d'habitations abordables et respectueuses de l'environnement en rendant accessibles les plans de fabrication des briques, murs, portes et fenêtres. Les animateurs du site travaillent actuellement à la conception ouverte des 50 machines qu'ils et elles jugent les plus importantes pour une vie contemporaine autonome (y compris « un tracteur, un four et un fabricateur de circuits[67] »). De son côté, la communauté de Farm Hack se concentre sur la conception en *open source* « d'outils pour une agriculture résiliente[68] ». On se trouve donc aux antipodes des objets connectés décrits plus haut, dont il est souvent interdit de connaître le fonctionnement et par lesquels des masses de données sont collectées sans véritable consentement.

Surtout, on constate une sorte de porosité entre l'idéal de partage de la connaissance propre aux libristes et aux adeptes du p2p, d'une part, et certaines initiatives de transition écologique, d'autre part. Pour Kostakis, Bauwens et d'autres, cette manière de produire est en rupture avec le « prêt-à-jeter » du capitalisme industriel, puisque les biens sont développés par et pour les gens qui en ont besoin et qu'ils sont perfectionnés dans une perspective de durabilité et d'usage non exclusif à un.e seul.e propriétaire. En s'appuyant sur le principe « design global, production locale » (la conception est le fruit d'une communauté mondiale mais les biens sont produits à proximité), le p2p pourrait selon eux faire partie d'une économie orientée vers la décroissance[69].

---

66. Voir Open Food Network, <https://openfoodnetwork.org>, et « Introduction to the Open Food Network », *Open Food Network*, 8 mars 2016, <www.youtube.com/watch?v=eA3IcMUnU14>.
67. « About », *Open Source Ecology*, <http://opensourceecology.org/about-overview/>. Ma traduction.
68. « Farm Hack Culture », *Farm Hack*, <http://farmhack.org/wiki/farm-hack-culture>. Ma traduction.
69. Vasilis Kostakis *et al.*, « The Convergence of Digital Commons with Local Manufacturing from a Degrowth Perspective : Two Illustrative Cases »,

Outre ces projets particuliers développés sur la base de principes écologistes, la production matérielle en *open source* est aussi expérimentée dans nombre de lieux qui y sont dédiés. On les nomme *hackerspaces*, *fab labs* ou *makerspaces* ; ils font davantage partie du paysage en Europe, notamment, mais plusieurs sont lancés ou en cours d'installation au Québec[70]. La sociologue québécoise Anne Goldenberg les définit comme des « lieux de rencontre et d'expérimentation collective qui rassemblent des personnes qui partagent un intérêt commun (notamment pour l'informatique, la technologie, les sciences et la créativité)[71] ». C'est dans ces espaces qu'on peut avoir accès à des outils tels que des imprimantes 3D. On y retrouve l'esprit de bidouillage des premières communautés hackers universitaires des années 1950 et 1960, qui avaient fait leurs premiers pas sur le *hardware* (les immenses ordinateurs de l'époque) avant de travailler sur les logiciels et le code informatique. La boucle est bouclée, en quelque sorte…

Pour Goldenberg, « à bien des égards, l'éthique hacker et la mise en place de *hackerspaces* constituent des mises en commun de savoir-faire techniques visant à l'émancipation, la collectivisation et la résistance à la privatisation et à la fermeture des technologies[72] ». L'auteure souligne cependant que les problèmes découlant d'une approche méritocratique, qui mine le principe affiché d'ouverture, peuvent être présents : « Si le niveau d'expertise technique est un filtre d'entrée, l'ouverture annoncée est alors délimitée *via* une méritocratie hiérarchisante », souvent masculine, qui amène « certains *hackerspaces* à exclure des personnes qui ne rencontreraient pas les critères d'excellence nécessaires[73] ». De fait, même Bauwens, qui célèbre le p2p pour sa capacité à atténuer les hiérarchies, ne cache pas son attachement à la méritocratie, qui est pourtant

---

Journal of Cleaner Production, 2016, p. 1-10, <www.sciencedirect.com/science/article/pii/S0959652616314184>.

70. Pour un répertoire d'initiatives québécoises, voir « Les projets au Québec », *Fab Labs Québec*, <http://fablabs-quebec.org/?page_id=191>.

71. Anne Goldenberg, « Les *hackerspaces* comme politisation d'espaces de production technique. Une perspective critique et féministe », *Mouvements*, n° 79, automne 2014, p. 57.

72. *Ibid.*, p. 58.

73. *Ibid.*, p. 61.

l'un des héritages les plus discutables des hackers et des libristes. Goldenberg distingue aussi les *hackerspaces* à l'approche libertaire plus politisée, issue notamment de la culture européenne des squats, des *fablabs* et des *makerspaces* qui se concentrent sur l'innovation, l'apprentissage et l'entraide de manière générale.

Le choc du passage au matériel

Les débats autour de ce qu'on appelle tour à tour « revenu de citoyenneté », « revenu de base », « revenu minimum garanti » ou « dotation inconditionnelle d'autonomie » sont également révélateurs des tensions propres aux sphères du logiciel libre et de l'*open source*: certain.e.s s'inscrivent dans une culture politique de résistance au capitalisme et de construction de *communs*, d'autres non. Dans un contexte où travailleuses et travailleurs sont de plus en plus mobiles, où le travail est morcelé et où la richesse peut davantage qu'auparavant être créée par des contributions volontaires et non marchandes, un revenu de citoyenneté peut être pensé en complémentarité avec de nombreux changements abordés dans ce chapitre. André Gorz, l'un des premiers à avoir exploré la question, y voyait « un moyen de soustraire la vie à l'imaginaire marchand et à la mise au travail totale[74] ». D'autres institutions peuvent être développées autour de la nécessité de rassembler les individus, de manière à alléger les risques et à augmenter la solidarité: pensons aux espaces de cotravail et aux regroupements d'indépendant.e.s tels qu'Enspiral, par exemple[75].

Or, ces nouvelles formes institutionnelles que sont les espaces de cotravail et le revenu minimum garanti sont aussi promues par bien des néolibéraux. Plusieurs grands noms de Silicon Valley se sont montrés favorables à un revenu de base. On soupçonne que les élites économiques appuient cette initiative dans la mesure où elle permettrait de « stabiliser l'instabilité »,

74. André Gorz, *L'immatériel. Connaissance, valeur et capital*, Paris, Galilée, 2003, p. 30.

75. Voir « Network Overview », Enspiral, <https://enspiral.com/network-overview/>; Julien Valnier, « Les Néo-Zélandais ont-ils inventé le futur du travail? », *20 minutes*, 20 décembre 2016, en ligne.

autrement dit d'aller plus loin dans la précarisation du travail et la déconstruction des systèmes de protection sociale de l'État, sous prétexte que le minimum vital est assuré. Pour cette raison, certain.e.s critiques de gauche soutiennent qu'il s'agit d'une fausse bonne idée[76]. Pour Evgeny Morozov, les capitaines de l'industrie du numérique défendent une version édulcorée du revenu de citoyenneté plutôt pour s'assurer d'avoir le contrôle sur l'idée et éviter qu'elle leur échappe. Selon Morozov, « on peut soit défendre un revenu universel socialement ambitieux – qui permettrait par exemple aux gens de s'organiser et de coopérer comme ils le souhaitent, étant délivrés de l'obligation d'effectuer un travail salarié –, soit plaider pour un capitalisme de plateforme où chaque travailleur se mue en entrepreneur précaire de lui-même[77] ».

La bataille concerne aussi les données. Les questions qu'elles soulèvent sont les mêmes dans l'espace physique que dans l'espace numérique : qui les produit ? À qui revient-il de les collecter et de les traiter ? Dans quelles conditions sont-elles stockées ? Surtout, à quelles fins cette information est-elle mobilisée ? Comme partout sur Internet, le pire côtoie le meilleur, et le meilleur ne l'emportera pas par une sorte de déterminisme magique de la technologie, mais à l'issue de luttes soutenues. Dans tous les cas, cette « traduction » matérielle de modes d'organisation issus d'Internet rend peut-être plus évidente la radicalité des batailles en cours depuis quelques décennies. La rapacité, la violence et l'appétit de contrôle du capitalisme numérique sont soudainement plus apparents. Néanmoins, on peut aussi mettre en lumière la manière dont Internet et le numérique peuvent s'arrimer à une lutte axée sur la défense des communs et montrer en quoi le réseau *lui-même* doit être défendu et valorisé en tant que commun pour être un Internet libre. Ce sera l'objet du dernier chapitre de ce livre.

76. Mateo Alaluf et Daniel Zamora (dir.), *Contre l'allocation universelle*, Montréal, Lux, 2017.

77. Evgeny Morozov, « L'utopie du revenu garanti récupérée par la Silicon Valley », *Les blogs du Diplo*, 29 février 2016, en ligne. André Gorz prend aussi soin de distinguer son idée d'une instrumentalisation néolibérale (*L'immatériel, op. cit.*, p. 30-31).

Chapitre 8

Un Internet libre et commun

Internet est-il vraiment différent ? Chaque invention de ce type a connu sa période d'ouverture avant de devenir la base d'un empire informationnel. Qu'est-ce qui est le plus fort : le radicalisme d'Internet ou l'inévitabilité de ce cycle ?

– Tim Wu[1]

L'adhésion, la participation et la capacitation ne sont pas des acquis, mais des conquis de luttes que nous devons engager pour reprendre ce que les plateformes ont pris aux communautés d'Internet.

– Antonio Casilli[2]

Ce qui rend ces projets [du logiciel libre] si intéressants n'est pas qu'ils engendrent une démocratie à grande échelle ou qu'ils changent fondamentalement la trame de nos structures économiques et sociales, mais que les collaborateurs fabriquent de la technologie tout en expérimentant, en vue de construire une richesse commune ; c'est là que le dur labeur de la liberté se pratique.

– Gabriella Coleman[3]

---

1. Tim Wu, *The Master Switch : The Rise and Fall of Information Empires*, New York, Knopf, 2011, p. 256. Ma traduction.
2. Antonio Casilli, « [Note to self] Pourquoi le débat sur Trump et les algorithmes de Facebook est complètement débile », *Casilli.fr*, 14 novembre 2016, en ligne.
3. Gabriella Coleman, *Coding Freedom : The Ethics and Aesthetics of Hacking*, Princeton (New Jersey), Princeton University Press, 2013, p. 210. Ma traduction.

Nous avons commencé notre périple en racontant l'histoire de hackers, de hobbyistes et de hippies occupés à bricoler des outils informatiques, et celle de leurs communautés virtuelles, animées par un idéal de libre circulation de l'information. On fait aujourd'hui face à un paysage radicalement différent : « La ressource la plus prisée au monde n'est plus le pétrole, mais les données », annonçait récemment *The Economist*[4]. Microsoft, Apple, Alphabet (Google), Amazon et Facebook sont parmi les 10 entreprises les mieux cotées en Bourse, des monopoles dans leur secteur : « Google possède 88 % des parts de marché en publicité en ce qui concerne les recherches sur Internet, Facebook (et ses filiales Instagram, WhatsApp et Messenger) détient 77 % du trafic social par cellulaire et Amazon 74 % des parts du marché du livre numérique[5]. »

En souhaitant structurer les échanges sociaux, culturels et politiques de la planète, ces entreprises font preuve d'une ambition non seulement économique, mais aussi politique. Pour Boris Beaude, « Google dispose […] d'une hypercentralité […] dont il est difficile de mesurer aujourd'hui l'ampleur. Avant l'avènement d'Internet, aucune société privée ni aucun État n'ont bénéficié d'un tel contrôle sur l'activité et la vie privée d'un milliard d'individus[6] ». Du côté de Facebook, le PDG Mark Zuckerberg affiche clairement les vastes prétentions de la firme, dans un billet-manifeste intitulé « Building Global Community » : « Au cours de la dernière décennie, Facebook s'est affairée à connecter les ami.e.s et les familles. Sur cette base, notre prochain objectif sera de développer l'infrastructure sociale de la communauté – pour nous soutenir, pour nous garder en sécurité, pour nous informer, pour l'engagement citoyen et pour l'inclusion de tous[7]. » Ces firmes

4. « The World's Most Valuable Resource Is No Longer Oil, But Data », *The Economist*, 6 mai 2017. Ma traduction.
5. Jonathan Taplin, « Is It Time to Break Up Google ? », *The New York Times*, 22 avril 2017. Ma traduction.
6. Boris Beaude, *Les fins d'Internet*, Limoges, Fyp, 2014, p. 74.
7. Mark Zuckerberg, « Building Global Community », *Facebook*, 16 février 2017, <www.facebook.com/notes/mark-zuckerberg/building-global-community/10103508221158471/>. Ma traduction. Facebook tente même de remodeler Internet lui-même par le projet *Internet.org*, qui constitue un

ne détiennent pas seulement des ressources économiques équivalentes à celles d'États entiers, elles en ont également les aspirations politiques.

Devant une telle réalité, une réappropriation populaire d'Internet (ou plus exactement, une appropriation, puisque Internet n'a jamais été pleinement populaire) peut sembler une tâche colossale. Par où commencer ? Il faut d'abord, à mon avis, revenir sur les multiples composantes qui constituent Internet, afin de cerner les principaux axes des batailles qui nous attendent pour faire du réseau un Internet « libre » – terme entendu ici non pas au sens de déréglementé, laissé au marché ou abandonné aux pulsions narcissiques ou violentes de tout un chacun, mais contrôlé par et pour la population plutôt que par les grandes entreprises ou les États. Pierre Dardot et Christian Laval le résument bien : « Lutter pour la liberté sur Internet, c'est donc défendre la liberté personnelle contre la double menace de l'emprise des entreprises et de la surveillance gouvernementale. Mais c'est aussi défendre un espace de mise en commun non régi par la logique de marché et la censure politique de l'État[8]. »

Ces propositions sont largement inspirées du mouvement libriste, pour qui l'ouverture du code est une composante centrale de la liberté du réseau. Elles font écho aux écrits de plusieurs informaticien.ne.s, juristes et penseurs issu.e.s des sciences sociales qui ont réfléchi à l'avenir du réseau dans une perspective progressiste[9]. Il me semble que ces pistes de

---

Internet privé, minimaliste et fermé proposé comme infrastructure à des pays du Sud. Le tout se fait sous couvert de la philanthropie héroïque à laquelle la Silicon Valley nous a habitué.e.s : pour Mark Zuckerberg, il s'agit de soutenir « la connectivité comme droit humain » (voir « Internet.org », *Wikipedia*, en ligne).

8. Pierre Dardot et Christian Laval, *Commun. Essai sur la révolution au XXIe siècle*, Paris, La Découverte, 2014, p. 177.
9. Lawrence Lessig, *Code and Other Laws of Cyberspace*, New York, Basic Books, 1999 ; Yochai Benkler, *The Wealth Of Networks : How Social Production Transforms Markets and Freedom*, New Haven (Connecticut), Yale University Press, 2006 ; Coleman, *Coding Freedom, op. cit.* ; Wu, *The Master Switch, op. cit.* ; Benjamin Loveluck, *Réseaux, libertés et contrôle. Une généalogie politique d'Internet*, Paris, Armand Colin, 2015 ; Michel Bauwens, *Sauver le monde. Vers une économie post-capitaliste avec le peer-to-peer*, Paris, Les liens qui libèrent, 2015 ; Benjamin Bayart, « Internet

réflexion et d'action méritent d'être approfondies et raffinées et, surtout, qu'elles doivent être reprises dans le cadre de luttes sociales plus globales. Je les présenterai en reprenant la distinction entre les trois couches conceptuelles d'Internet exposées en introduction. Dans la seconde partie du chapitre, j'aborderai quelques questions en lien avec une appropriation populaire de l'informatique et d'Internet : administration démocratique du réseau, place des femmes en techno, fracture numérique et éducation aux médias.

Qu'est-ce qu'un « Internet libre » ?

À la suite de l'informaticien et fondateur du *world wide web* Tim Berners-Lee et du juriste Yochai Benkler[10], j'ai présenté le réseau Internet en distinguant trois couches conceptuelles. D'abord, une couche physique, qui comprend l'infrastructure concrète du réseau (câbles de fibre optique, ordinateurs, modems, serveurs, etc.) ; ensuite, une couche logicielle, qui permet le traitement de l'information qui circulera sur ce réseau ; enfin, une couche de contenus de toutes sortes qui sont envoyés et reçus. En trois mots, Internet, c'est du câble, du code et des messages.

Dans *The Wealth of Networks*, Benkler montre que la bataille pour un Internet libre prend place à chacun de ces niveaux. De puissantes forces commerciales et étatiques cherchent à s'accaparer le contrôle du réseau de plusieurs manières. Mais celles et ceux qui tentent de résister à cette tendance disposent de plus en plus d'outils intellectuels et politiques pour leur tenir tête.

---

libre ou minitel 2.0 », Internet Archive, 2007, 64 min, <https://archive.org/details/InternetLibreOuMinitel2.0> ; Rebecca MacKinnon, *Consent of the Networked: The Worldwide Struggle For Internet Freedom*, New York, Basic Books, 2012 ; Astra Taylor, *Démocratie.com. Pouvoir, culture et résistance à l'ère des géants de la Silicon Valley*, traduction de Nicolas Calvé, Montréal, Lux, 2014 ; Dardot et Laval, *Commun*, *op. cit.*

10. Tim Berners-Lee, « Long Live the Web », *Scientific American*, décembre 2010, p. 83 ; Benkler, *The Wealth Of Networks*, *op. cit.*, p. 389-456.

Couche physique : neutralité du réseau

Au niveau de la couche physique, une bataille majeure prend place autour du maintien de la « neutralité du réseau ». C'est le professeur et juriste Tim Wu qui est à l'origine de l'expression, qui fait référence à la non-discrimination dans le traitement de l'information, tant de la part des fournisseurs d'accès à Internet que de la part des États[11]. Il s'agit de considérer Internet comme étant d'utilité publique (en anglais, on parle de *common carrier*), au même titre qu'un réseau routier ou électrique (au Québec, du moins). Avec un Internet neutre, les fournisseurs d'accès, qu'ils soient publics ou privés, ne peuvent exercer un pouvoir discrétionnaire sur l'usage qui en est fait[12].

Du côté du secteur privé, la menace à cette neutralité prend principalement la forme d'une convergence d'intérêts entre les fournisseurs d'accès à Internet (FAI) et les industries culturelles[13]. Les producteurs cinématographiques et télévisuels, les sites de *streaming* et les médias sociaux commerciaux, soucieux de voir leur contenu occuper l'avant-scène, aimeraient que les FAI livrent leurs produits plus rapidement et sans limite de téléchargement, et que le téléchargement illégal et même celui des produits de la compétition soient significativement ralentis, voire tout simplement bloqués. Les États, pour leur part, portent généralement atteinte à la neutralité du réseau en bloquant l'accès à des sites et à des contenus qu'ils jugent contraires à leurs intérêts politiques, comme cela a été présenté au chapitre 5.

La neutralité du réseau est en quelque sorte l'assise de son caractère ouvert et décentralisé. Elle vise à éviter qu'une organisation en vienne à le détourner à ses propres fins en contrôlant ce qui y circule. C'est aussi le principe de neutralité

11. « Network Neutrality, Broadband Discrimination », *Journal of Telecommunications and High Technology Law*, n° 2, 2003, p. 141-179.
12. Voir Stéphane Couture, « Neutralité d'Internet. Ou Internet comme bien commun », *Ritimo*, 3 novembre 2014, en ligne.
13. Cette convergence s'opère souvent à l'intérieur d'une seule et même firme, comme chez Québecor, qui possède le fournisseur d'accès Internet Vidéotron et plusieurs filiales qui diffusent des productions d'information et de divertissement (TVA, Illico, *Le Journal de Montréal* et *Le Journal de Québec*, etc.).

qui assure et favorise l'aspect « égalitariste » du réseau : avec un Internet neutre, même si les sites des grandes organisations exercent une forte attraction, il est tout aussi facile pour l'internaute d'accéder aux sites des joueurs plus petits et marginaux. Autrement dit, on peut bien déplorer qu'Internet ne soit pas un « village global » aussi horizontal qu'annoncé à ses débuts, mais sans neutralité du réseau, on retourne carrément à la verticalité des médias de masse du XXe siècle, axés sur l'accès privilégié de certains à la diffusion et sur une stricte séparation entre professionnel.le.s de la diffusion et public passif. Dans la mesure où la majorité de nos communications passe désormais par ce réseau, l'enjeu est tout sauf mineur.

Dans un contexte où l'accès à Internet dépend d'entreprises privées, comme Bell et Vidéotron au Québec, la neutralité du Net est assurée par des organismes publics tels que le Conseil de la radiodiffusion et des télécommunications canadiennes (CRTC) et la Federal Communications Commission (FCC) aux États-Unis. Au Canada, les plus récentes décisions du CRTC semblent indiquer que le principe de neutralité est là pour rester[14]. Aux États-Unis, une large mobilisation populaire, électrisée par une vigoureuse et pédagogique défense de la neutralité par le journaliste-humoriste John Oliver[15], a stoppé en 2014 une initiative de la FCC et forcé un virage à 180 degrés de l'administration Obama. Cependant, l'élection de Donald Trump, suivie de la nomination d'un nouveau directeur à la FCC suscitent beaucoup d'inquiétudes[16].

Ultimement, la meilleure manière d'assurer la neutralité du réseau est probablement la municipalisation ou la nationalisation de l'accès à Internet, combinée à une administration centrée sur une démocratie participative. Nous y reviendrons plus loin.

---

14. Voir Michael Geist, « Net Neutrality Alive and Well in Canada : CRTC Crafts Full Code with Zero Rating Decision », *MichaelGeist* [blogue], 20 avril 2017, <www.michaelgeist.ca/2017/04/net-neutrality-alive-well-canada-crtc-crafts-full-code-zero-rating-decision/>.
15. « Net Neutrality : Last Week Tonight with John Oliver (HBO) », *LastWeekTonight*, 1er juin 2014, <www.youtube.com/watch?v=fpbOEoRrHyU>.
16. « Trump's FCC Chair Declares New War on Net Neutrality After 10-Year Battle for Free & Open Internet », *Democracy Now !*, 9 mai 2017, en ligne.

Couche logicielle : interopérabilité et algorithmes *open source*

Comme on l'a vu au début de ce livre, l'importance accordée à l'ouverture du code et au développement de protocoles standardisés, au commencement d'Internet, a permis d'éviter un morcellement du réseau en agoras privées. En refusant de breveter le web, Tim Berners-Lee cherchait à en faire une ressource publique, librement accessible, sur laquelle d'autres pourraient construire sans demander la permission à quiconque. En ce sens, les fondements d'Internet eux-mêmes ont été développés comme un commun[17]. Par conséquent, l'arrivée des médias sociaux commerciaux au cours des années 2000 marque une rupture profonde : Facebook, Twitter et les autres plateformes se sont développées comme des espaces « exclusifs », centralisant l'ensemble des opérations de traitement de l'information... et de collecte de données, évidemment.

Dans son livre *Réseaux, libertés et contrôle*, Benjamin Loveluck montre que les réseaux ne sont pas décentralisés par nature ; au contraire, on y voit presque toujours des nœuds se former et occuper une place de plus en plus prépondérante[18]. Les géants comme Google, Amazon et Facebook ont profité de cet effet centralisateur des réseaux pour se positionner en intermédiaires quasi incontournables dans nos déambulations, transactions et interactions numériques. Il y a là une bataille de très grande envergure à mener et, cette fois, celle-ci ne peut pas être envisagée dans la perspective d'une municipalisation ou d'une nationalisation : ce serait ignorer les bénéfices de la décentralisation d'Internet que de remplacer une centralisation par une autre. Par ailleurs, si des coopératives sont intéressantes dans certains domaines de travail non encore accaparés par une plateforme capitaliste, il serait irréaliste de penser qu'un nouveau venu puisse rivaliser avec des firmes aussi gigantesques que Facebook.

Qu'est-il possible d'envisager, dans ce contexte ? De grandes batailles antimonopolistiques nous attendent. Cela

---

17. MacKinnon, *Consent of the Networked, op. cit.*, p. 18.
18. Loveluck, *Réseaux, libertés et contrôle, op. cit.*, p. 208-218.

pourrait impliquer de morceler les firmes sur la base de leurs nombreuses activités (dans le cas de Google, par exemple : moteur de recherche, outils en ligne, courriel, voitures autonomes... la liste est longue[19]). Mais le principal défi est de recréer un espace commun en forçant les médias sociaux commerciaux à revenir au principe fondamental de l'interopérabilité. De fait, l'adoption de standards communs est ce qui permet une interaction entre les diverses plateformes d'un même secteur. Le courriel fonctionne de cette manière : pas besoin d'une adresse Gmail pour écrire à un ami.e sur son courriel Gmail, puisque les différents systèmes savent se « parler ».

Ce principe d'interopérabilité doit s'appliquer aux médias sociaux. Cela sortirait les usager.e.s de leur captivité : combien de gens aimeraient quitter Facebook mais en sont incapables parce que le site est devenu le moyen presque incontournable de rejoindre une grande partie de leurs proches ? Cela permettrait aussi à des solutions alternatives plus intéressantes d'avoir une chance de réussir, puisqu'on aurait forcé les géants à cohabiter et à interagir avec elles. Le format RSS, développé dans les années 2000 avec l'aide du militant Aaron Swartz dès ses 14 ans, s'inscrivait dans cette perspective d'un langage commun réunissant les publications de divers sites en un « fil de presse » construit par les usager.e.s, selon leurs besoins ; un peu comme la *timeline* de Twitter ou le *newsfeed* de Facebook, mais sans la fermeture de ces plateformes. Malheureusement, RSS s'est fait doubler par le modèle « jardin fermé », même s'il est toujours utilisé aujourd'hui.

Comprenons-nous bien : ces revendications sont tout à fait réformistes et libérales. Elles visent simplement à instaurer un minimum de concurrence entre les médias sociaux. Il faut donc envisager cette bataille comme une première étape nécessaire si on souhaite affaiblir les géants en vue de gains plus substantiels. Ces luttes sont les plus urgentes mais doivent être menées tout en développant une perspective plus radicale de remplacement des plateformes commerciales par des initia-

19. Pour un portrait très complet des activités de Google, voir *ibid.*, p. 231-258.

tives non marchandes, en vue d'une réappropriation des espaces de recherche, de discussion, de débats et de mobilisation que nous utilisons aujourd'hui. Mentionnons que le développement de solutions alternatives est déjà bien amorcé : l'organisation française Framasoft s'est donné pour objectif de « dégoogliser Internet » en créant une panoplie de services (documents collaboratifs, agendas en ligne, etc.) sur la base des principes libristes : « libres, gratuits, ouverts à tous (dans la limite de nos capacités techniques et financières), tels des biens communs numériques[20] ».

À moyen et à long termes, la véritable reprise de contrôle sera donc rendue possible par des solutions communautaires qui ouvrent la boîte noire de leurs algorithmes, qui donnent accès au code grâce auquel nos interactions sont filtrées, sélectionnées, promues ou ignorées. Si ces plateformes sont bâties par et pour la communauté et non à des fins lucratives, leurs algorithmes n'auront pas pour objectif de cultiver la dépendance ou d'adoucir notre humeur pour nous rendre disponibles aux annonceurs. Idéalement, les critères de sélection des publications devraient même être personnalisables.

Tout cela implique des débats d'envergure sur les meilleures manières d'échanger sur Internet. Quel rôle les médias sociaux jouent-ils dans la reproduction d'inégalités économiques, de genre, ethniques, etc., lors de nos échanges, et comment les configurer pour contrer ce problème ? Comment amener les réseaux à favoriser des échanges plus horizontaux plutôt que la concentration de l'attention autour de quelques figures charismatiques ? Quels types d'espaces de discussion encouragent la provocation, le harcèlement, la démagogie, la désinformation, et lesquels favorisent plutôt le dialogue constructif et la formation d'alliances[21] ?

---

20. « Accueil », Dégooglisons Internet – Framasoft, <https://degooglisons-internet.org/>. Pour le site de Framasoft lui-même : <https://framasoft.org/>. Au Québec, l'organisation la plus proche de Framasoft est FACIL – pour l'appropriation collective de l'informatique libre : <https://facil.qc.ca/>.
21. Wael Ghonim, l'employé de Google à l'origine de la page *We Are All Khaled Said*, qui avait joué un rôle important dans le soulèvement égyptien contre le président dictateur Hosni Moubarak en 2011, admettait cinq ans plus tard être passablement plus timoré à propos des effets des médias

À elles seules, ces questions montrent à quel point il est important d'effectuer un rapprochement entre militant.e.s libristes et militant.e.s de gauche : il s'agit, ultimement, de débats politiques à propos du code. Nous sommes convié.e.s à des discussions similaires à celles menant à la constitution de règlements pour l'assemblée générale d'une association étudiante ou d'un syndicat local : *de quelles agoras avons-nous besoin ?* La différence ici est que nos statuts et règlements prennent la forme de code informatique et que ces agoras peuvent accueillir des millions de membres.

Couche de contenu 1 : communs de la connaissance

En ce qui a trait au contenu, beaucoup a déjà été accompli au cours des années 2000 et 2010. Le succès des logiciels libres (qui sont eux-mêmes des communs de la connaissance[22]) a tracé la voie pour l'édification d'autres savoirs partagés au moyen du numérique[23]. Les licences Creative Commons, fondées en 2001 par Lawrence Lessig, recourent à la même astuce que la *general public license* encadrant l'utilisation des logiciels libres : le droit d'auteur est mobilisé non pour limiter la distribution d'une œuvre, mais au contraire pour en garantir un usage élargi. En plaçant une création littéraire, musicale, photographique, scientifique ou autre sous licence Creative Commons, on peut choisir d'autoriser ou non les usages commerciaux de l'œuvre, d'exiger ou non la reconnaissance de la personne qui l'a créée et d'autoriser ou non la création de dérivés à partir de l'original. On estime qu'en 2015 plus

sociaux sur le militantisme politique, et il soulève lui aussi ces mêmes questions. Voir « Let's Design Social Media that Drives Social Change », *TED Talk*, décembre 2015, <www.ted.com/talks/wael_ghonim_let_s_design_social_media_that_drives_real_change>.

22. Le comité École et société de la Fédération nationale des enseignantes et enseignants du Québec (FNEEQ-CSN) le démontre très bien dans une de ses chroniques : « Apologie du logiciel libre dans les institutions d'enseignement », *FNEEQ*, chronique 53, <http://fneeq.qc.ca/fr/publications/chronique-53-a-419/>.

23. Voir Stéphane Couture et Anne Goldenberg, « Les biens communs numériques », *Ritimo*, 3 novembre 2014, en ligne.

d'un milliard de créations étaient diffusées sous l'une ou l'autre de ces licences[24].

L'encyclopédie en ligne bien connue Wikipédia, également lancée en 2001, s'inscrit dans le même courant. Les articles de cette encyclopédie non commerciale sont le fruit de contributions du public, sont accessibles gratuitement et peuvent être publiés en livre par qui le veut bien. Dans l'esprit d'ouverture du logiciel libre, un historique de la modification des pages et les discussions de la communauté entourant les sujets plus controversés sont également accessibles. Étant donné les enjeux politiques que soulève la manière de présenter des questions comme le réchauffement climatique ou l'islamophobie, il est extrêmement pertinent d'avoir accès aux dynamiques internes ayant conduit à la présentation « finale » de certaines entrées[25]. Wikipédia serait le cinquième site le plus fréquenté au monde; au total, il comprend plus de 40 millions d'articles écrits dans 250 langues[26].

Dès ses débuts, Wikipédia a été l'objet de critiques de plusieurs ordres, les plus répandues concernant l'amateurisme ainsi que la possibilité de vandaliser des pages ou d'y inscrire impunément des faussetés[27]. Plus récemment, des critiques internes ont soulevé la marginalisation des femmes et des enjeux féministes dans le contenu de l'encyclopédie[28] ainsi que la concentration du pouvoir entre les mains de certains

---

24. Voir « State of the Commons 2015 », *Creative Commons*, <https://stateof.creativecommons.org/2015/>.
25. Sur leur site web, les médias traditionnels modifient souvent le titre et le contenu de leurs articles sans le signaler au public et donc sans expliquer les raisons de ces modifications. Lorsque le contenu est imprimé, il a l'avantage d'être figé et archivé tel quel, mais dans le cas du numérique, des modifications non dévoilées peuvent mener à une sorte de révisionnisme historique comparable au travail que fait Winston Smith dans le classique de George Orwell, *1984*. Le fonctionnement ouvert de Wikipédia (et du journalisme *open source* décrit au chapitre 4) permet d'éviter ce problème important: les interventions des gouvernements ou des entreprises deviennent beaucoup plus faciles à détecter.
26. Voir l'article « Wikipedia » sur *Wikipedia*, en ligne.
27. Voir Anne Goldenberg, « Wikis publics et enjeux politiques », *À bâbord!*, n° 35, été 2010; Mathieu O'Neil, « Wikipédia ou la fin de l'expertise? », *Manière de voir*, n° 109, février-mars 2010, p. 46-49.
28. Voir Emma Paling, « Wikipedia's Hostility to Women », *The Atlantic*, 21 octobre 2015.

éditeur.e.s du site, au point où « des minorités actives d'utilisateurs expérimentés et bien organisés [peuvent] prendre l'ascendant sur la masse des contributeurs plus novices, avec de fortes tendances à l'élitisme et au sexisme[29] ». On retrouve ici les problèmes liés à l'attachement des hackers, libristes et adeptes du p2p à la méritocratie: on risque toujours de succomber à une sorte d'« expertocratie ». Même dans le domaine des communs, les risques d'édification de hiérarchies trop rigides ne sont jamais éliminés.

Le problème du vandalisme est réel, mais généralement circonscrit aux pages attirant le plus d'attention: on voit mal ce qui ferait d'une lune de Jupiter la cible de trouble-fête. De plus, les pages vandalisées sont la plupart du temps corrigées rapidement. En ce qui a trait à la critique d'amateurisme, elle vaut pour bien des productions trouvant place sur le réseau (en culture et en journalisme, par exemple). Bien sûr, nous dit Loveluck, une page Wikipédia « nécessite des précautions spécifiques dans son utilisation, et [...] suppose une pédagogie adaptée pour en apprendre les codes et les pratiques dès l'école[30] ». On peut aussi déplorer qu'une biographie de Britney Spears se retrouve dans une encyclopédie, mais lorsqu'on passe outre à ces réserves, on voit que les contributions individuelles bénévoles peuvent aboutir à des articles de grande qualité. La page francophone sur la révolution industrielle, par exemple, fait environ 20 000 mots accompagnés de nombreuses illustrations et références[31]. Surtout, étant donné la difficulté d'accéder aux bases de données académiques pour les individus qui ne sont pas inscrit.e.s dans une université, les articles de Wikipédia sont souvent parmi les plus documentés et les plus fouillés qu'un.e internaute peut trouver en ligne, en libre accès. Où d'autre trouver un article de 8 000 mots et 162 notes de bas de page sur le mouvement anticorruption indien de 2011[32] ?

29. Loveluck, *Réseaux, libertés et contrôle, op. cit.*, p. 297. Voir aussi Bauwens, *Sauver le monde, op. cit.*, p. 35.
30. Loveluck, *Réseaux, libertés et contrôle, op. cit.*, p. 292.
31. « Révolution industrielle », *Wikipédia*, en ligne.
32. « 2011 Indian Anti-Corruption Movement », *Wikipedia*, en ligne.

Outre ces exemples plus connus, mentionnons aussi la Public Library of Science (PLOS), un projet d'hébergement d'articles et de données scientifiques mises à la disposition du public[33]. Au Québec, le site des Classiques des sciences sociales, lancé en 1993 par le sociologue chicoutimien Jean-Marie Tremblay, rassemble plus de 6 500 œuvres du domaine public ou obtenues avec autorisation des auteur.e.s – le fruit de milliers d'heures de travail de nombreux bénévoles[34]. L'une des initiatives les plus ambitieuses est celle de l'Internet Archive, qui se donne pour mission d'archiver le web, ni plus ni moins[35]. Sur ce site sans but lucratif, les fichiers libres de droits sont stockés de manière à être facilement accessibles. On y trouve aussi des « photographies » d'anciennes versions de sites, qui seraient autrement perdues. Au total, il est estimé que 15 pétabits (15 millions de gigabits) y sont hébergés : livres, fichiers audio et vidéo, collections de musées, etc. Ironie ou clin d'œil ? Un site miroir (hébergeant une copie du site original) est logé à Alexandrie, en Égypte.

Il est vrai qu'Internet et les supports numériques nous offrent la possibilité de constituer une nouvelle bibliothèque d'Alexandrie, sauf qu'ici le public peut non seulement participer à la consultation de cette bibliothèque, mais aussi à sa conservation, à son entretien, à sa diffusion et à son renouveau (*voir le chapitre* 2). Localement, on peut rêver d'initiatives de collaboration entre organismes publics (l'Office national du film et Tou.tv, par exemple) et citoyen.ne.s qui permettraient l'hébergement et la conservation de notre culture sur un très grand nombre de supports. La culture québécoise constituerait alors un véritable patrimoine commun, non seulement en matière de réception, mais aussi d'archivage. Cela pose cependant des défis considérables, notamment pour ordonner les vastes ensembles de contenu culturel que l'on peut retrouver à divers endroits. Le concepteur Jean-Robert Bisaillon travaille sur un projet visant à clarifier et à uniformiser les

33. « Why Open Access ? », *PLOS*, <www.plos.org/open-access>.
34. « Les Classiques des sciences sociales », *Classiques.uqac.ca*, <http://classiques.uqac.ca/inter/a-propos.php>.
35. « About IA », *Internet Archive*, <https://archive.org/about/>.

métadonnées des œuvres québécoises, de manière à en augmenter l'accessibilité et la diffusion[36].

Ces initiatives, bien que souvent institutionnalisées et reconnues, demeurent l'œuvre de personnes dévouées et passionnées et sont rarement soutenues par les pouvoirs publics. Au contraire, comme on l'a vu au chapitre 2, ces derniers s'affairent à adopter des lois qui restreignent le partage de la culture et des connaissances sur Internet, pour répondre aux doléances des industries culturelles.

Pendant ce temps, le milieu extrêmement lucratif des éditeurs de revues scientifiques privatise le savoir universitaire (souvent financé par des fonds publics). Les droits d'accès aux revues sont parfois si élevés que des universités et même des États sont forcés de résilier leurs abonnements[37]. La constitution de communs de la connaissance se fait donc encore largement par de la désobéissance civile. En 2011, le libriste Aaron Swartz a été arrêté et poursuivi pour avoir téléchargé des masses d'articles scientifiques de la base de données JSTOR à partir des serveurs du Massachusetts Institute of Technology (MIT). On ne sait si Swartz avait l'intention de les publier en ligne (ce qu'il n'a jamais fait) ou s'il cherchait simplement à faire un geste d'éclat. En tout état de cause, la menace d'une peine de 35 ans de prison a probablement joué un rôle dans son suicide, au début de l'année 2013[38]. La chercheuse russe Alexandra Elbakyan, pour sa part, a bel et bien publié les articles auxquels elle a eu accès, et bien d'autres. Son site Sci-Hub.io, fondé en 2011, « rend disponibles plus de 46 millions d'articles scientifiques accumulés en contournant les dispositifs visant à limiter l'accès à des abonné.e.s, sou-

36. Voir « Les métadonnées en musique », *La Sphère* [émission de radio], 1er octobre 2016, <http://ici.radio-canada.ca/premiere/emissions/la-sphere/episodes/365419/audio-fil-du-samedi-1-octobre-2016>. Voir aussi Guillaume Déziel, « Réalité 2.0 : la chanson du Québec en péril », *Huffington Post*, 12 février 2013.

37. Voir « Privés de savoir ? », *Data Gueule*, nº 63, 17 octobre 2016, <www.youtube.com/watch?v=WnxqoP-c0ZE>.

38. Voir Brian Knappenberger, *The Internet's Own Boy*, 2014, 105 min, disponible sur YouTube : <https://www.youtube.com/watch?v= 7ZBe1VFy0gc>. Notons que JSTOR n'était pas plaignant dans le dossier ; c'est le gouvernement Obama qui menait la poursuite, avec le soutien du MIT.

vent grâce à l'aide anonyme de chercheurs.euses fournissant des codes d'accès », explique Yannick Delbecque[39]. Pour Elbakyan, relate Delbecque, « ce sont les éditeurs qui exercent une activité illégale, car les restrictions d'accès aux articles servent principalement à augmenter leurs profits, alors que l'écriture des articles et le travail éditorial sont pratiquement toujours effectués par des chercheurs.euses payés par leurs institutions respectives pour le faire[40] ».

Au-delà de la connaissance scientifique et des publications universitaires, la bataille pour une culture commune sur Internet implique de continuer à résister aux verrous numériques et aux lois qui répriment le partage dans l'optique d'imposer un régime de propriété intellectuelle généralisé. On l'a vu, il y a d'autres manières de rémunérer les créateurs à l'ère du numérique et il faut les revendiquer. Ces assauts techniques et législatifs visent à faire de nous des locataires de notre culture, mais aussi de nos logiciels et de nos appareils domestiques, puisque le code qui s'y trouve est soumis à la propriété intellectuelle.

Couche de contenu 2 : données communes et vie privée

Plutôt que de favoriser le renforcement du régime de propriété individuelle, le modèle des communs propose de nous orienter vers la collectivisation de nos ressources. Cela implique cependant une stricte séparation d'avec *ce qui ne doit pas être commun* ou, autrement dit, d'avec ce qui relève de la vie privée, mais qui a également cours sur Internet. Les frontières isolant les conversations intimes de l'espace public doivent être renforcées de toute urgence. Dans la sphère de l'intime, il faudrait que les conversations numériques puissent être aussi évanescentes que celles que l'on tient à voix haute.

Le juriste et libriste Eben Moglen divise la vie privée en trois éléments essentiels : le secret (la capacité de transmettre

39. Yannick Delbecque, « Luttes pour l'accès au savoir », *À bâbord !*, n° 64, avril-mai 2016.
40. *Ibid.*

un message uniquement aux personnes auxquelles il est destiné), l'anonymat (la capacité de voiler l'identité de la personne qui transmet ou qui lit le message) et l'autonomie (la capacité de prendre des décisions librement, qui découle du secret et de l'anonymat)[41]. En pratique, la défense de ces principes est plus complexe qu'elle n'y paraît. Le secret rend possibles la corruption et le trafic d'influence, mais aussi la divulgation confidentielle de ces pratiques criminelles. L'anonymat facilite les agressions et le harcèlement, mais il encourage aussi, parfois, les premières dénonciations de ces abus. Quant à l'autonomie, elle peut s'exercer en se familiarisant avec diverses idées et pratiques à l'abri des regards, dans son coin, mais aussi en choisissant de s'immerger dans un vaste réservoir de connaissances aisément accessibles.

Bien des réflexions doivent encore être menées pour départager correctement ce qui relève du privé et du public à l'ère du numérique. De manière générale, on peut dire que la collecte d'informations est bénéfique lorsqu'elle participe à la transparence de nos institutions politiques et économiques, lorsqu'elle nous aide à connaître notre environnement physique et social, et lorsqu'elle participe du patrimoine culturel et scientifique de l'humanité – le tout, par les décisions et la participation active de la communauté. Elle est néfaste lorsque, à l'inverse, elle fait de la communauté et de ses gestes quotidiens l'objet d'une surveillance opaque au profit des hiérarchies déjà en place et d'intérêts privés.

À court terme, il faut mettre en avant des propositions législatives contre la surveillance de masse et exiger des entreprises qu'elles réduisent la quantité et la durée du stockage des données des citoyen.ne.s. Mais il faut voir encore plus loin et, comme le dit Evgeny Morozov, « insister sur le fait que les données sont un bien essentiel, infrastructurel, qui devrait nous appartenir à tous[42] » (pensons aux données environnementales ou de conception de produits, abordées au chapitre

41. Eben Moglen, « Snowden and the Future : Part II ; Oh, Freedom », octobre 2013, p. 2-3. Disponible sur <http://snowdenandthefuture.info>.
42. Evgeny Morozov, « Pour un populisme numérique », *Les blogs du Diplo*, 15 décembre 2016, en ligne.

précédent). Cela suppose des débats de fond sur des questions centrales, comme le type d'accès aux données, les conditions entourant leur collecte et le consentement individuel à celle-ci, leur traitement, mais aussi les finalités de l'ensemble de ces activités. Tout un chantier en perspective.

Internet par et pour tout le monde

L'ensemble de ces batailles, menées sur les fronts de l'infrastructure, des logiciels et des contenus, vise non seulement à conjurer les risques de centralisation et d'appropriation du réseau, mais aussi à contribuer à son développement à des fins populaires et citoyennes. Les militant.e.s pour un Internet libre ne considèrent pas seulement le réseau comme un instrument important pour mener d'autres luttes sociales; ils et elles le voient aussi comme une construction qui, *en elle-même*, doit être protégée et développée. C'est dans cette optique que le professeur québécois Normand Landry distingue les luttes sociales *pour* la communication des luttes sociales *par* la communication: « Au domaine de recherche solidement établi focalisé sur les processus de mobilisation et de luttes sociales employant des technologies médiatiques, il convient d'ajouter une dimension supplémentaire positionnant la gouverne des technologies médiatiques comme un enjeu de lutte sociale en soi[43]. » Pour Landry, la lutte pour la communication est en dernière analyse une lutte pour les droits humains qui prend place dans ce nouvel espace. Pour sa part, le fondateur du web Tim Berners-Lee appelle de ses vœux une « Magna Carta d'Internet » (en référence à la charte de droits accordée aux barons par le roi d'Angleterre en 1215) qui serait rédigée sur la base du droit fondamental de se connecter les uns avec les autres, sans interférence[44].

43. Normand Landry, « Les mouvements sociaux, les technologies médiatiques et le pouvoir », dans Serge Proulx, Mélanie Millette et Lorna Heaton (dir.), *Médias sociaux. Enjeux pour la communication*, Québec, Presses de l'Université du Québec, 2012, p. 164.

44. « An Online Magna Carta: Berners-Lee Calls For Bill of Rights For Web », *The Guardian*, 12 mars 2014.

Au-delà du paradigme des droits, on peut imaginer Internet comme un commun qui serait administré de manière pleinement démocratique. L'infrastructure d'accès au réseau serait de propriété publique, mais sa gestion pourrait relever d'acteurs tels que les travailleuses et travailleurs du secteur, des informaticien.ne.s, des chercheur.e.s spécialisé.e.s, le milieu communautaire, des créateurs et des journalistes (professionnel.le.s et amateurs), des membres de populations marginalisées, etc. Au sein de cette structure, de nombreux enjeux pourraient être abordés : accès équitable et littératie numérique, harcèlement et intimidation, archivage du patrimoine et destruction des données personnelles, financement des créateurs, enjeux environnementaux, protection de la liberté d'expression, des lanceurs d'alerte et de la vie privée, etc. Les discussions seraient ouvertes à la population et des consultations fréquentes seraient menées, dans l'esprit d'ouverture et de participation développé par les partis pirates et les mairies espagnoles. On passerait, selon la formule de Michel Bauwens, des partenariats public-privé aux partenariats public-communs[45].

Internet est un espace global dont l'entretien est assuré entre autres par des organisations internationales telles que l'Internet Corporation for Assigned Names and Numbers (ICANN), qui gèrent notamment les standards pour les

45. Bauwens, *Sauver le monde*, *op. cit.*, p. 148-152. La chercheure et militante Mayo Fuster Morell soutient que la « mairie rebelle » de Barcelone, entre autres, s'oriente en ce sens. Voir « Women in P2P », entrevue avec Rachel O'Dwyer, *P2P Foundation*, 20 janvier 2017, <https://blog.p2pfoundation.net/women-p2p-interview-mayo-fuster-morell/2017/01/20>. À ma connaissance, la tentative la plus aboutie d'intégration des idées libristes et p2p à un projet de société global a été effectuée en Équateur. Le projet, qui a pour nom *Free, Libre, Open Knowledge* (FLOK) *Society*, a été lancé en 2013 avec l'aide du gouvernement. Son objectif est de revoir l'éducation, l'agriculture, l'entrepreneuriat, l'énergie, le logement et la santé (entre autres) sur la base de ces principes (voir « FLOK society », *Commons Transition*, <http://commonstransition.org/flok-society/>). Selon Michel Bauwens, qui a collaboré au projet, ses effets ont été limités en raison de résistances gouvernementales, mais il y a au moins eu « formalisation d'un réel plan de transition holistique et intégré orienté vers les communs » (voir « L'économie peer-to-peer est plus productive car elle est passionnelle », entretien avec Julien Cantoni, *Without Model*, 13 mars 2015, en ligne).

adresses IP et les noms de domaine, l'Internet Engineering Task Force (IETF), responsable des normes de communication, et l'Internet Society (ISOC), qui promeut le développement ouvert d'Internet de manière générale. Cependant, les batailles d'Internet ne se déroulent pas dans un cyberespace désincarné et sans frontières. Ce sont d'abord les communautés locales qui sont concernées et ces dernières sont souvent les mieux placées pour trouver des réponses à de nombreuses questions. De la même manière, les entreprises transnationales qui dominent actuellement Internet doivent être contestées de manière coordonnée à travers le monde, mais les changements législatifs locaux qui limitent les ambitions de ces firmes ont aussi un impact significatif.

Il me semble également important de rappeler que la lutte *pour* la communication ne se déroule pas seulement sur Internet et dans les grands médias de masse, mais aussi à l'extérieur de ces infrastructures de communication, et que cette bataille doit tenir compte des inégalités économiques, ethniques et de genre existant dans le reste du social. Il m'apparaît par exemple incontournable qu'un mouvement pour un Internet libre développe une critique de l'exploitation et des conditions de travail atroces que vivent les personnes qui fabriquent les ordinateurs et les téléphones et les travailleuses et travailleurs du clic, et qu'il établisse des liens de solidarité avec celles et ceux qui se mobilisent pour améliorer leur sort. Silvia Federici exprime très bien cette nécessité quand elle écrit: « [A]ucun commun n'est possible à moins que nous refusions de baser notre vie et notre reproduction sur la souffrance des autres, à moins que nous refusions de nous voir comme séparé.e.s de ces personnes[46]. »

En ce qui a trait au monde de l'informatique lui-même, le peu de place accordé aux femmes dans les entreprises du secteur technologique est l'objet de plus en plus de réflexions critiques et de mobilisations. La proportion de femmes dans les entreprises du secteur numérique est parmi les plus basses

46. Silvia Federici, « Feminism and the Politics of the Commons », *The Commoner*, 24 janvier 2011, <www.commoner.org.uk/?p=113>. Ma traduction.

de l'économie ; on a même enregistré une *baisse* du nombre de femmes dans les programmes universitaires d'informatique depuis le milieu des années 1980[47]. De nombreux cas de sexisme primaire ont été rendus publics ces dernières années : exclusion d'occasions de réseautage, harcèlement psychologique et sexuel, pressions contre la conciliation famille-travail, discrimination salariale, etc.[48]

On peut évidemment faire des liens avec l'environnement très masculin dans lequel Internet s'est développé, et que nous avons décrit au chapitre premier[49]. Cela permet aussi de problématiser de manière plus large la question du harcèlement des femmes dans les communautés de joueurs en ligne et du harcèlement des féministes dans les forums de discussion : leur faible présence participe d'une indifférence masculine qui se manifeste également au niveau de la conception des sites et de l'intervention contre les diverses formes de violence qui y sévissent.

Ces dernières années, les femmes du secteur numérique s'organisent davantage pour dénoncer la situation et réclamer des changements. Le 23 février 2017, une journée de grève contre le sexisme de l'industrie a été organisée dans le cadre d'une campagne intitulée Distributed Denial of Women (en référence au *distributed denial of service*, ou DDOS, quand on submerge un site web de requêtes pour le rendre temporairement hors service). On peut lire sur leur site que les participantes « se battent pour être reconnues, promues et payées

47. Clémence Lamarche, « Où sont les femmes en techno ? », *La semaine rose*, 28 mars 2016, en ligne.
48. Voir l'enquête « The Elephant in the Valley », menée en 2015, sur <www.elephantinthevalley.com/> ; *Distributed Denial of Women*, <http://distributed-denial-of-women.org/> ; Robin Hauser Reynolds, *Code : Debugging the Gender Gap*, Finish Line Features, 2015, 80 min ; Liza Mundy, « Why Is Silicon Valley So Awful to Women ? », *The Atlantic*, avril 2017.
49. En fait, dans les années 1960, le monde du *software* ne jouissait pas encore de prestige (rappelons-nous, les droits d'auteur sur les logiciels ne se sont répandus qu'à partir de la fin des années 1970) et la programmation informatique apparaissait comme un univers plutôt « féminin ». C'est le monde du *hardware*, des machines, qui tenait alors le haut du pavé et qui employait une main-d'œuvre masculine. On peut même se demander si le choix de mots a découlé de cette division sexuelle du travail... Sur l'histoire de la place des femmes en informatique, voir Reynolds, *Code*, *op. cit.*

pour le travail intellectuel et émotionnel qui est demandé de nous, alors que nos collègues masculins profitent de leurs positions de privilège[50] ». L'initiative canadienne Ladies Learning Code est aussi inspirante : elle consiste en l'organisation d'ateliers visant à encourager la littératie numérique et les compétences de programmation chez les femmes (et chez les filles, via la branche Girls Learning Code). Les activités se tiennent dans de nombreuses villes, y compris Montréal et Québec (même si, au moment d'écrire ces lignes, le site web n'était accessible qu'en anglais)[51].

La réflexion sur les inégalités sociales liées au numérique porte aussi sur ce qu'on appelle parfois la « fracture numérique » (*digital divide*), c'est-à-dire sur les inégalités relatives à l'accès à Internet et à la littératie numérique. Dans les années 1990 et 2000, on a surtout posé le problème de l'accès à une connexion Internet de qualité, notamment dans les villes et villages éloignés des grands centres, mais la fracture numérique a aussi été problématisée autour des enjeux de familiarisation avec le réseau lui-même, sa mécanique concrète, son évolution et l'usage que la population en fait. Au Québec, l'organisme Communautique travaille depuis longtemps à « favoriser l'appropriation sociale et démocratique des TIC par les groupes communautaires et les populations qui risquent l'exclusion numérique[52] ». Plus récemment, des initiatives de sensibilisation aux enjeux de sécurité et de protection de la vie privée ont commencé à prendre forme[53]. Finalement, l'émission de radio *La Sphère*, diffusée sur les ondes de Radio-Canada, mais aussi de plus en plus de journalistes, penseurs et militant.e.s travaillent à approfondir la réflexion collective sur ces sujets[54].

---

50. *Distributed Denial of Women*, *op. cit.* Ma traduction.
51. « About », *Ladies Learning Code*, <http://ladieslearningcode.com/about/>.
52. Anne Goldenberg et Serge Proulx, « L'agir politique au regard des technologies de l'information et de la communication », *Globe*, vol. 14, nº 1, 2011, p. 106. Voir « À propos », *Communautique*, <www.communautique.quebec/a-propos-missions/>.
53. Voir notamment le travail de l'École de sécurité numérique, fondée en 2016 en collaboration avec l'organisme Alternatives, <www.esn514.net/esn514/>, ainsi que celui du groupe Crypto.Québec, <https://crypto.quebec/>.
54. *La Sphère*, ICI Radio-Canada Première, <http://ici.radio-canada.ca/premiere/emissions/la-sphere>. Voir aussi le livre de Fabien Loszach, l'un

Les initiatives d'appropriation citoyenne des technologies, et particulièrement les propositions d'enseignement de rudiments de programmation informatique à l'école primaire et secondaire, soulèvent des débats importants. Dans le milieu des entreprises du numérique, souvent adeptes de l'approche que j'ai nommée « l'éloge naturaliste d'Internet » (*voir l'introduction*), réduire la fracture numérique par l'inclusion des femmes et de membres de groupes racisés est essentiel, notamment pour disposer d'une vaste main-d'œuvre qualifiée. Le système d'éducation y est perçu comme un « pipeline[55] » qui doit abreuver convenablement les entreprises en candidat.e.s familier.e.s avec la programmation.

Ces arguments amènent les tenant.e.s de la critique intégrale d'Internet à dénoncer le concept de fracture numérique, perçu comme une construction idéologique néolibérale visant à propager l'usage des technologies dans tous les milieux sociaux à des fins lucratives et idéologiques. Le terme serait le prétexte à la propagation de la « bonne nouvelle » technologique, selon laquelle Internet est une force « naturelle » de démocratisation et d'égalité sociale. Autrement dit, la lutte contre la fracture numérique serait en réalité un cheval de Troie du capitalisme cybernétique. Selon cette perspective critique, l'enseignement du code est la dernière manifestation de la volonté d'imprimer dans les cerveaux la logique de la pensée cybernétique, et il s'inscrirait dans le contexte plus général du détournement du système d'éducation aux fins d'une préparation toute en flexibilité au marché du travail néolibéral[56].

À mon avis, tout dépend des motifs pour lesquels on entend enseigner le code informatique. Si l'objectif est de doter les enfants de « compétences transversales » pour en faire de

des collaborateurs à l'émission : *50 questions pour expliquer le web à mon père*, Montréal, Cardinal, 2016, ainsi que les interventions publiques d'analystes tels que Nellie Brière, Pierrot Péladeau et Jeff Yates.

55. Le mot est utilisé à plusieurs reprises dans le documentaire de Reynolds, *Code, op. cit.*

56. Pour un exemple de ce type de critique, voir Maxime Ouellet, *La révolution culturelle du capital. Le capitalisme cybernétique dans la société globale de l'information*, Montréal, Écosociété, 2016, p. 147-152.

futur.e.s employé.e.s polyvalent.e.s et attirant.e.s aux yeux des firmes transnationales ou pour générer de juteux contrats d'équipements technologiques au ministère de l'Éducation, on a tout à fait raison de s'y opposer[57]. Mais l'enseignement des rudiments du code peut aussi être envisagé dans l'optique plus générale du développement des facultés critiques des générations montantes, à une époque où l'informatique joue un rôle décisif dans nos existences. Astra Taylor soutient de manière éclairante qu'« au sens fort, les programmeurs sont les nouveaux urbanistes : ils définissent l'horizon des espaces virtuels que nous occupons, bâtissent le cadre dans lequel s'inscrivent nos vies, tracent les routes que nous empruntons[58] » (rappelons-nous aussi de l'expression de Lawrence Lessig : le code informatique est une forme de loi). Si l'on choisit d'enseigner le code informatique non pas pour assurer la maîtrise de tel ou tel langage de programmation, mais pour ce qu'il est de manière plus fondamentale, c'est-à-dire un dérivé des mathématiques extrêmement influent sur nos sociétés, on pourrait imbriquer cet enseignement dans une éducation critique aux médias, traditionnels et contemporains – une autodéfense intellectuelle à l'ère du numérique, en quelque sorte[59].

Par ailleurs, les enjeux liés à l'*accès* à Internet sont toujours bien réels : même s'il est devenu à peu près essentiel à l'exercice de notre citoyenneté, Internet n'est pas un service public et n'est pas facilement accessible dans tous les milieux, même au Québec. Cela pose des problèmes dans un contexte d'austérité budgétaire, alors qu'on réduit les services publics assurés par des humain.e.s pour les faire migrer en ligne et sur des applications accessibles via des téléphones et des tablettes. L'expression « réalité augmentée », courante dans le domaine des jeux vidéo et de la réalité virtuelle, prend ici un autre sens : au-delà de l'accès à Internet à domicile, c'est l'accès à un iPhone ou à un Android qui permet à une couche de citoyen.ne.s

57. Voir Normand Baillargeon, « Tableaux blancs interactifs, iPad et autres passions technophiles », *À bâbord !*, n° 48, février-mars 2013.
58. Taylor, *Démocratie.com*, *op. cit.*, p. 137.
59. Voir Normand Landry et Anne-Sophie Letellier (dir.), *L'éducation aux médias à l'ère numérique. Entre fondations et renouvellement*, Montréal, Presses de l'Université de Montréal, 2016.

branché.e.s de profiter d'un champ *augmenté* de possibilités, qui se superpose à celui des autres. La solution n'est évidemment pas de doter chaque citoyen.ne d'un tel appareil, mais de problématiser la profilération de ceux-ci, notamment pour des raisons environnementales. L'appropriation populaire d'Internet passe nécessairement par un accès abordable et de qualité comparable dans toutes les régions, mais cela ne nous dispense pas d'une réflexion sur les endroits et moments où nous préférerions qu'il n'y ait *pas* d'accès à Internet, ni par câble ni par ondes cellulaires[60].

La défense d'Internet, une lutte à plusieurs

Il est important de défendre et de valoriser les espaces communs qui se sont développés sur Internet, en vue d'étendre les sphères non marchandes de la vie sociale. Par ailleurs, n'oublions jamais qu'Internet n'existe pas à l'extérieur de la société et qu'en ce sens il n'y aura pas d'Internet libre sans société juste. Son émergence exige que les hackers, libristes et adeptes du p2p se rapprochent des autres mouvements sociaux, pour éviter de restreindre le mouvement à l'action d'une seule classe sociale urbaine, scolarisée, branchée et précaire. Cela suppose une clarification du positionnement de ces militant.e.s face au capitalisme, qui a trouvé des manières d'exploiter les principes de la collaboration, de la participation et de la mise en commun à ses propres fins. Et de l'autre côté, cela implique que les militant.e.s d'une gauche plus « classique » se saisissent de l'enjeu de la défense d'un Internet libre. Or, le Québec a un retard manifeste sur ces questions si on le compare à plusieurs autres sociétés. C'est ce que je me propose d'examiner en conclusion.

60. Voir Werner Herzog, *Lo and Behold: Reveries of the Connected World*, Magnolia Pictures, 2016, 98 min.

Conclusion

Des rapprochements nécessaires

> *Il y a ces deux perspectives opposées : « C'est formidable, Internet a créé toute cette liberté et tout va être fantastique » et « C'est terrible, Internet a créé tous ces outils pour réprimer, espionner et contrôler ce qu'on dit ». En fait, les deux sont vraies, n'est-ce pas ? Internet les a rendues possibles toutes les deux, et les deux sont incroyables et stupéfiantes, et laquelle des deux va l'emporter en fin de compte dépend de nous.*
>
> – Aaron Swartz[1]

EN 1935, LE PENSEUR ALLEMAND Walter Benjamin signe la première version de son article « L'œuvre d'art à l'ère de sa reproductibilité technique » dans lequel il analyse les transformations ayant accompagné l'arrivée de la photographie, du cinéma et des œuvres culturelles pouvant être reproduites massivement. Dans ce texte visionnaire, il pressent plusieurs tendances qui iront en s'accentuant. « Pendant des siècles, écrit-il, un petit nombre d'écrivains se trouvaient confrontés à plusieurs milliers de lecteurs » ; mais « avec l'extension de la presse, qui n'a cessé de mettre à disposition du public de nouveaux organes [...], on vit un nombre croissant de lecteurs passer – d'abord de façon occasionnelle – du côté des écrivains ». Benjamin entrevoit « [qu']entre l'auteur et le

1. Cité dans Brian Knappenberger, *The Internet's Own Boy*, 2014, 105 min. Ma traduction.

public, la différence est en voie [...] de devenir de moins en moins fondamentale. [...] À tout moment, le lecteur est prêt à devenir écrivain. [...] La compétence littéraire ne repose plus sur une formation spécialisée, mais sur une formation polytechnique, et elle devient de la sorte un bien commun[2] ».

Benjamin remarque que cette transition est encore plus rapide dans le domaine du cinéma, qui a commencé à avoir recours à « des gens qui jouent leur propre rôle », mais il n'est pas optimiste pour autant. Il s'inquiète de voir l'industrie cinématographique « stimuler l'attention des masses par des représentations illusoires », mobiliser « un puissant appareil publicitaire », tirer parti « de la carrière et de la vie amoureuse des vedettes ». Tout cela vient fausser l'intérêt que la population a pour le cinéma, « intérêt dont l'objet est la connaissance de soi et donc aussi la connaissance de classe ». Benjamin relie cette évolution au virage fasciste que connaît alors le capitalisme : « Ce qui est vrai pour le fascisme en général l'est donc aussi pour le capital cinématographique en particulier : il exploite secrètement le besoin impérieux de nouvelles structures sociales, dans l'intérêt d'une minorité possédante. Ne serait-ce que pour cette raison, l'expropriation du capital cinématographique est une exigence pressante du prolétariat[3]. »

Quatre-vingts ans ont passé. Les technologies de communication sont maintenant présentes dans nos existences à un niveau jamais vu dans l'histoire. La force avec laquelle Internet s'intègre à nos vies est de plus en plus perçue comme un problème. Pourtant, Internet a été pensé par plusieurs de ses concepteurs comme un outil de partage et d'échange, dont l'objet serait la connaissance de soi et destiné à des lecteurs prêts à être écrivains, pour paraphraser Benjamin.

J'ai commencé ce livre en posant la question : que s'est-il passé ? Par quel triste retournement Internet est-il aujourd'hui devenu un problème ? J'ai voulu y répondre en cherchant à éclairer le réseau de manière sociologique et politique. J'ai cherché à mettre au jour les rapports de force très concrets et

2. Walter Benjamin, « L'œuvre d'art à l'ère de sa reproductibilité technique », *Œuvres III*, Paris, Gallimard, 2000, p. 95.
3. *Ibid.*, p. 96.

parfois brutaux qui ont contribué et qui contribuent toujours à faire, défaire et refaire Internet, et qui engagent toutes sortes d'acteurs : militaires, universitaires, informaticien.ne.s, étudiant.e.s, hackers et libristes, gouvernements, artistes, *fans*, hobbyistes, journalistes, communautés affinitaires, écologistes, féministes, militant.e.s de nombreuses causes, travailleuses et travailleurs précarisé.e.s, et bien sûr, de puissantes entreprises. À travers tout cela, j'espère avoir réussi à démontrer qu'Internet est un enjeu de luttes importantes et qu'il est essentiel de s'organiser pour défendre ce qu'Internet peut apporter de mieux.

Combler le retard québécois

La France, l'Allemagne, les États-Unis, mais aussi l'Islande, l'Espagne, l'Équateur et plusieurs autres sociétés ont fait des avancées considérables en ce qui concerne la compréhension des enjeux et les mobilisations autour du commun que devrait constituer Internet. Sur ce plan, le Québec me semble traîner loin derrière. Il y a certes l'organisme FACIL (pour l'appropriation collective de l'informatique libre), mais celui-ci semble concentré davantage sur la promotion du logiciel libre au sens strict que sur une analyse et une action politiques plus globales. De plus en plus de groupes (Communautique, Ouishare, Remix biens communs et d'autres) s'activent sur ces questions au Québec ; ils ont d'ailleurs produit une « Déclaration des communs numériques » dans le cadre de récentes consultations gouvernementales sur une stratégie numérique québécoise[4]. Malgré tout, il semble difficile de créer des liens durables et profonds avec les autres mouvements sociaux progressistes québécois. Comment expliquer ce fossé ?

Depuis longtemps, le Québec souffre de l'absence d'organisation vouée à la critique des médias. La place qu'a prise Internet dans nos vies n'a fait qu'accroître l'acuité de ce problème. Il nous manque une voix par laquelle nous pourrions non seulement critiquer l'état des médias de masse, mais

4. « La Déclaration des communs numériques », *Café des savoirs libres*, 27 février 2017, <https://cafesavoirslibres.com/la-declaration-des-communs-numeriques/>.

défendre et promouvoir un Internet libre. Les modèles ne manquent pas: en France, la Quadrature du Net a fait un travail remarquable. Les Canadien.ne.s anglais.es peuvent compter sur Open Media. Aux États-Unis, il y a l'Electronic Frontier Foundation et la Freedom of the Press Foundation, entre autres. Idéalement, une organisation québécoise ferait du travail de recherche, de vulgarisation, de critique et de mobilisation.

D'où vient la réticence, au sein de la gauche québécoise, à aborder ces questions? D'un côté, on trouve des individus si enthousiastes à l'égard de la technologie et des changements « révolutionnaires » qu'elle pourrait apporter qu'ils en négligent le contexte capitaliste dans lequel ces changements adviennent et ignorent la part de conflits et de luttes nécessaires à la réalisation de ses potentialités. D'un autre côté, on trouve une gauche sceptique, possiblement mal à l'aise à l'idée de revoir ses cadres conceptuels, qui s'est contentée d'observer de loin cette euphorie, n'y voyant que naïveté et fétichisme du gadget. Ce faisant, cette gauche n'a pas seulement renoncé à saisir les potentialités du Net, elle s'est aussi privée des outils lui permettant de bien saisir les *menaces* qu'il peut représenter. Robert McChesney le résume ainsi: « Les sceptiques peuvent avoir l'effet paradoxal de mettre fin à un examen plus approfondi, plutôt que l'encourager[5]. » Chaque recul, chaque défaite a été interprétée comme la confirmation qu'il ne vallait pas la peine de s'attarder à Internet.

En voulant critiquer Internet de manière intégrale, plusieurs en sont venus à réduire le réseau à un simple instrument du capitalisme, instrument qui aurait la capacité d'absorber toute forme d'opposition. Or, c'est précisément ce qu'espèrent les barons voleurs de Silicon Valley. « Qu'on la confonde avec la technologie même, voilà exactement ce que vise la société Uber », explique Tom Slee dans son livre *Ce qui est à toi est à moi*[6]. C'est à cette confusion qu'adhère une critique intégrale

5. Robert McChesney, *Digital Disconnect*, New York, New Press, 2013, p. 12. Ma traduction.
6. Tom Slee, *Ce qui est à toi est à moi*, traduction d' Hélène Rioux, Montréal, Lux, 2016, p. 77.

d'Internet. Si on écarte les potentialités d'Internet sous prétexte que Silicon Valley tient aussi un discours « révolutionnaire », cela sous-entend qu'on croit vraiment Bill Gates, Steve Jobs et Mark Zuckerberg lorsqu'ils parlent de communauté, de décentralisation, d'horizontalité et de participation citoyenne. On en vient pratiquement à prendre les mythes fondateurs du capitalisme numérique pour argent comptant, comme s'ils n'étaient pas eux-mêmes empreints d'idéologie.

Croire que les architectes du néolibéralisme se réjouissent des libertés et des possibilités ouvertes par Internet constitue un déni impressionnant de la vigoureuse bataille qui se joue actuellement sur le réseau. Comment expliquer autrement la répression féroce contre les cyberactivistes et les attaques contre la structure décentralisée d'Internet elle-même ? L'idée selon laquelle le capital s'accommode aisément de la dissidence numérique ne cesse d'être démentie : ses manifestations et ses potentialités font plutôt l'objet d'une contre-attaque d'envergure.

La critique intégrale conduit également au dénigrement des militant.e.s pour un Internet véritablement démocratique et ouvert, qui se voient ainsi traité.e.s comme une sorte d'avant-garde du capitalisme. On suggère qu'il n'y a pas vraiment d'intérêt politique à défendre le réseau car, si on le faisait, on participerait au renouvellement du capitalisme, sous sa forme cybernétique. Selon cette critique, la liberté et l'individualité, en contexte numérique, ne peuvent s'exprimer que sur un mode proprement néolibéral. On soutient que, sur Internet, l'individu est invariablement narcissique, qu'il prétend advenir de lui-même, qu'il construit sa propre marque, qu'il ne se joint qu'à des rassemblements spontanés et sans attache véritable, qu'il répudie la nécessité de « médiations » entre la société et lui. Cette critique embrasse bien large et escamote au passage de multiples formes de création, d'expression et de collaboration. Qu'on prenne le temps de réaliser cette contradiction : en cherchant à être radicale, la critique intégrale en vient à prendre plus au sérieux le discours prophétique de Silicon Valley que celui de nombreux militant.e.s. Il y a là, à mon sens, une sorte de démission intellectuelle.

Internet libre et capitalisme : une relation ambiguë à dépasser

Et pourtant, les hackers, libristes et adeptes du p2p entretiennent bel et bien une relation trouble avec le capitalisme – un problème que j'ai soulevé à quelques reprises dans ce livre. Dans les pages suivantes, je me limiterai à quelques remarques qui n'ont d'aucune façon la prétention d'être définitives.

Dès le début du livre, j'ai avancé qu'Internet n'a pas de nature profonde : il n'est par essence ni capitaliste ni anticapitaliste. Cela me semble d'autant plus vrai que toutes sortes d'acteurs l'ont investi au fil des décennies. Conçu à l'origine à la manière d'un commun, Internet a été amené à favoriser, en partie de façon délibérée et en partie accidentellement, des principes en rupture avec un certain esprit du capitalisme : le partage, l'universalité d'accès, le don, la collaboration, la délibération. Il est donc possible de « plier » le réseau de manière à ce que l'activité qui s'y déroule exclut des aspects importants du système capitaliste tels que la transaction marchande, le salariat, la séparation entre producteurs et consommateurs, l'opacité et le contrôle de l'information, l'enfermement de la connaissance et de la culture dans des régimes de propriété intellectuelle, etc.

La brèche ouverte par le modèle de l'*open source*, plus sympathique à l'économie de marché que celui du *logiciel libre*, a cependant montré que la collaboration et le partage peuvent très bien être exploités par le capitalisme. Autrement dit, la constitution historique d'Internet a peut-être favorisé des modes de production non marchands, mais le réseau n'est pas en lui-même un lieu anticapitaliste. La contribution gratuite des internautes peut être mobilisée à diverses fins : dans le cas de Wikipédia, cela donne lieu à une œuvre collective dont l'humanité trouve peu d'équivalents au XXIe siècle ; dans le cas de Facebook, cela permet à une compagnie privée de générer des milliards de dollars de profits grâce aux pensées et interactions d'un cinquième de la population mondiale. Tout au long de ce livre, on a vu qu'Internet a été investi à toute vapeur par ce que Michel Bauwens appelle le « capitalisme netarchique », qui s'est développé en exploitant des ressources partagées de manière volontaire sur le réseau[7]. Les apologistes les plus euphoriques d'Internet ont confondu la contribution d'internautes sur des plateformes privées avec celle nourrissant un projet collectif, sans but lucratif[8].

Les relations des hackers et des libristes avec le capitalisme ont pris diverses formes et ont souvent été ambiguës, allant du refus acharné du contrôle des entreprises à la simple proposition d'un mode de production plus efficace permettant le renouveau du capitalisme. Cette réticence à bien démarquer ses pratiques de celles du capitalisme est d'ailleurs présente dans le courant des communs de manière plus générale. Bien que la plupart des figures de ce courant conviennent que les communs répondent à une logique « non capitaliste », les avis divergent lorsqu'on y regarde de plus près.

Pour certain.e.s, l'univers des communs représente une sorte de troisième voie entre la propriété privée et la propriété publique, entre le marché capitaliste et l'État. Les communs ne seraient donc pas une façon de remplacer ces derniers, mais de les compléter et de cohabiter avec eux. C'est l'approche défendue par Elinor Ostrom, pionnière de la théorie des communs[9]. Dans le domaine du numérique, c'est aussi l'avis de Valérie Peugeot[10], de Yochai Benkler[11] et de Benjamin Loveluck. Pour ce dernier, avec Internet « il ne s'agit pas en

---

7. Michel Bauwens, *Sauver le monde. Vers une économie post-capitaliste avec le peer-to-peer*, Paris, Les liens qui libèrent, 2015, p. 72-76.
8. Gabriella Coleman offre une très bonne critique de cette confusion dans *Coding Freedom: The Ethics and Aesthetics of Hacking*, Princeton (New Jersey), Princeton University Press, 2013, p. 207-210.
9. Charlotte Hess et Elinor Ostrom (dir.), *Understanding Knowledge as a Commons*, Cambridge (Mass.), MIT Press, 2007.
10. Valérie Peugeot, « Communs numériques: liberté et partage dans le cyberespace », conférence à l'Université de Montréal, 19 septembre 2016, <https://archive.org/details/sqil2016-communs-numeriques> ; « Biens communs et numérique. L'alliance transformatrice », *Le document numérique à l'heure du web de données*, Paris, ADBS, 2012, p. 141-154.
11. Yochai Benkler, *The Wealth Of Networks: How Social Production Transforms Markets and Freedom*, New Haven (Connecticut), Yale University Press, 2006. Paru il y a plus de 10 ans, le livre de Benkler a un peu mal vieilli car il n'a pas suffisamment appréhendé la propension des médias sociaux commerciaux à « harnacher » la production en commun à des fins lucratives et à se positionner en nœuds quasi incontournables du réseau.

effet de sortir du cadre libéral, mais d'une certaine manière de le réaliser plus pleinement, à travers la coexistence de différents régimes de propriété et de différents modes de production[12] ».

Michel Bauwens, pour sa part, voit l'économie en p2p comme étant à même de remplacer le capitalisme, même si à l'heure actuelle elle cohabite et même s'articule fréquemment avec lui. L'auteur reconnaît effectivement que le p2p est carrément exploité par des entreprises comme Facebook, Uber et Airbnb, mais il soutient qu'il ne s'agit que d'une étape: « Le nouveau système peut se développer parce que l'ancien en fait usage[13]. » À terme, le modèle collaboratif pourrait remplacer un mode de production qui donne depuis longtemps des signes d'épuisement: il y a donc « codépendance entre les modèles p2p et le capital, l'un et l'autre s'exploitent mutuellement, le premier pour se développer, le second pour se maintenir[14] ». Sa perspective optimiste trahit parfois un déterminisme qui rappelle celui du marxisme orthodoxe: le dépassement du capitalisme apparaît à l'occasion comme une sorte de fatalité historique.

L'histoire nous incite pourtant à faire preuve de beaucoup de méfiance à l'égard de la supposée plasticité du capitalisme, y compris à l'ère numérique. Cela amène un autre ensemble d'auteurs à exercer une vigilance critique à l'égard des communs, notamment dans une perspective féministe. Astra Taylor fait une mise au point importante sur l'utilisation des communs par le capitalisme: « Les biens communs ont toujours été une source de matières premières pour les colons et les entreprises qui cherchaient à profiter des terres, des ressources et savoirs traditionnels[15]. » Taylor fait en quelque sorte

12. Benjamin Loveluck, *Réseaux, libertés et contrôle. Une généalogie politique d'Internet*, Paris, Armand Colin, 2015, p. 194-195.

13. Bauwens, *Sauver le monde, op. cit.*, p. 58. C'est ce qui explique, selon lui, que des firmes telles qu'IBM financent substantiellement le développement de logiciels *open source*.

14. Michel Bauwens, « L'économie peer-to-peer est plus productive car elle est passionnelle », entretien avec Julien Cantoni, *Without Model*, 13 mars 2015, hors ligne. Voir aussi: Michael Bauwens et Vasilis Kostakis, « Peer-to-Peer: A New Opportunity for the Left », *Roar Magazine*, 12 janvier 2017, en ligne.

15. Taylor, *Démocratie.com., op. cit.*, p. 200.

écho aux propos de Silvia Federici, qui signale que la popularité des communs au sein des grandes organisations néolibérales devrait nous préoccuper. Les communs ne peuvent être désincarnés, limités à l'immatériel ou même à la production économique « typique » : selon Federici, ce qui permet la reproduction de la vie (la famille, le travail domestique, bref le travail souvent « invisibilisé » des femmes) doit aussi faire partie de l'équation commune[16]. La chercheuse catalane Mayo Fuster Morell déplore pour sa part que le champ d'étude des communs et du p2p, mis à part Elinor Ostrom, soit largement masculin et prenne peu en compte les approches féministes[17].

Anne Goldenberg insiste également sur l'importance d'une perspective féministe dans un mouvement qui la néglige souvent. Proche de la sensibilité hacker européenne – laquelle est plus politisée que celle d'Amérique du Nord –, Goldenberg souligne aussi la nécessité d'une approche conflictuelle pour défendre et promouvoir les communs. Pour elle, les *hackerspaces* produisent du commun « à partir du moment où ceux-ci définissent une extériorité[18] », comme le capital ou l'État. De fait, pour de nombreux penseurs, le commun peut bel et bien constituer un principe post-capitaliste, mais il importe de démarquer clairement son développement du capitalisme « extractiviste des communs » si on veut le voir gagner en importance et même devenir une force révolutionnaire. Pour l'australien Guy Rundle, l'attrait des *makerspaces* et des imprimantes 3D réside dans une potentielle réappropriation populaire de la production industrielle et dans la construction d'un « mouvement de relations post-capitalistes à l'intérieur du cadre existant, devenant une force politique en elle-même, avec ses propres intérêts[19] ». Les Français Pierre Dardot et

16. Silvia Federici, « Feminism and the Politics of the Commons », *The Commoner*, 24 janvier 2011, <www.commoner.org.uk/?p=113>.
17. Mayo Fuster Morell, « Women in P2P », entrevue avec Rachel O'Dwyer, *P2P Foundation*, 20 janvier 2017, <https://blog.p2pfoundation.net/women-p2p-interview-mayo-fuster-morell/2017/01/20>.
18. Anne Goldenberg, « Les hackerspaces comme politisation d'espaces de production technique. Une perspective critique et féministe », *Mouvements*, n° 79, automne 2014, p. 62.
19. Guy Rundle, « All Power to the Makerspaces », *Jacobin*, n° 17, printemps 2015, p. 86. Ma traduction.

Christian Laval voient dans la *general public license*, qui encadre la distribution des logiciels libres, la création d'un « véritable commun à partir de la définition des droits et devoirs des usagers[20] ». L'encyclopédie Wikipédia et les espaces de production matérielle tels que les *makerspaces* se situent pour eux dans la continuité de ce travail d'édification commune. Cependant, ils insistent sur le fait que cet attribut ne repose pas sur la technologie en elle-même, mais sur une nécessaire institutionnalisation du commun. Il y a, disent-ils, des « ersatz de commun » néolibéraux à critiquer et à combattre si l'on souhaite voir advenir un commun plein et entier[21].

Au Québec, Jonathan Durand Folco est l'un de ceux qui saisissent le mieux cette dynamique contradictoire à dépasser :

> L'économie collaborative capitaliste consiste en la privatisation de la coopération sociale, la captation ou l'extraction de la valeur d'échange par une rente parasitaire qui capte la richesse produite par les personnes qui créent, travaillent et se rendent mutuellement service *via* ces interfaces. De plus, elle rétablit la compétition généralisée entre les utilisateurs et la logique entrepreneuriale de mise en concurrence de soi [...], alors que la coopération sociale pourrait faire éclater ce modèle économique désuet. Autrement dit, l'économie collaborative tente de ressusciter le dinosaure capitaliste alors que celui-ci arrive à son seuil d'extinction. La partie visible (*front-end*) de l'interface, qui met de l'avant un principe de collaboration, de partage et de mise en commun, entre en contradiction avec l'arrière-plan (*back-end*) de ces applications, lesquelles ne sont que des logiciels propriétaires verrouillés, de nature capitalistique, c'est-à-dire animés par le seul principe d'autovalorisation de la valeur[22].

Il faut donc prendre le temps de bien saisir la spécificité de la contribution des hackers, libristes et adeptes du p2p aux luttes émancipatoires en cours, mais aussi leurs faiblesses et leurs angles morts. C'est avec une grande prudence et par la

20. Pierre Dardot et Christian Laval, *Commun. Essai sur la révolution au XXIe siècle*, Paris, La Découverte, 2014, p. 167-168.
21. *Ibid.*, p. 169-187.
22. Jonathan Durand Folco, « Pour une ville en commun, contre l'ubérisation du monde », *Ekopolitica*, 28 octobre 2016, en ligne.

construction de liens forts avec d'autres mouvements sociaux démocratiques, combatifs, qui abordent les luttes sociales de manière globale, qu'il sera possible de défendre et de promouvoir Internet comme commun. Les mouvements sociaux plus anciens (syndicalisme, féminisme, antiracisme, écologisme, etc.) et les militant.e.s pour un Internet libre doivent travailler à se rencontrer et à entrecroiser leurs analyses et leurs campagnes. C'est par ces alliances que l'on peut éventuellement se protéger contre un repositionnement du capitalisme qui s'adapterait, de nouveau, à certaines de ses critiques.

Des oppositions à repenser

Une telle démarche analytique et politique implique de revoir certaines oppositions parfois bien ancrées dans les esprits.

D'abord, on ne peut à mon avis considérer la technique et le politique comme deux sphères indépendantes l'une de l'autre. Dans ce livre, j'ai essayé d'aborder les conflits, problèmes et défis qui se déploient dans et autour d'Internet en conjuguant les deux à la fois. Il y a du politique dans la manière dont les technologies de communication ont été construites. Elles ont pris forme, se sont transformées et continuent d'évoluer selon ce que des organisations puissantes, mais aussi des mouvements sociaux dynamiques, ont réussi à leur insuffler. Par ailleurs, l'alliage entre technique et politique peut aussi être pensé en sens inverse. Les libristes, les partis pirates, les indignad@s espagnol.e.s nous invitent à regarder ce que la politique comprend de mécanismes et de procédures, et à la repenser par le biais de ces processus. Autrement dit, il est aussi prometteur d'interroger de manière critique ce que la politique elle-même comporte de technique.

Les dynamiques complexes à l'œuvre sur Internet demandent également de repenser une opposition parfois trop tranchée entre l'individu et la collectivité. Gabriella Coleman termine son étude de l'univers des logiciels libres en soutenant que « des formes de sociabilité et des forces souvent traitées comme mutuellement exclusives » y sont maintenues en équilibre, telles que « l'individualisme et la coopération sociale, l'utilité et le talent artistique, l'altruisme et l'égoïsme, l'organisation et la désorganisation ». Cela devrait, croit-elle, « nous encourager à réexaminer la supposition selon laquelle l'individualisme empêche la coopération[23] ». Cela nous amène aussi à revoir l'opposition entre individualisme et absence de règles : pour Benjamin Loveluck, les logiciels libres impliquent souvent

> un haut degré de collaboration entre acteurs – ce qui suppose des mécanismes sophistiqués de gestion des conflits et de distribution des pouvoirs, respectant également les très fortes exigences des contributeurs en termes d'autonomie individuelle. Cette forme d'institutionnalisation peut se comprendre comme un processus d'*auto-institution explicite* (« qui se sait comme telle »), qui renvoie à l'idéal posé par Cornelius Castoriadis de parvenir à concilier la liberté individuelle avec l'institution collective[24].

Coleman et Loveluck traitent ici de l'univers des logiciels libres. Mais n'oublions pas que les logiciels libres et Internet se sont développés simultanément, en se renforçant mutuellement. Cette tension féconde entre liberté individuelle et coopération est donc très présente sur le réseau, et constitue peut-être ce qui donne à Internet son plus grand attrait et sa plus grande force. Si nous souhaitons faire perdurer et amplifier ces aspects du réseau qui ont initialement suscité chez plusieurs d'entre nous un grand enthousiasme, sur le plan de la culture et des connaissances, de l'expression individuelle et collective, du journalisme et du militantisme, alors il me semble nécessaire de revoir notre compréhension d'Internet et de repenser sa place dans notre action politique. J'espère que ce livre saura y contribuer.

23. Coleman, *Coding Freedom, op. cit.*, p. 210. Ma traduction.
24. Loveluck, *Réseaux, libertés et contrôle, op. cit.*, p. 299.

Remerciements

Mes premiers remerciements vont à ma mère et à mon père, qui m'ont transmis un heureux mélange d'amour du monde et d'esprit critique grâce auquel je pense et j'agis aujourd'hui.

Je dois beaucoup à mes ami.e.s de l'Inso et du 6510, en particulier Benoît, Mathieu, Patrice et Jean-Sébastien, avec qui j'ai connu et partagé mes premières fascinations informatiques.

Un merci tout spécial à Antoine Beaupré, dont l'intelligence informatique et politique est toujours inspirante, et qui a patiemment relu et commenté la première version de chacun de mes chapitres.

Merci à mes acolytes passés et présents de la revue *À bâbord!* (il serait trop long de vous nommer toutes et tous !) de m'avoir offert un espace où publier plusieurs des réflexions qui sont à l'origine de ce livre et de m'avoir encouragé à me commettre dans ce projet de plus grande envergure.

Merci à Jean-François Côté, qui, je l'espère, y retrouvera un peu de son influence.

Merci à mes collègues du Collège Ahuntsic pour les échanges nourrissants.

Merci à mes comparses de Doris Derveni pour les nombreuses soirées stimulantes pour les sens, l'intellect et le cœur.

Merci à Jonathan Durand Folco pour sa lecture attentive et pour avoir gracieusement accepté de s'associer à ce projet en écrivant la préface.

Merci à Isabelle Bouchard, Philippe Boudreau, Stéphane Couture, Patrice d'Amours, Yannick Delbecque, Benoît Gaulin, Sébastien Grenier, Nicola Grenon, Benoît Guilmain, Anne-Marie Le Saux, Mathieu Petit-Clair, Jean-Marc Piotte, Benoît Tellier et Claude Vaillancourt de m'avoir fait bénéficier de leur temps et de leur perspicacité. Leur lecture de parties ou de l'entièreté du manuscrit m'a aidé à apporter de nécessaires précisions et ajustements à mon propos. Leur générosité me touche beaucoup.

Merci à David Murray, à Élodie Comtois et à l'équipe d'Écosociété pour leur soutien sans bornes, leur grand respect et leur ouverture. Mon immense reconnaissance à Barbara Caretta-Debays pour sa confiance, son accompagnement bienveillant et la justesse de ses remarques. Merci aussi à Christophe Horguelin.

Merci à Ève-Marie Lacasse pour sa magnifique présence, sa vivacité d'esprit, son soutien et les nombreux échanges et partages.

Finalement, merci à celles et ceux qui bidouillent et militent sur et pour Internet, sans qui j'aurais eu bien peu à dire.

Il va de soi que je demeure seul responsable des propos de ce livre et des erreurs qu'il pourrait contenir.

Médiagraphie sélective

Les livres et documentaires suivants ont beaucoup nourri ma réflexion et m'apparaissent comme de bonnes occasions d'aller plus loin pour les personnes dont la curiosité a été attisée par cet ouvrage.

Généralités

BEAUDE, Boris, *Les fins d'Internet*, Limoges, FYP Éditions, 2014, 96 pages.

BERGÈRE, Sylvain, *Une contre-histoire de l'Internet*, Premières Lignes Télévision/OWNI, France, 2013, 86 minutes.

CASTELLS, Manuel, *The Internet Galaxy*, New York, Oxford University Press, 2002, 292 pages.

COLEMAN, Gabriella, *Coding Freedom: The Ethics and Aesthetics of Hacking*, Princeton (New Jersey), Princeton University Press, 2013, 254 pages.

COUTURE, Stéphane et Anne GOLDENBERG, « Les biens communs numériques » (dossier), *Ritimo*, 3 novembre 2014, <www.ritimo.org/Les-biens-communs-numeriques>.

LESSIG, Lawrence, *Code and Other Laws of Cyberspace*, New York, Basic Books, 1999, 297 pages.

LOVELUCK, Benjamin, *Réseaux, libertés et contrôle. Une généalogie politique d'Internet*, Paris, Armand Colin, 2015, 367 pages.

STALLMAN, Richard, *Free Software, Free Society*, s.l., SoHo Books, 2010, 224 pages.

TURNER, Fred, *Aux sources de l'utopie numérique. De la contre-culture à la cyberculture, Stewart Brand, un homme d'influence*, traduction de Laurent Vannini, Caen, C & F Éditions, 2012, 428 pages.

Culture

DOCTOROW, Cory, *Information Doesn't Want to Be Free: Laws for the Internet Age*, San Francisco, McSweeney's, 2014, 162 pages.

LESSIG, Lawrence, *Free Culture: The Nature and Future of Creativity*, New York, Penguin Books, 2004, 345 pages.

TAYLOR, Astra, *Démocratie.com. Pouvoir, culture et résistance à l'ère des géants de la Silicon Valley*, traduction de Nicolas Calvé, Montréal, Lux Éditeur, 2014, 300 pages.

Démocratie et expression publique

CARDON, Dominique, *La démocratie Internet. Promesses et limites*, Paris, Seuil, 2010, 102 pages.

—, *À quoi rêvent les algorithmes. Nos vies à l'heure des* big data, Paris, Seuil, 2015, 106 pages.

KNAPPENBERGER, Brian, *We Are Legion: The Story of the Hacktivists*, Luminant Media, 2012, 93 minutes.

—, *The Internet's Own Boy*, 2014, 105 minutes.

MARQUES, Miguel, *Pots, Pans and Other Solutions*, LIGHTS ON(E), 2012, 65 minutes.

MITCHELL, Danny, *Reykjavik Rising*, Conscious Collective Films, 2015, 55 minutes.

PROULX, Serge, MILLETTE, Mélanie et Lorna HEATON (dir.), *Médias sociaux. Enjeux pour la communication*, Québec, Presses de l'Université du Québec, 2012, 266 pages.

Vie privée et surveillance

GOTTSCHAU, Jakob, *Facebookistan*, Express TV-Produktion, 2015, 58 minutes.

GREENWALD, Glenn, *Nulle part où se cacher*, traduction de Johan-Frédérik Hel Guedj, Paris, JC Lattès, 2014, 360 pages.

HOBACK, Cullen, *Terms and Conditions May Apply*, Variance Films, 2013, 80 minutes.

LEFÉBURE, Antoine, *L'affaire Snowden. Comment les États-Unis espionnent le monde*, Paris, La Découverte, 2014, 275 pages.

MACKINNON, Rebecca, *Consent of the Networked: The Worldwide Struggle for Internet Freedom*, New York, Basic Books, 2012, 294 pages.

MOGLEN, Eben, « Snowden and the Future », octobre 2013. Disponible sur <http://snowdenandthefuture.info>.

POITRAS, Laura, *Citizenfour*, HBO Films/Participant Media/Praxis Films, 2014, 113 minutes.

« United States of Secrets », *Frontline*, PBS, mai 2014.

Économie

BAUWENS, Michel, *Sauver le monde. Vers une économie post-capitaliste avec le peer-to-peer*, Paris, Les liens qui libèrent, 2015, 267 pages.

BENKLER, Yochai, *The Wealth Of Networks. How Social Production Transforms Markets and Freedom*, New Haven (Connecticut), Yale University Press, 2006, 515 pages.

CASILLI, Antonio et Dominique CARDON, *Qu'est-ce que le digital labor ?*, Bry-Sur-Marne, INA, 2015, 101 pages.

WU, Tim, *The Master Switch : The Rise and Fall of Information Empires*, New York, Knopf, 2011, 367 pages.

Faites circuler nos livres.
Discutez-en avec d'autres personnes.
Si vous avez des commentaires,
faites les nous parvenir; nous les
communiquerons avec plaisir aux
auteur.e.s et à notre comité éditorial.

écosociété

ÉDITIONS ÉCOSOCIÉTÉ

C.P. 32 052, comptoir Saint-André
Montréal (Québec) H2L 4Y5
ecosociete@ecosociete.org

www.ecosociete.org

DIFFUSION ET DISTRIBUTION

Au Canada : Diffusion Dimedia
En Europe : Harmonia Mundi Livre

FSC www.fsc.org MIXTE Papier issu de sources responsables FSC® C100212

Achevé d'imprimer en janvier 2018 sur les presses
de l'imprimerie Gauvin à Gatineau, Québec
pour le compte des Éditions Écosociété